"十四五"职业教育国家规划教材

汽车涂装基础
（第2版）

主　编　吴复宇　郑　毅
副主编　高月敏　吕丽平　冯玉来
主　审　程玉光

北京理工大学出版社
BEIJING INSTITUTE OF TECHNOLOGY PRESS

内 容 简 介

本书以任务为导向，全书共分为六个课题，主要包括：汽车涂装概述、汽车修补涂料、汽车涂装涂料与配色、汽车修补操作、面漆的喷涂、汽车涂装施工中的常见问题及应对。每个课题下又分若干个任务，并按照分析任务、任务涉及的相关知识、实施任务展开，较为全面的介绍了汽车修补涂装的相关基础知识。

全书讲解清晰、简练，配有大量的图片，明了直观。本书可作为职业院校汽车车身修复专业、汽车运用与维修专业的教材，也可作为汽车车身涂装技术人员的岗位培训教材或自学用书。

版权专有　侵权必究

图书在版编目(CIP)数据

汽车涂装基础 / 吴复宇，郑毅主编. —— 2版. —— 北京：北京理工大学出版社，2019.10（2024.1重印）
ISBN 978 - 7 - 5682 - 7763 - 1

Ⅰ.①汽… Ⅱ.①吴…②郑… Ⅲ.①汽车 – 涂漆 – 高等学校 – 教材 Ⅳ.① U472.44

中国版本图书馆 CIP 数据核字（2019）第 238685 号

责任编辑 / 多海鹏		**文案编辑** / 孟祥雪	
责任校对 / 周瑞红		**责任印制** / 边心超	

出版发行 / 北京理工大学出版社有限责任公司	
社　　址 / 北京市丰台区四合庄路 6 号	
邮　　编 / 100070	
电　　话 / （010）68914026（教材售后服务热线）	
（010）68944437（课件资源服务热线）	
网　　址 / http://www.bitpress.com.cn	
版 印 次 / 2024 年 1 月第 2 版第 4 次印刷	
印　　刷 / 河北佳创奇点彩色印刷有限公司	
开　　本 / 787 mm × 1092 mm　1/16	
印　　张 / 15	
字　　数 / 333 千字	
定　　价 / 49.90 元	

图书出现印装质量问题，请拨打售后服务热线，负责调换

前言 PREFACE

　　随着汽车工业的快速发展，汽车保有量直线上升，汽车维修行业规模也在不断扩大。党的二十大报告提出："建成世界最大的高速铁路网、高速公路网，机场港口、水利、能源、信息等基础设施建设取得重大成就。"截至2022年9月底，我国汽车保有量已达3.15亿辆。汽车保有量急剧增加，汽车碰撞事故也在不断上升。随着这种趋势的发展，汽车涂装行业逐渐被看好，各类汽车维修站、修理厂甚至美容店纷纷加大在涂装维修业务的投资力度。汽车涂装虽然不会影响汽车的使用功能，但却直接影响到汽车的使用寿命、外表美观和整车价值。汽车涂装主要起到保护、装饰、特殊标识和其他特殊作用。随着汽车涂装行业的发展，对从业人员的技术水平提出了更高、更新的要求。

　　然而，快速发展的汽车及相关涂装行业规模不断扩张的背后，却隐藏着不少隐患：

　　1. 现存的喷涂理论和教学体系相对滞后，许多喷涂技师水平不错，但缺乏正确的工具设备维护和整体喷涂配套的理念；

　　2. 职业院校相关专业教学设备有待完善，学生毕业后出现理论与实操脱节现象；

　　3. 健康防护意识淡薄甚至缺失，不少喷涂技师从未深入评估过自己每天从事的工作究竟会对身体带来怎样的危害，也许根本不知道用什么样的防护设备能够保护好自己的健康；

　　4. 怎样才能节省成本并快速地完成喷涂作业。

　　党的二十大报告提出："培养造就大批德才兼备的高素质人才，是国家和民族长远发展大计。"为落实党的二十大精神，深入实施科教兴国战略，全面提高人才自主培养质量，深化产教融合、校企合作，推动校企"双元"合作。同时，为了解决学生学不懂、学习兴趣不浓、教材内容枯燥乏味，老师不好教等问题，北京理工大学出版社邀请一批知名行业专家、学者以及一线骨干教师结合新的专业教学标准，规划出版了该套图解版汽车职业教育系列教材。

本系列教材坚持如下定位：

★ 以就业为导向，知识传授与技术技能培养并重，培养学生的实际运用能力，以达到学以致用的目的；

★ 以科学性、实用性、通用性为原则，坚持产教融合，校企双元开发，以使教材符合职业教育汽车类课程体系设置；

★ 以提高学生综合素质为基础，充分考虑对学生个人能力的提高；

★ 以内容为核心，以职业教育国家教学标准为基本遵循，注重形式的灵活性、分类施教、因材施教，以便于学生接受。

本系列教材坚持理论知识图解化的基本理念，教材配有大量的插图、表格和立体化教学资源，介绍了大量的故障诊断、维修服务和营销案例。

★ 在内容上强调面向应用、任务驱动、精选案例、严控质量；

★ 在风格上力求文字简练、脉络清晰、图表明快、版式新颖；

★ 在理论阐述上，遵循"必需""够用"的原则，在保证知识体系相对完整的同时，做到知识讲解实用、简洁和生动。

本书共分为6个课题，重点介绍汽车涂装概述、汽车修补涂料、汽车涂装涂料与配色、汽车修补操作、面漆的喷涂、汽车涂装施工中的常见问题及应对的内容。

全书由北京交通运输职业学院吴复宇、郑毅担任主编，北京交通运输职业学院高月敏、吕丽平参与编写，同时邀请了巴斯夫（中国）有限公司汽车修补漆培训师冯玉来高级技师参与编写。全国职业院校技能大赛中职汽车运用与维修专业比赛车身涂装项目裁判长程玉光老师担任本书主审工作。

本书图文并茂、通俗易懂，适合作为职业院校汽车专业教材，也可作为汽车售后服务站专业技术人员的培训教材。由于作者水平有限，书中可能会有疏漏和不妥之处，敬请广大读者批评指正，提出修改意见和建议，以便再版修订时改正。

编　者

目录 CONTENTS

课题一 汽车涂装概述 ··· 1

  一、汽车涂装功能与特点 ·· 2
  二、涂装作业的安全与防护 ·· 8
  三、汽车涂装设备使用与维护 ··· 14

课题二 汽车修补材料 ·· 58

  任务一 面漆 ·· 59
    一、任务分析 ·· 59
    二、相关知识 ·· 59

  任务二 辅料 ·· 72
    一、任务分析 ·· 72
    二、相关知识 ·· 72

课题三 汽车涂装涂料与配色 ·· 85

  任务一 汽车涂料品种的选择及配套 ·· 86
    一、任务分析 ·· 86
    二、相关知识 ·· 86

  任务二 调漆与配色 ·· 117
    一、任务分析 ··· 117
    二、相关知识 ··· 117

课题四 汽车修补操作 ·· 137

  任务一 涂装前准备 ··· 138
    一、任务分析 ··· 138

二、相关知识 ·· 138

　任务二　底漆的喷涂 ·· **150**
　　一、任务分析 ·· 150
　　二、相关知识 ·· 150
　　三、任务实施 ·· 155

　任务三　中涂层涂料的涂装 ·· **163**
　　一、任务分析 ·· 163
　　二、相关知识 ·· 163
　　三、任务实施 ·· 166

课题五　面漆的喷涂 ·· **179**

　任务一　面漆喷涂前的准备 ·· **180**
　　一、任务分析 ·· 180
　　二、相关知识 ·· 180
　　三、任务实施 ·· 189

　任务二　面漆的干燥与打磨 ·· **199**
　　一、任务分析 ·· 199
　　二、相关知识 ·· 199

课题六　汽车涂装施工中的常见问题及应对 ·· **202**

　　一、任务分析 ·· 203
　　二、相关知识 ·· 204

参考文献 ·· **234**

课题一
汽车涂装概述

学习目标

（1）掌握涂装的功用与分类。
（2）掌握涂装作业的安全与防护工作。
（3）掌握喷枪使用与调整方法。
（4）熟悉压缩空气供给系统的组成和工作原理。
（5）熟悉烤漆房的结构、工作原理及维护原则。
（6）掌握各打磨设备的特性及操作方法。

技能要求

（1）能够对喷枪各零部件进行拆装、更换。
（2）能够对喷枪进行清洗。
（3）能够对喷枪常见故障进行诊断与排除。
（4）能够对空气压缩机、烤漆房进行日常维护。
（5）能够手工打磨车身。

素养目标

（1）通过涂装作业安全与防护的学习，培养学生安全生产的意识，提高学生对安全发展理念的认识。
（2）通过喷枪维护的学习，培养学生严谨细致、精益求精的职业精神，以中国精神激励学生刻苦学习。

一、汽车涂装功能与特点

汽车和摩托车是现代化的交通工具，其外表的90%以上是涂装表面。涂层的外观、颜色、光泽等的优劣是人们对汽车质量的直观评价。因此，它将直接影响汽车的市场竞争能力。另外，涂装也是提高汽车产品的耐蚀性和延长使用寿命的主要措施之一。所以，无论是汽车制造行业还是汽车维修行业，都将汽车的表面涂装列为重要的工作而特别对待。

汽车涂装是指各种车辆的车身及其零部件的涂漆装饰。根据涂装的对象不同，汽车涂装可以分为新车涂装和修补涂装两个大体系。

1. 涂装的定义与功能

（1）涂装的定义

涂装是指将涂料涂覆于经过处理的物面（基底表面）上，经干燥成膜的工艺。有时也将涂料在被涂物表面扩散开的操作称为涂装，俗称涂漆或油漆。已经固化了的涂料膜称为涂膜（俗称漆膜），由两层以上的涂膜组成的复合层称为涂层。汽车表面涂装就是典型的多涂层涂装。

（2）涂装的功能

汽车经过涂装后，除使汽车具有优美的外观外，还使汽车车身耐腐蚀，从而提高汽车的商品价值和使用价值。

汽车涂装的主要功能有以下四种。

1) 保护作用

汽车用途非常广泛，活动范围宽广，运行环境复杂，经常会受到水分、微生物、紫外线和其他酸碱气体、液体等的侵蚀，有时会被磨、刮而造成损伤。在它的表面涂上涂料能保护汽车免受损坏，延长其使用寿命。图1-1所示为经过涂装的板材被雨淋后不会与雨水直接接触，避免生锈。

涂料可以从两方面保护汽车：一方面，车身表面经涂装后，使零件的基本材料与大气环境隔绝，起到一种屏蔽作用而防止锈蚀；另一方面，有些涂料对金属来讲还能起到缓蚀作用，比如磷化底漆可以借助涂料内部的化学成分与金属反应，使金属表面钝化，这种钝化膜加强了涂膜的防腐蚀效果。

2）装饰作用

现代汽车不仅是实用的交通运输工具，而且是一种工业美术品，具有艺术性。汽车涂装的装饰性主要取决于涂层的色彩、光泽、鲜艳程度和外观等方面。

汽车的色彩一般根据汽车的类型、车身美术设计和流行色等来选择。汽车的色彩主要由色块、色带、图案构成，使车身颜色与车内颜色相匹配，与环境颜色相协调，与人们的爱好以及时代感相适应，图1-2所示为不同角度变色漆的变色效果。

涂膜的光泽与丰满程度取决于涂料的品种和施工工艺；绚丽的色彩与优美的线型融为一体构成了汽车的造型艺术，协调的色彩烘托了汽车的造型，使汽车具有更佳的艺术美感。

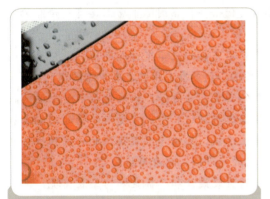

图1-1 板材雨淋后集聚的水珠

图1-2 不同角度变色漆的变色效果

3）特殊标识作用

涂装的标识作用由涂料的颜色来体现。用颜色做标识广泛应用在各个方面，目前已经逐渐标准化了。例如，在工厂用不同的颜色标明水管、空气管、煤气管、输油管等，使操作人员易于识别和操作；道路上用不同颜色的画线标明不同用途的道路；在交通上常用不同的颜色涂料表示警告、危险、前进及停止等信号，以保证交通安全。

在汽车上涂装不同的颜色和图案以便区别不同用途的汽车。例如，消防车涂成大红色；邮政车涂成橄榄绿色，字及车号为白色；救护车为白色并做红十字标记；工程车涂成黄色与黑色相间的条纹，字及车号用黑色等。

4）达到某种特定的目的

根据涂料的特殊性能，使汽车具有特殊功用来完成特种作业或适应特定的使用条件。例如，化工物品运输车要在车体表面或货箱、罐仓内部涂布耐酸碱、耐油、耐热、绝缘等涂料，以防止化学品的腐蚀、渗漏等；军用汽车采用保护色达到隐蔽的作用等。

2. 涂装的特点与分类

（1）涂装的特点

汽车涂装的目的是使汽车具有优良的耐腐蚀性和装饰性外观，延长使用寿命，提高商品价值。

汽车涂装具有下列特点：

● 因为汽车涂装属于高级保护性涂装，所以涂层必须具备极优良的耐腐蚀性、耐候性和耐沥青、油污、酸、碱、鸟粪等物质的侵蚀作用。由于汽车属户外用品，因此要求汽车涂层要适应寒冷地区、湿热地区、工业地区和沿海地区等各种气候条件。在国际市场上具有竞争能力的汽车应适应世界各地的全气候条件。

在湿热的沿海地区使用的汽车腐蚀特别严重，涂装不完善的汽车车身或车箱，几个月就能锈蚀穿孔。许多国家颁布了汽车涂层的防蚀标准，如果达不到标准，用户就有索赔的权利。

汽车车身表面在使用过程中常常落上鸟粪、路面的沥青、油污等，如果涂层不耐上述污物的侵蚀，则易产生斑印，影响汽车的装饰性。汽车在高速行驶过程中，常受车辆扬起的尘土和砂石的冲击，如果汽车涂层的耐崩裂性不好，则易产生麻坑，影响涂层装饰性和耐腐蚀性。耐崩裂性是轿车涂层的主要指标之一，这是因为轿车的行驶速度高，车身离路面近。

● 汽车涂装属于中高级装饰涂装。只有进行精心的涂装设计和具备良好的涂装环境，才能使涂层有优良的装饰性。

汽车涂层的装饰性主要取决于色彩、光泽、丰满度和外观等方面。汽车的色彩一般根据汽车类型、汽车外形设计和时代流行的色彩来选择。一般都希望汽车涂层具有极好的光泽。光泽的优劣不仅取决于所选用的涂料，还与汽车车身外形设计、车身外表的加工精度有关，一般感觉圆弧面或凸出面的光泽较平面要好。另外，光泽还与涂层的配套工艺有关。

涂层的外观优劣直接影响涂层的装饰性，使涂层外观的漆膜呈现橘皮和颗粒状。一般要求汽车外表涂层平整光滑，镜物清晰，没有颗粒。

● 汽车涂装是最典型的工业涂装，除修补涂装外，一般涂装一辆车的时间为几十秒至几分钟。为此，必须选用高效快速的漆前处理方法、干燥方法、传运方式和工艺装备。

● 汽车涂装一般均系多层涂装，靠单层涂装基本达不到上述优良的保护性和装饰性。例如，轿车车身涂层是由底涂层、中间涂层、面漆层组成的。涂层的厚度控制在 $100 \mu m$ 左右。

（2）涂装的分类

汽车制造涂装根据汽车类型和结构分为以下几种。

1）车身外表涂装

车身外表涂装是汽车制造涂装的重点，可以达到高装饰性和抗腐蚀的目的，并且与汽车用途相适应，具有优良的耐久性。

2）车厢内部涂装

车厢内部涂装指客车车厢内部表面和载货车、特种车的驾驶室内表面的涂装。一般来说，车厢内部的包覆件自身带有颜色或加工成设计的颜色而不需要涂装。因此，车厢内部涂装作业量不大，主要应满足装饰性和居住性的要求，给人以舒适、赏心悦目的感觉。

3）车身骨架的涂装

车身骨架是指支撑汽车覆盖件且构成汽车形体的承力结构件总成。车身骨架的结构强度决定了汽车的使用寿命，因此对其涂装的要求主要是抗腐蚀，保护基本材料。车架以下的部分还应耐水、耐油和抗冲击。汽车车身要做好隔音、隔热和密封处理。

4）底盘部件涂装

汽车底盘部件都在汽车的下部，要求涂膜具有良好的耐水、耐油、抗冲击和耐久性，尤其是底漆应有良好的附着力。

5）发动机部件涂装

发动机的温度较高，经常接触水、油等，因此要求漆膜应耐热、耐水和耐油。

6）电气设备的涂装

电气设备部分涂装主要要求防水、防腐蚀和绝缘；对于蓄电池附近的构件则要求耐酸。

对于汽车制造涂装和零部件的涂装，世界各国都制定了相应的技术条件和工艺文件，许多国家还颁布了汽车涂层的防腐蚀标准，我国也颁布了相应的技术标准。

汽车修补涂装总的目的就是要恢复汽车原有的涂层技术标准和无痕迹修补。涂装根据需要修补部位和修补面积的大小可以分为重新喷涂涂装（简称重涂或全车喷漆）、局部修补涂装（根据修补面积又可分点修补和板修补）和零部件修补涂装。

3. 汽车涂装基本要素

汽车涂装的基本要素是涂装材料、涂装工艺、涂装工具和设备，以及涂装技能和涂装工艺管理等。

（1）涂装材料

涂装材料的质量和作业配套性，是获得优质涂层的基本条件。在选择油漆时，要从涂膜性能、作业性能和经济效果等方面综合衡量。如果忽视涂膜性能，单纯考虑涂料的低价格，会明显缩短涂层的使用寿命，造成早期补漆或重新涂漆，反而带来更大的经济损失。如果油漆选用不当，则即使精心施工，涂层也不可能耐久。

(2)涂装工艺

涂装工艺的合理性、先进性，是获得优质涂层的必要条件，是降低生产成本、提高经济效益的先决条件。合理而先进的涂装工艺，不仅能最大限度地利用已有生产条件，获得高质量的涂层，而且便于管理，节省材料及生产运行费用。

(3)涂装工具和设备

涂装工具和设备是提高涂装施工效率、自动化程度，减少人为因素对涂层质量影响的主要手段。随着汽车工业的高速发展，涂装设备在汽车生产中的作用显得越来越重要。汽车制造厂家不惜巨资提高涂装线的自动化水平，目的就是确保涂层具有稳定的高质量。

(4)涂装技能

涂装作业人员的技能体现在喷涂操作、涂装设备的使用和工艺参数的控制方面，可以想象，不懂涂装要领的作业人员，从事高技术含量的涂装施工，会给涂装生产带来什么结果。

(5)涂装工艺管理

涂装工艺管理是保证涂装工艺得到正确实施不可缺少的环节。一般汽车产品的涂装，从漆前表面处理到最终成品要经过几道工序才能完成，每道工序都有几个甚至几十个因素或工艺参数直接影响涂层质量。保证这些因素或参数满足要求，主要靠工艺管理来实现。

对以上各要素不能有任何忽视，否则就不可能达到优质涂装的目的。

4. 常用涂装方法

涂装质量好与坏是涂装三要素综合作用的结果，其中涂装工艺的正确选用也是影响涂装质量的重要方面。所谓涂装工艺的选择在某种意义上讲是涂装方法的选择。不同的涂装方法适用于不同条件下的涂装，因此选择正确的涂装方法是非常重要的。到目前为止，涂装方法主要有浸涂、喷涂、刷涂、辊涂、电泳、刮涂、静电喷涂、搓涂8种，其中电泳、喷涂、静电喷涂和刮涂在汽车涂装中应用较多。

(1)浸涂

浸涂是将经过表面处理的被涂物直接浸泡在大量的液态涂料中，利用涂料与被涂物表面的附着力使涂料附着在被涂物表面的涂装方法。此种涂装方法在早期的生产过程中比较常见，适用于体积比较小、对涂装质量要求不高的零部件的涂装。浸涂对生产条件的要求较低，不要求操作人员有较高的技术水平，但是涂料的浪费比较严重，对环境的影响比较大。

一、汽车涂装功能与特点

（2）喷涂

喷涂是指用特制的喷涂设备（主要是喷枪）将涂料雾化，并涂布于被涂物表面的涂装方法。虽然此种涂装方法出现较晚，但它的应用范围很广，大多数的零部件都可以使用喷涂的方法进行涂装。喷涂涂料相对节省、涂装质量较好、涂膜质量容易控制，但是它对操作人员的技术水平要求比较高，对喷涂设备的要求比较严格，对环境的影响比较严重。

（3）刷涂

刷涂是指用动物毛发或植物纤维制成的刷子将涂料刷在物体表面的涂装方法。此种涂装方法出现较早，且应用范围很广。刷涂对涂装设备的要求较低，对操作人员的技术水平要求较高，涂布过程中涂料的浪费较少，对周围环境影响较小。

（4）辊涂

辊涂是指用棉制或化学纤维制成辊轮，再通过辊轮的滚动将涂料均匀涂布在物体表面的涂装方法。此种涂装方法适合于较大面积的涂装，对涂装设备的要求较低，但对操作人员的技术水平要求较高，涂料的浪费较少。

（5）电泳

电泳是指将被涂物浸没于涂料，对被涂物与涂料加以不同极性的电荷，利用电荷移动的原理进行涂装的方法。电泳涂装对涂装附属设备的要求很高，技术难度较大，自动化程度高。电泳涂装的涂膜厚度能够很好地被控制，涂装质量高，多用于新车制造中底层涂料的涂装。按照被涂物所加电荷的不同，其可分为阴极电泳和阳极电泳两种。图1-3所示为某生产厂的电泳涂装工位，可以看到组装完毕的车身正进入电泳涂装池。

（6）刮涂

刮涂是指用刮板将涂料刮于被涂物表面的涂装方法。刮涂对涂装设备的要求较低，对操作人员的技术要求较高，涂料浪费较少。刮涂多用于汽车修补涂装中的凹陷填充与外形修复。

图1-3 生产线上的电泳涂装

（7）静电喷涂

静电喷涂是指在喷涂设备上加以一定电压的静电电量，赋予喷涂出的涂料一定电压的静电，利用静电的吸附原理将涂料涂布于被涂物表面的涂装方法。静电喷涂对喷涂设备的要求较高，但对操作人员的技术水平要求不高，且涂料的浪费较少，对环境的影响较小。

（8）擦涂

擦涂是指将布料或其他材料浸沾涂料后用擦拭的方法将涂料涂布于被涂物表面的涂装方法。擦涂应用较少，一般是在要获得某种特殊效果时使用。它对涂装设备的要求较低，但对操作人员的技术水平要求较高。

温馨提示：

涂装方法要根据涂装质量的要求、补涂物的特点、操作人员的技术水平、设备技术水平以及具体生产工艺的要求加以选择。

二、涂装作业的安全与防护

汽车修理的喷漆作业是钣金修理作业的延续，也是最后一道修理工序。喷漆作业的场地一般都与钣金修理的场地相毗邻。在喷漆区内从事喷漆作业时，必须重视安全保护工作，以免发生各种意外事故，危及人身安全或严重污染环境。

1. 工具与设备的安全使用

涂装车间使用的工具和设备有手动的、气动的和电动的三类，此外，还有某些大型的设备。正确地使用这些工具和设备是安全生产的保证。

使用工具和设备基本的安全要求如下：

- 手动工具要保持清洁和完好。应经常清洁沾有油污和其他杂物的工具，检查其是否有破损，以免使用时发生机械事故，伤及人身。
- 使用锐利或有尖角的工具时应当小心操作，以免不慎划伤不应触及的部位或伤及人身。
- 专用工具只能用于专门的操作，不能移作它用。
- 不要将旋具、手钻、冲头等锐利工具放在口袋中，以免伤及本人或划伤汽车表面。
- 使用电动工具之前应检查其是否接地，检查导线的绝缘性是否良好。操作时，应站在绝缘橡胶地板上进行（或穿有绝缘靴）。无保护装置的电动设备不要使用。
- 用气动或电动工具从事打磨、修整、喷砂或类似作业时，必须戴安全镜。在小零件上钻孔时，禁止用手握持，必须用台钳夹住。
- 必须确认电动工具上的电路开关处于断开位置后，再接通电源。电动工具使用完毕应切断电路，并从电源上拔下来。

二、涂装作业的安全与防护

- 清理电动工具在工作中所产生的切屑或碎片时，必须让电动工具停止转动，切勿在转动过程中用手或刷子去清理。
- 任何操作都不宜过度探身，防止滑倒事故。
- 气动工具必须在规定的压力下工作。
- 使用液压机具时，应保持液压压力处于安全值以下，操作时应戴安全眼镜，并站立在液压机具的侧面。
- 只有经过训练的工人才能在漆装岗位上作业。

2. 环境保护与人身防护

在车身涂装作业过程中，总要排出有害气体、污染的液体或固体废渣。这些排出物如不经处理，将严重污染环境。涂装作业的环保措施需经环保部门检测，经允许之后方可开业运营。

（1）通风

在作业区内从事涂装作业，如使用腐蚀剂、脱脂剂涂装底漆和面漆时，都会排出有害气体或颗粒。这不仅对人身体有害，而且对涂装质量也有影响。为此，常采用换气系统进行地面抽气，抽吸磨料和涂装场地灰尘。图1-4所示为下向通风涂装房的空气更换装置。

良好的通风系统，可以将涂料、填料和稀料所挥发的有害气体排出作业区，也可以将因汽车在作业区内移动由发动机排出的一氧化碳、各种灰尘抽离出去。

通风系统应当在其进气道，滤去空气中的杂物，保持进入作业区的空气达到一定的纯净度，图1-4所示为喷漆房天花板的网栅处设有空气过滤装置；另外，在其排气道也应放置过滤装置，以便将作业区的污物阻挡在过滤器表面上，使排出的气体不会污染大气，实现对环境的保护。

湿过滤系统使用水作为过滤介质。喷漆区污水的排出也应有相应的环保过滤措施，防止废渣、废液对环境的污染。

通风系统是涂装作业环境保护最重要的环节。

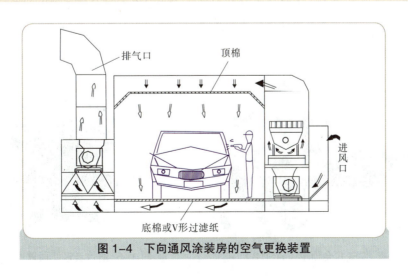

图1-4 下向通风涂装房的空气更换装置

（2）人身防护

涂料、填料和稀料的挥发气体对人有麻醉作用，操作者长期接触将受到伤害。除了通风条件要良好之外，在作业区内，操作者必须戴上呼吸保护器和安全手套。万一人身触有此类物质，应及时用肥皂水冲洗干净。

3. 安全与保护措施

人身安全保护是从事涂装作业人员必须重视的问题。只有采取了有效的保护措施才允许从事涂装作业。而操作者本人应当具备最基本的保护知识和技能。

（1）呼吸系统的安全与保护

磨料的粉尘、腐蚀性溶液和溶剂所蒸发的气体、喷漆时的漆雾都会给呼吸系统带来危害。即使在通风良好的环境下，操作者仍需要配戴呼吸保护器。

呼吸保护器有三种：供气式全面罩、活性炭过滤面罩和防尘口罩。

1）供气式全面罩

供气式全面罩是一种可以防护吸入氰酸盐漆蒸气和喷雾引起过敏的装置，其外形如图1-5所示。供气式全面罩是利用压缩空气供气系统过滤（精度必须达到0.1μm以上）供给的空气，空压机的空气入口必须置于空气清洁、远离喷漆的地区。

供气式全面罩主要用在如下喷漆情况和环境下：大量和长时间喷漆；在封闭或不通风环境，如烤漆房、密封仓、油罐等。

2）活性炭过滤面罩

当喷涂磁漆、硝基漆以及其他非氰化物的油漆和喷涂量较少时，可以配戴活性炭过滤面罩，如图1-6所示。这种面罩由一个适应人的脸型并具有密封作用的橡皮面具构成。它包括可拆卸的前置活性炭滤芯，可以滤去空气中的溶剂或喷雾。呼吸器还有进气和排气阀门，以保证呼吸顺畅进行。

图1-5 供气式全面罩（70012）

图1-6 活性炭过滤面罩（70110）

活性炭过滤面罩的维护主要是保持清洁，定期更换活性炭滤芯。当出现呼吸困难时，应更换活性炭滤芯，定期检查面罩，保持良好的密封性能。

◎ 注意：

目前常用的双组分油漆均含有氰化物，但都无法用这种面罩作过滤，同时不可在封闭或不通风的环境下使用。

3）防尘口罩

图1-7所示为防尘口罩。此类口罩可以防止喷砂灰尘被吸入，仅配戴于喷砂作业时。喷漆时，不能用它代替前两种保护器使用。

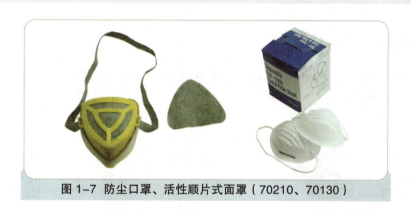

图1-7 防尘口罩、活性顺片式面罩（70210、70130）

（2）人体其他部位的保护

许多涂料及其相关产品，有燃烧和毒性的危害，会刺激皮肤、眼睛、鼻子、气管等，引起眼花、头痛、倦怠、白血球减少等。长期暴露在涂料含量、噪声较高的地方，会导致头晕、耳聋等。这些症状是不会立即显出的，会使人在不自觉中慢性中毒、耳聋，而人类天生的抵抗机能是远不足够的。因此，操作者必须要爱护自己的身体。

1）头部的保护

工作时，将长发扎结在头后，始终要戴安全帽，否则不能从事涂装或其他修理作业。

2）眼睛和脸部的保护

工厂各处均有飞扬的灰尘和碎屑，可能伤及眼睛。操作磨轮、气凿和在车底工作时都要戴防护镜（见图1-8）或防护面具。在焊接时，必须戴遮光镜和头罩，使眼睛和脸部不受伤害。

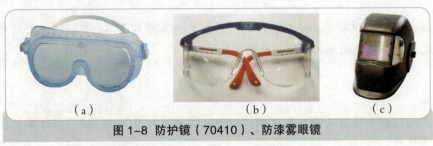

图 1-8 防护镜（70410）、防漆雾眼镜

（a）防护镜（70410）；（b）防漆雾眼镜；（c）头罩

3）耳朵的保护

敲打钢板或喷砂时所发出的噪声，对人们的听觉有不利的影响，严重会损伤耳膜。因此，在钣金作业及喷砂时应配戴耳塞。

4）手部的保护

为防止溶液、底漆及外层涂料对手的伤害，应配戴安全手套进行操作。洗手时选用洗手膏（见图 1-9），千万别用稀料洗手。

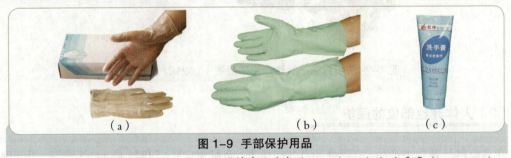

图 1-9 手部保护用品

（a）无硅乳胶手套（70510）；（b）抗稀料清洁手套（70520）；（c）洗手膏（70610025）

5）脚的保护

在钣喷作业时，应穿带有金属脚尖衬垫及防滑的安全工作鞋。金属脚尖衬垫可以保护脚趾不受落下的物体碰伤。喷漆时还应配戴方便鞋套或鞋罩。

6）身体的保护

进行喷涂工作时，按规定穿着工作服进行作业。在喷漆场地应穿清洁的喷漆防护服（见图 1-10），此类工作服面料不起毛，不会影响漆面质量。脏的、被溶剂浸过的衣服会积存一些化学物质，对皮肤会产生影响，未经允许不要穿着。工作服的上衣应是长袖的，袖口必须是橡皮扎口。工作裤要有足够的长度，裤脚口以橡皮扎口为好。

图 1-10 喷漆防护服（70310）

（3）个人安全要求

- 了解工厂作业的安全规程。
- 喷砂时必须配戴防尘面具。
- 使用压缩空气吹除灰尘时，应戴眼睛保护装置和防尘面具。
- 处理金属表面时，使用的金属调节剂含有磷，对皮肤有刺激作用，为此，必须配戴防护镜、手套和穿工作服。
- 配制涂料时，应戴防护镜，并在通风环境下进行。
- 喷涂时应十分注意合理使用设备。
- 存储漆料应放在远离工作区的地方。工作区只保留一天的用量，一天作业完毕，应及时清洁所有用具与设备。

4. 厂区安全事项

（1）汽车在厂内的安全事项

- 在汽车上作业时，汽车的制动装置必须处于有效的制动位置，防止自动溜车。
- 在汽车下面作业时，必须先将汽车稳固地支离地面。
- 刚进厂的车辆，不宜马上进行作业，以免被排气管、散热器、尾管等灼热物烧伤。
- 在车间内移动汽车时，一定要察看四周。

（2）溶剂和其他易燃物品的安全事项

- 不允许在喷漆车间抽烟和点燃明火（如火柴、打火机等）。
- 在存放易燃性液体的场地上，应对火源实施严格的监控。
- 输送桶装溶剂时，要用专用泵通过桶上的孔抽送，不允许侧倒装运。抽送完毕，应将容器盖关紧。
- 用散装容器运送易燃溶剂时，要特别小心。溶剂桶应接地，以防静电引起火灾，图1-11所示为将溶剂从溶剂桶装入手提式安全罐的两种方法。

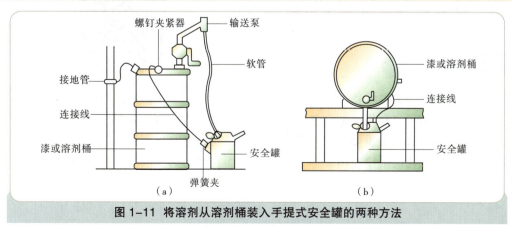

图1-11 将溶剂从溶剂桶装入手提式安全罐的两种方法
（a）抽送；（b）倾倒

- 用于喷漆的漆料，必须存放在金属柜中（切勿用木柜）。储存室、调漆间及调漆台都必须配置抽风系统。
- 喷漆时按下列程序进行：喷漆之前移开手提灯；打开通风系统；开启喷漆处场地光源；清除可燃残余物；油漆干燥时保持通风。
- 切勿在蓄电池附近打磨，以防蓄电池放出的氢气爆炸。

（3）防火设施

汽车修理厂必须配备灭火器。按照燃烧物不同，将火灾分为A、B、C、D四类。
A类火灾由一般固体可燃物如木材、纸、塑料等引起。
B类火灾由可燃液体如油、汽油、油漆等引起。
C类火灾由电气设备引起。
D类火灾由可燃金属，如铝、镁、钾、钠等引起。
不同类型的火灾要用不同的灭火器材才能扑灭，应按照厂内火情的种类配备相应的灭火器。

（4）其他安全措施

- 车间所有场地应保持清洁、有序。地板上的油液一定要及时清除干净。
- 保持地面干燥。
- 保持通道和人行道清洁和畅通，有足够的间距。
- 操作者的正规工作区要用防滑地板装修地面，并划分每个人的工作地段。
- 报警电话应放置在明显的位置。
- 确保有毒物质不会通过下水道排到公共水道中。
- 任何擦拭过溶剂的布、纸等废料必须统一存在金属容器内，以免引起火灾。
- 非车间工作人员不得擅自进入喷漆车间。

三、汽车涂装设备使用与维护

喷涂设备

1. 喷枪

喷枪是涂装修理的关键设备。利用喷枪将涂料（油漆）均匀地喷涂在车身表面，可以得到良好的防腐与涂装效果。利用压缩空气对进入喷枪的涂料进行雾化并对车身表面涂敷（简称空气喷射）是车身表面装饰最重要的工艺之一。喷枪的功能是利用压缩空气的压力将液体雾化，形成雾状射流。雾状化的油漆在喷流中分裂成微小而且均匀的液滴，形成薄厚均匀具有光泽的薄膜。

(1) 空气喷枪的类型

按涂料供给方式分,空气喷枪有吸力式空气喷枪、重力式空气喷枪和压送式空气喷枪三种类型。

1)吸力式空气喷枪

吸力式空气喷枪(见图1-12)是使用最普遍的一种喷枪。油漆置于罐内,扣动扳机,压缩空气冲进喷枪,气流经过气帽开口时形成局部真空,罐中的油漆被真空吸往已开启的针阀,形成雾状喷射流。

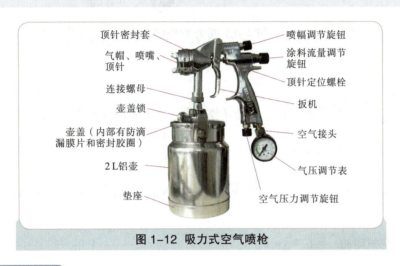

图1-12 吸力式空气喷枪

▶▶ **涂料供给方式**

油漆罐安装在喷嘴下方,仅用吸力供应油漆。

▶▶ **优点**

喷枪工作稳定,便于向油漆罐加油漆或变换颜色。

▶▶ **缺点**

喷涂水平表面困难;黏度变动导致排量变化,油漆罐比重力进给式大,因而操作者较易疲劳。

2)重力式空气喷枪

重力式空气喷枪(见图1-13)是利用油漆自身重力流入喷嘴进行雾化喷射的。这种喷枪适用于较稠的涂料(如车身填料)的喷涂。

▶▶ **涂料供给方式**

油漆杯安装在喷嘴上方,用重力及喷嘴尖的吸力供应油漆。

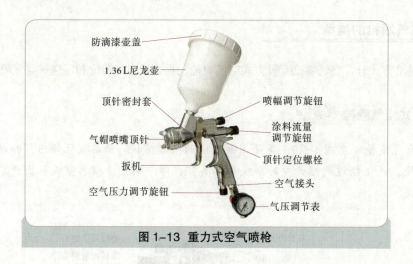

图 1-13 重力式空气喷枪

▶ 优点

油漆黏度不变,喷量就不会变化;油漆杯的位置可按喷漆件的形状变更。

▶ 缺点

油漆杯安装在喷嘴上方,会影响喷枪的稳定性;油漆杯容量小,不适合喷射较大的表面。

3)压送式空气喷枪

压送式空气喷枪(见图 1-14)是利用压缩空气进入油漆罐,推动油漆从细管进入喷嘴的。

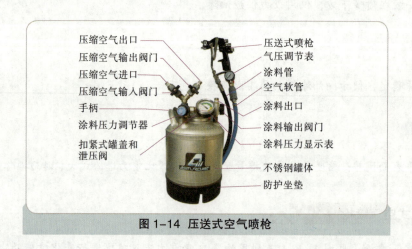

图 1-14 压送式空气喷枪

▶ 涂料供给方式

用压缩空气罐或泵给油漆加压。

> **优点**

喷涂大型表面时不必停下来向油漆罐加油漆；可使用高黏度油漆。

> **缺点**

不适合小面积喷漆，变换颜色及清洗喷枪需要较多时间。

（2）喷枪的结构

喷枪主要由空气帽、喷嘴、针阀、扳机、空气阀和手柄等组成。典型的吸力式空气喷枪的结构如图1-15所示。

空气帽引导压缩空气撞击涂料，使其雾化成有一定直径的漆雾。空气帽上有3个小孔：中心雾化孔、辅助雾化孔、扇面控制孔（见图1-16）。中心雾化孔位于喷嘴末端，产生喷出涂料所需的负压。辅助雾化孔可促进涂料雾化，喷出空气量的多少与涂料雾化好坏有很大关系（见图1-17）。侧孔喷出的气流可控制喷雾的形状，当扇形调节旋钮关上时，喷雾的形状是圆形；当调节旋钮打开时，喷雾的形状变成长方形。

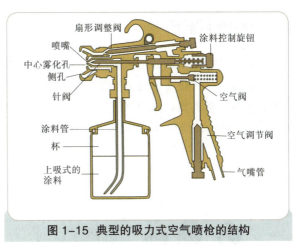

图1-15 典型的吸力式空气喷枪的结构

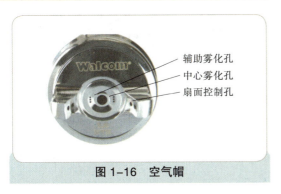

图1-16 空气帽

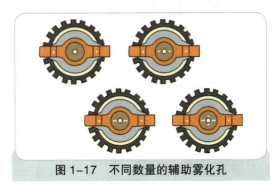

图1-17 不同数量的辅助雾化孔

（3）喷枪的调整与操作

1）喷涂模式的调整

喷涂模式的调整是指喷雾扇形区域的调节，喷雾扇形取决于空气和雾化的涂料液滴的混合是否合适（就像发动机的工作取决于空气和燃油的混合是否合适）。涂料的喷涂应平稳，喷涂出的湿润涂层应没有凹陷或流泪现象。在一般情况下，获得合适的喷雾扇形，有三种基本调节方式。

空气压力调节

喷枪喷嘴处的压力对于得到合适的喷雾扇形有明显的影响。空气压力的调节一般可通过分离/调压器来调节,但由于空气从调压器经过输气软管到达喷枪还受到摩擦力作用,因此存在压降。调压器处测得气压与喷枪处测得气压的差值取决于输气管的长度和直径,一般来说,孔径越大压降越小,管长越短压降越小,但管长一般不超过10 m。因此,应该在喷枪处测量气压值,而且我们所提到的压力值都是指喷枪处的气压。

测量气压的最可靠的方法是使用一块插在喷枪和输气管接头之间的气压表。有些喷枪本身就带有气压表,可用来检查和调节喷枪处的压力值。大多数喷枪的气压表是可选件,建议在生产实际中使用气压表。

喷雾扇形调节

通过调节喷雾扇形控制旋钮可以调节喷雾直径的大小。调节喷雾形状时,将扇形控制旋钮旋紧到最小,可使喷雾的直径变小,喷涂到板件上的形状变圆;将扇形控制旋钮完全打开,可使喷雾形状变成宽的椭圆形。较窄的喷雾可用于局部修理,而较宽的喷雾则用于整车喷涂,图1-18所示为扇形控制旋钮从旋紧到最小到完全打开时,喷雾形状的变化。

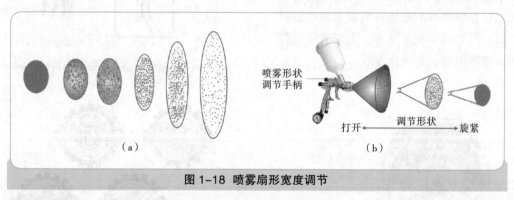

图1-18 喷雾扇形宽度调节

(a)喷雾开关;(b)调节形状

涂料流量调节

调节涂料控制旋钮可调节适应不同喷雾形状所需的涂料流量,如图1-19所示。逆时针转动涂料控制旋钮可增大出漆量,而顺时针转动将减小出漆量。

最佳的喷涂压力是指获得适当雾化、挥发率和喷雾扇形宽度所需的最低压力。压力过高会产生过多弥漫的喷雾,从而导致用料量增加,涂层流动性降低。因为在涂料到达喷涂表面之前已有大量的溶剂被蒸发掉,所以易产生橘皮等缺陷。

压力过低,会使涂层的干燥困难,因为大多数溶剂都保留下来了,因此容易产生起泡和流挂。

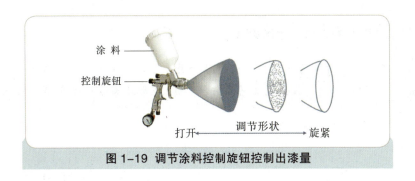

图 1-19 调节涂料控制旋钮控制出漆量

2）喷涂试验

设定好空气压力、喷雾扇形、出漆流量后，就可以在遮盖纸或报纸上进行喷雾形状测试了。喷涂清漆类涂料时喷枪与测试纸相距 15～20 cm，而喷涂磁漆时则相距 20～25 cm。试验应在瞬时完成，将扳机完全按下，然后立即释放。喷射出来的涂料应在纸上形成长而窄的形状。旋转喷雾扇形旋钮，使试样高度达到一定高度为止。一般情况，进行局部修理时，试样高度从底部到顶部应达到 10～15 cm；进行大面积或全身修理时，试样高度从底部到顶部应长 23 cm 左右；（通常情况，试样高度在 15～20 cm 即可。）如果涂料颗粒粗大，则可以旋进涂料流量控制旋钮 1/2 圈以减少流量；如果喷得太细或过干，则旋出涂料流量控制旋钮 1/2 圈，以达到增大涂料喷出量的目的。

3）喷涂操作要领

喷枪与工件表面的角度（喷涂角度）

喷枪与工作表面必须保持垂直，绝对不可由手腕或手肘作弧形的摆动，如图 1-20 所示。

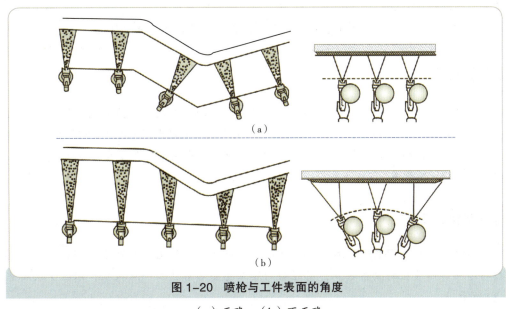

图 1-20 喷枪与工件表面的角度

（a）正确；（b）不正确

喷枪嘴与工件表面的距离（喷涂距离）

正常的喷涂距离应与喷枪的气压、喷枪的扇面大小以及涂料的种类相配合。一般喷涂距离为15～20 cm（可按涂料供应商提供的工艺条件操作）。实际距离可对贴在墙上的纸张试喷而定，如图1-21所示。

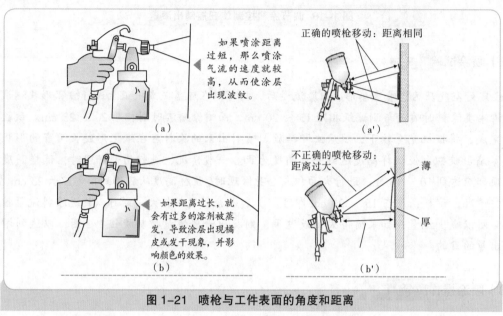

图1-21 喷枪与工件表面的角度和距离

（a）涂料堆积；（a'）正确；（b）喷雾落到喷涂表面时已经无力；（b'）不正确

喷枪的移动速度（喷涂的移动速度）

喷枪的移动速度与涂料干燥速度、环境温度、涂料的黏度有关，以30～60 cm/s的速度匀速移动。喷枪移动过快，会导致涂层过薄；而喷枪移动过慢，会导致流挂。

喷涂压力

正确的喷涂气压与涂料的种类、稀释剂的种类、稀释后黏度和喷枪的类型有关，一般调节气压2.0～2.5 bar，或进行试喷而定。压力过低极有可能雾化不好，使稀释剂挥发过慢，涂料像雨淋一样喷涂到工件的表面，容易产生流泪、针孔、气泡等现象。而压力过高则有可能过分蒸发，严重时形成所谓干喷现象。

喷枪扳机的控制

扳机扣得越紧，液体流速越大。传统走枪时，扳机总是扣死，而不是半扣。为了避免每次走枪行将结束时所喷出的涂料堆积，有经验的漆工都要略略放松一点扳机，以减少供漆量，如图1-22所示。

三、汽车涂装设备使用与维护

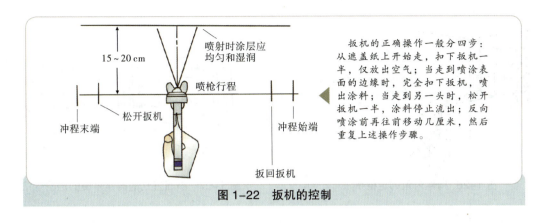

图 1-22 扳机的控制

在"斑点"修补或者新喷涂层与旧涂层的边缘润色加工时都要进行"收边"操作。

收边法喷涂——通过手腕部移动，喷枪按月牙形轨迹离开修补表面。利用这种喷枪移动方法，漆层厚度会随着喷枪移开而逐渐变薄。

收边法喷涂示意图，如图 1-23 所示。

▶ 喷涂方法、路线的掌握

喷涂方法有纵行重叠法、横行重叠法和纵横交替喷涂法。喷涂路线应按从高到低、从左到右、从上到下、先里后外顺序进行。在行程终点关闭喷枪，喷枪第二次单方向移动的行程与第一次相反，喷嘴与第一次行程的边缘平齐，雾型的上半部与第一次雾型的下半部重叠，重叠幅度应第二层与上一层重叠 1/3 或 1/2，如图 1-24 所示。

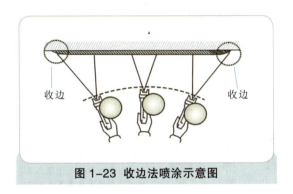

图 1-23 收边法喷涂示意图

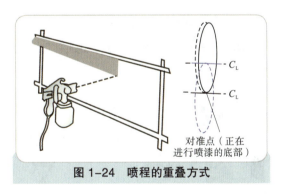

图 1-24 喷程的重叠方式

▶ 走枪的基本动作

汽车修补涂装中，被涂物的情况不同，喷漆走枪的手法也不同，以下叙述几种常用的喷漆走枪手法。

● 构件边缘的走枪手法（见图 1-25）。
● 构件内角的走枪手法（见图 1-26）。
● 小而直立的构件平面的走枪手法（见图 1-27）。

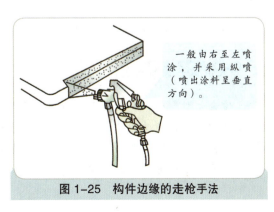

图 1-25 构件边缘的走枪手法

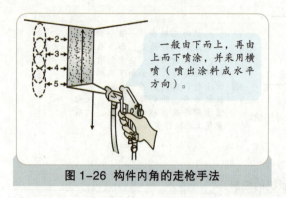

图 1-26 构件内角的走枪手法

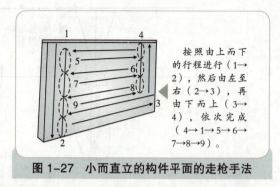

图 1-27 小而直立的构件平面的走枪手法

- 长而直立的构件平面的走枪手法（见图 1-28）。
- 小圆柱构件的走枪手法（见图 1-29）。

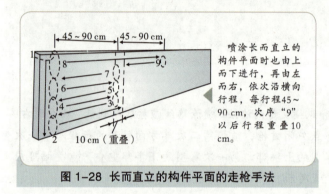

图 1-28 长而直立的构件平面的走枪手法

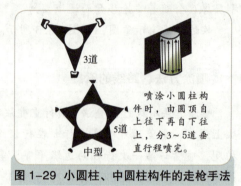

图 1-29 小圆柱、中圆柱构件的走枪手法

- 大型圆柱构件的走枪手法（见图 1-30）。
- 狭长面构件的走枪手法（见图 1-31）。

图 1-30 大型圆柱构件的走枪手法

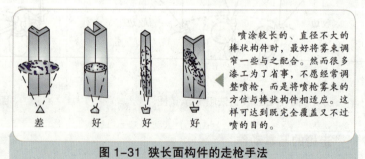

图 1-31 狭长面构件的走枪手法

大型水平表面的走枪手法

喷涂大型表面如发动机盖、车顶、后盖等，可以采用长而直立构件平面的走枪手法。即由左至右移动喷枪至临近基材表面时扣扳机，继续移动喷枪至离开基材表面时放开喷枪。这样可以获得充分润湿的涂层，而不过喷或干喷最少。

在喷枪使用上，最好使用压送式喷枪，如果采用的是吸力式喷枪，则在需要倾斜喷枪时，千万小心，不要让油漆滴落到构件表面上。为了防止油漆泄漏、滴落，喷杯中油漆不要装得太满，整个操作过程要平稳、协调，随时用抹布或纸巾擦净泄漏出来的油漆。

（4）喷枪的维护

喷枪及其附属设备在使用之后应立即彻底清洗并进行必要的维护保养，这是防止发生故障的最好的预防措施。

1）手工清洗

手工清洗喷枪的操作过程具体如下（吸力式喷枪即下壶喷枪）。
- 松开油漆杯，油漆管仍留在杯内不要撤出。
- 将气帽旋出2~3圈，用多层布盖住气帽，然后扣动扳机，迫使喷枪中的油漆回流到杯中。
- 将杯中油漆倒回原来的容器。首先，将喷嘴重新旋紧，用溶剂和小毛刷清洗杯和杯盖，并用蘸有溶剂的抹布抹去残留物。然后，将干净的溶剂倒进杯中，扣动扳机喷射溶剂，清洗喷枪内的通道。
- 把气帽卸下放入溶剂内清洗。阻塞的孔应予以疏通。切勿用金属丝疏通小孔，以免碰伤。
- 用毛刷和溶剂清理喷嘴。
- 用蘸有稀释剂的抹布擦拭喷枪外表，除去所有油漆的痕迹。

清洗喷嘴套装时，拆装及清洗工作应特别注意如下几点：
- 旋下内置弹簧的油漆流量控制旋钮。
- 抽取出不锈钢枪针，将其轻轻地摆放到工作台上，注意不要让枪针碰撞其他硬质物体，以免造成枪针的弯曲变形等，再卸下气帽。
- 用专用扳手卸下喷嘴，在此特别强调，喷嘴和气帽的空气导流孔不宜用硬质物体捅里面的漆尘，以免产生气孔变形。
- 将喷嘴和气帽浸泡在干净的溶剂中数分钟（注意：不可将喷枪整体浸泡在溶剂中）。
- 用专用软质钢丝进行清洗（龙神产品喷枪清洁工具，如图1-32所示）。
- 清洗完毕后，要按先安装喷嘴再安装枪针的顺序进行，否则，容易发生喷嘴胀裂等现象。

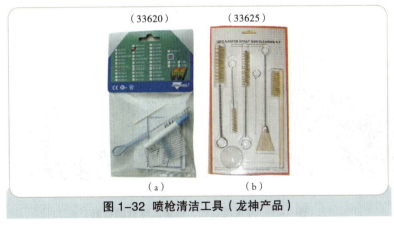

图1-32 喷枪清洁工具（龙神产品）

（a）精制喷枪清洁套装；（b）标准喷枪清洁套装

2）喷枪零件的更换

● 喷嘴套装的更换。

喷嘴口径需要更换时，必须更换整个喷嘴套装。喷嘴套装是喷枪最关键的部件，由风帽、喷嘴和枪针三部分组成。其拆装步骤如下。

步骤 1

取下风帽，如图 1-33 所示。

步骤 2

拆卸喷嘴，如图 1-34 所示。必须用随枪附送的扳手拆卸喷嘴，用扳手旋松后，用手拆下喷嘴。（为防止打滑，最好用扳手中心下面的孔来拆卸）

图 1-33 用手旋下风帽

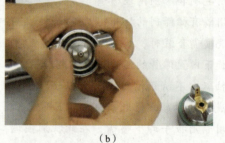

图 1-34 喷嘴的拆卸

（a）用扳手松开喷嘴；（b）用手旋下喷嘴

步骤 3

取下涂料流量控制钮、弹簧和枪针，如图 1-35 所示。

图 1-35 流量控制钮、弹簧及枪针的拆卸

（a）旋下流量控制钮；（b）拉出枪针

三、汽车涂装设备使用与维护

🟢 **步骤 4**

安装新的喷嘴（安装喷嘴套装时首先装上喷嘴，千万不能先装枪针），如图 1-36 所示。

🟢 **步骤 5**

装上风帽，如图 1-37 所示。

图 1-36 喷嘴的安装

图 1-37 风帽的安装

🟢 **步骤 6**

插入新的枪针，如图 1-38 所示。

🟢 **步骤 7**

装上涂料流量调节旋钮，旋紧固定螺母。插入弹簧前，先涂抹少许高效润滑油，如图 1-39 所示。

图 1-38 枪针的安装

图 1-39 流量调节旋钮的安装

● 枪针密封圈的更换。

步骤 1

准备好拆装工具及喷枪，如图 1-40 所示。

步骤 2

取下涂料流量调节旋钮、弹簧及枪针，如图 1-41 所示。

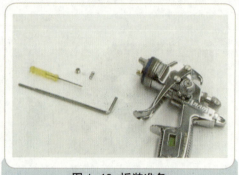
图 1-40 拆装准备

图 1-41 取下流量调节组件

步骤 3

用螺丝刀小心地把安全卡簧松开，取下扳机螺栓和在上方的插销，拆下扳机。注意不要漏掉弹簧垫圈，如图 1-42 所示。

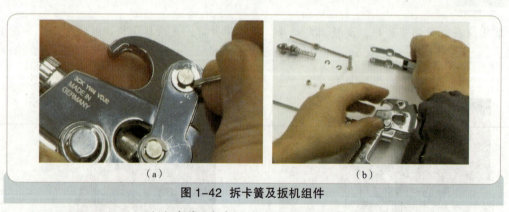
图 1-42 拆卡簧及扳机组件
（a）卡簧的拆卸；（b）扳机组件的拆卸

步骤 4

用内六角扳手逆时针拧松加压螺钉，小心取出枪针密封圈组件，如图 1-43 所示。

步骤 5

更换新的密封圈组件并顺时针拧紧加压螺钉，如图 1-44 所示。

三、汽车涂装设备使用与维护

图1-43 拆枪针密封组件

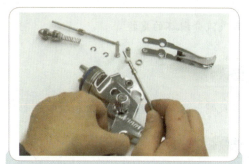

图1-44 安装新的密封组件

◉ **步骤6**

重新装上扳机、插销及扳机螺栓，如图1-45所示。

◎ 注意：

请不要忘记装上弹簧垫圈。

◉ **步骤7**

安装安全卡簧，如图1-46所示。

图1-45 安装扳机组件

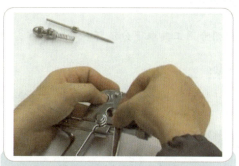

图1-46 安装安全卡簧

◉ **步骤8**

最后安装枪针、弹簧和涂料流量调节旋钮（条件旋钮），如图1-47和图1-48所示。

图1-47 安装枪针

图1-48 安装弹簧和涂料流量调节旋钮

● 气流分配环的更换。

○ 步骤 1

拆风帽、涂料流量调节旋钮和枪针,如图 1-49 所示。

○ 步骤 2

用扳手旋松喷嘴,并取下喷嘴,如图 1-50 所示。

图 1-49 拆风帽、涂料流量调节旋钮和枪针

图 1-50 拆喷嘴

○ 步骤 3

使用专用工具取下分流环。小心操作,避免划损喷枪头内部,如图 1-51 所示。

◎ 注意:

由于使用过的分流环拆下后不能再次使用,因此在拆下前要确保有一个新的分流环可以替代。

○ 步骤 4

安装新的分流环,确保按照定位口的正确位置安装,如图 1-52 所示。

◎ 注意:

装入新分流环前先清除里面的尘埃及残留物。

图 1-51 拆分流环

图 1-52 安装分流环

步骤 5

装上并旋紧喷嘴，如图 1-53 所示。

步骤 6

重新插入枪针，装上涂料流量调节旋钮，如图 1-54 所示。

图 1-53 安装喷嘴

图 1-54 安装枪针

步骤 7

安装风帽。装好风帽后，测试一下喷幅控制功能是否正常，如图 1-55 所示。

3）用喷枪清洗机清洗

喷枪的清洗可利用喷枪清洗机（见图 1-56）进行。

手工清洗喷枪比较浪费清洗溶剂和增加劳动负荷，影响身体健康，用喷枪清洗机（如龙神牌喷枪清洗机）清洗喷枪，每次清洗时间约为 1 min，可同时清洗 2 支喷枪（上下壶），节省清洗溶剂。新旧溶剂分开放置，可循环再用，既减少劳动强度又环保。

图 1-55 安装风帽

4）用油漆剥离剂清洗

喷枪清洗时也可采用油漆剥离剂（见图 1-57）进行，用刷子沾湿油漆剥离剂或把喷枪的喷嘴风帽浸泡在油漆剥离剂中进行清洁。由于此油漆剥离剂是中性的，因此对喷枪不会引起腐蚀或伤害，而且清洗效果非常好。注意市面上很多油漆剥离剂是酸性的，会腐蚀喷枪，不可用。

喷枪各部件之间有相对运动的部位，每次清洗之后，这些部位应当加滴少许随喷枪附带的无硅润滑油润滑。

图1-56 喷枪清洗机（38083）

图1-57 油漆剥离剂

（5）喷枪常见的故障诊断

喷枪常见的问题与对策如表1-1所示。

表1-1 喷枪常见的问题与对策

现　象	原　因	对　策
偏左或偏右	①气帽一侧的扇面控制孔堵塞； ②气帽受损	①清洁气帽； ②更换喷嘴套装
喷幅中央过厚	①喷涂的涂料黏度太高； ②喷涂压力太低； ③喷嘴的口径和顶针由于磨损而增大或变小	①调低涂料黏度； ②增大喷涂压力； ③更换喷嘴套装
喷幅分裂	①涂料黏度太低； ②喷涂压力太高； ③扇面控制孔内径偏大； ④涂料不够； ⑤雾化空气通道堵塞	①调高涂料黏度； ②调低喷涂压力； ③更换喷嘴套装； ④添加足够的涂料； ⑤清洁喷枪的空气通道
跳枪	①喷嘴没拧紧或没装好； ②枪针密封套件松动； ③喷枪的连接螺母松动（下壶喷枪）； ④壶里涂料不足； ⑤喷嘴套装损坏	①旋紧喷嘴或清洁并安装喷嘴套装； ②紧固顶针密封套件； ③旋紧连接螺母； ④补充涂料； ⑤更换喷嘴套装
喷幅形状呈重心偏向一侧	气帽中心孔或雾化孔堵塞	清洁喷嘴套装
喷幅上重或下重	①喷嘴、顶针或气帽的空气出口上有杂物堵塞； ②气帽或喷嘴受损	①清洁喷嘴套装； ②更换喷嘴套装
喷不出涂料或少量出	①枪壶盖的空气补充孔堵塞或气帽及吸料管堵塞严重； ②壶内没有涂料； ③顶针行程太短	①清洁壶盖上的空气补充孔、气帽及吸料管； ②补充涂料； ③旋转涂料流量调节旋钮，增加针阀的行程
喷嘴处漏涂料	①顶针密封螺帽太紧； ②喷嘴端口内部有异物； ③喷嘴和顶针不配套或有损伤； ④顶针回位弹簧断掉或未装	①旋松顶针密封螺帽； ②清洁喷嘴； ③更换喷嘴套装； ④更换顶针回位弹簧或安装上顶针回位弹簧

2. 压缩空气供给系统

压缩空气供给系统是一整套生产、净化和输送压缩空气的系统设备。在喷涂作业中，涂料就是借助压缩空气的作用才均匀地附着在待涂物的表面上的。此外，涂装车间的许多工具都要借助压缩空气作为动力源才能使用，因此拥有一套高效标准的压缩空气供给系统对整个汽修车间非常重要。

（1）概述

空气具有可压缩性。将普通的空气进行加压，其体积减小的同时，压强也会增大，压强增大后的空气工业上叫作压缩空气。压缩空气是仅次于电力的第二大工业动力源。与其他能源相比，压缩空气明显的特点是清晰透明、输送方便、没有特殊的有害性，没有引发火灾的危险，不怕超负荷，能在许多不利环境下工作。

汽车涂装行业，压缩空气的作用主要有以下3个。

1）雾化和输送涂料

压缩空气用于输送液态或粉末涂料，借助喷涂工具将涂料打散雾化。除了浸涂以外，诸如静电涂装和自动喷涂等，涂料都需要压缩空气的雾化和输送才能完成涂装过程。

2）作为动力源

压缩空气是涂装作业中的气动工具（如喷枪、气动打磨机、气动抛光机和板件的干燥除尘设备等）动力源。与电动工具相比，它们在涂装车间使用起来更加安全，气动工具的故障也较同类型的电动工具少很多，维修保养比较容易。

3）吹尘和干燥

压缩空气用于被涂板件的干燥和除尘，如汽车修补涂装打磨原子灰用的水磨工艺，在每次进行下一道工序之前，都必须先将板件吹干，否则板件容易生锈或者引起漆诟。

（2）压缩空气供应系统的组成

压缩空气供应系统一般由空气压缩机（气泵）、气流控制和调节装置及各种辅助元件等组成。典型的压缩空气供应系统组成如图1-58所示。

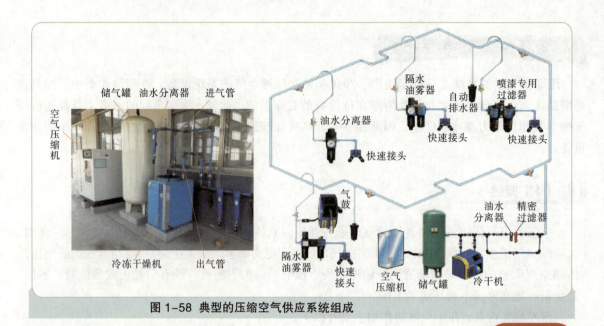

图 1-58 典型的压缩空气供应系统组成

（3）空气压缩机的工作原理

1）活塞式空气压缩机

活塞式空气压缩机的工作原理可用图 1-59 来说明。如图 1-59（a）所示，活塞在向下移动时，气缸内部形成一定的真空度，外界空气在大气压的作用下打开进气单向阀进入气缸，与此同时，通往储气罐通道的单向阀由于储气罐内气压高于气缸压力而关闭。这样，活塞下行时，就形成了压缩机的吸气冲程，直至活塞运行至下止点。随着曲柄继续转动，活塞从下止点向上止点移动，处于气缸内的空气被压缩，使进气单向阀关闭，压缩空气推开排气单向阀，将压缩空气送到储气室储存起来，如图 1-59（b）所示。曲柄连续转动，活塞在上、下止点之间往复移动，形成连续的吸、排气过程。

活塞式空气压缩机有单缸和多缸两种，多缸压缩机能够提供容量较大的压缩空气。为了得到更高的压力，活塞式空气压缩机可设计成二级或多级式的。二级空气压缩机是将第一级压缩的空气送到第二级活塞缸内进行二次加压，使其出口压力比一级压缩高出几倍。

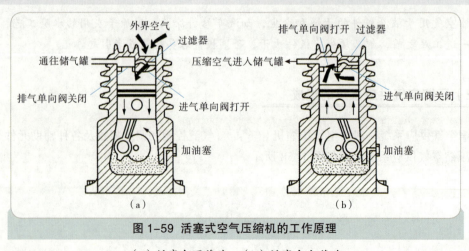

图 1-59 活塞式空气压缩机的工作原理

（a）活塞向下移动；（b）活塞向上移动

图 1-60 所示为四缸二级活塞式空气压缩机结构。

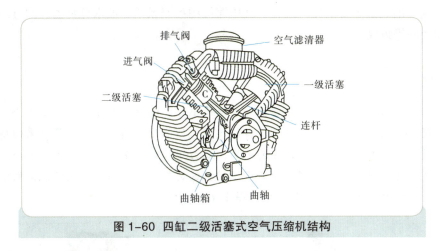

图 1-60 四缸二级活塞式空气压缩机结构

2）螺杆式空气压缩机

螺杆式空气压缩机由于具有良好的工作效率和可靠性、产气量大、压缩空气品质好、排气稳定、单位排气量体积小、节省占地面积、运转平稳、振动小、噪声低、操作相对简单、易损件少、运转可靠、寿命较长、安装经济等特点，在工业领域已成为标准配置。目前，市场上常见的规格有 10～100 hp。

螺杆式空气压缩机的工作原理如图 1-61 所示。利用两个阴阳螺杆转子啮合的螺旋转子以相反方向运动，它们当中自由空间的容积沿轴向减少，从而压缩两转子间的空气，两旋转的螺杆利用喷油润滑和密封，最后油气分离器再将油与压缩空气分开，此类压缩机可连续输出流量超过 400 m^3/min、压力高过 1 MPa 的压缩空气。螺杆式空气压缩机的缺点是阴阳螺杆转子长期运转后螺杆间隙会变大，定期修复或更换费用较大；相对于活塞式空气压缩机造价高，功耗也相对稍高一些。

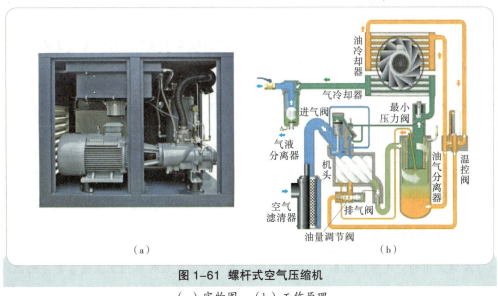

图 1-61 螺杆式空气压缩机
（a）实物图；（b）工作原理

（4）空气压缩装置的组成

一台空气压缩装置主要由储气罐、空气压缩机的控制系统、油水分离器、油过滤器、空气干燥装置和管路等组成。

1）储气罐

空气压缩机输出的压缩空气一般都要进入储气罐暂时储存。储气罐实质上是个储能器，其容积越大，所能储存的压缩空气量越多。当储气罐气体的压力达到气动工具所需的压力值时，气动工具才能正常工作；而当气动工具使用后，压力下降到一定值时，压缩机才会起动，重新向储气罐充气。可见储气罐的作用在于减少压缩机的运转时间，同时，又能保证供给气动工具用气的需要。两种典型压缩机储气罐形式如图1-62所示。

图1-62 两种典型压缩机储气罐形式

（a）水平式（卧式）压缩机储气罐；（b）垂直式（立式）压缩机储气罐

储气罐主要有3个作用，具体如下。

● 用于存储空气压缩机产生的压缩空气，避免空气压缩机的频繁起动。配备适当容积的储气罐可有效地避免空气压缩机的频繁起动，从而降低空气压缩机的工作时间，减少压缩机的磨损和维修工作量。

● 保持压缩空气气压和气流量的平衡。空气压缩机的工作原理和特性决定了从空气压缩机出来的压缩空气气流量是不连续的、气压是不稳定的，但是活塞式空气压缩机，有了储气罐的存储缓冲，使由储气罐导出的压缩空气气压稳定很多。

● 净化压缩空气，排除部分液态水和油。普通空气中含有的水蒸气经空气压缩机压缩后，变成饱和或过饱和状态，并且温度也由常温升至70℃～80℃。当这些高温且含有大量水蒸气的压缩空气进入相对较冷的常温储气罐时，大部分水蒸气会冷却沉积在储气罐底部。同时，一些液态油也会沉积下来，对储气罐造成不利影响。所以储气罐底部设有一个排污阀，可通过手动或自动定期排放出罐中的水和油。

2）空气压缩机的控制系统

维修车间常用的空气压缩机如图1-63所示。固定式空气压缩机控制系统各部分的组成及功能如下。

三、汽车涂装设备使用与维护

图1-63　固定式压空气缩机的主要组成部分

自动卸载器

自动卸载器俗称为安全阀。当储气罐内压力达到最大值时，自动卸载器开启，将罐内的压缩空气排向大气，使压缩机空转；当压力降低到一定值时，在弹簧弹力的作用下，安全阀关闭，压缩机恢复正常工作状态。如图1-64所示，自动卸载器调节的最大压力和最小压力可以通过调节螺钉进行调整。图1-64（a）所示为安全阀开启的情形；图1-64（b）所示为压缩空气与大气相通，有卸载、保护压缩机的作用。

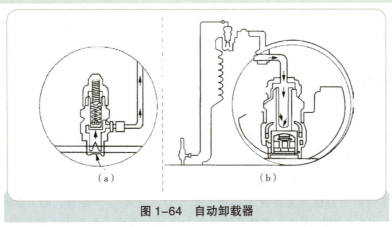

图1-64　自动卸载器

（a）安全阀开启；（b）压缩空气与大气相通

压力开关

压力开关是利用空气压力控制电源开闭的开关。一般情况下，压力达到所需的最大值时，电源断开，电动机停止运转，压缩机不工作；压力低于最小值时，电源接通，电动机重新起动，带动压缩机工作。常见的压缩机工作压力及接通、断开时间如表1-2所示。

表1-2　常见的压缩机工作压力及接通、断开时间

压缩机	功率/kW	接通压力/kPa	断开压力/kPa	压缩机从接通到断开的时间/s	储气罐容积/L
一级	0.745	560	700	83	135
一级	1.500	560	700	69	270

续表

压缩机	功率/kW	接通压力/kPa	断开压力/kPa	压缩机从接通到断开的时间/s	储气罐容积/L
一级	2.200	560	700	51	270
二级	0.745	9 800	1 225	284	270
二级	2.200	9 800	1 225	115	300
二级	3.700	9 800	1 225	75	300
二级	7.500	9 800	1 225	56	455
二级	11.000	9 800	1 225	42	455
二级	15.000	9 800	1 225	36	758
二级	18.000	9 800	1 225	30	758

▶ 电动机启动器

为了避免电动机直接起动时的瞬时过载电流过大，一般都采用启动器起动，启动器为电动机提供过载保护。电动机的型号及电流特性不同，启动器也不同，因此，必须选用与电动机相匹配的起动装置。

▶ 过载保护器

小型设备一般采用熔断丝进行电路过载保护；而大型设备则采取在起动装置上安装热继电器实施过载保护。

3）油水分离器

油水分离器主要用于净化压缩空气主管路上的液态油和水，如图1-65所示。它的外部是一个杯状外壳，内部是一个风扇叶状的单向通道。当压缩空气通过油水分离器时，由于离心力的作用，液态油和水会被摔向外围的杯壁，并流到杯底被排除掉，从而对后置设备及工具起到很好的保护作用。

油水分离器的辨别与选择主要是看其进、出气口径是否符合要求，而且压缩空气处理量要大于进气量，否则容易损耗油水分离器或造成安全事故；另外，要看其是否具有自动排水功能，好的油水分离器可以滤掉95%的液态油和水。

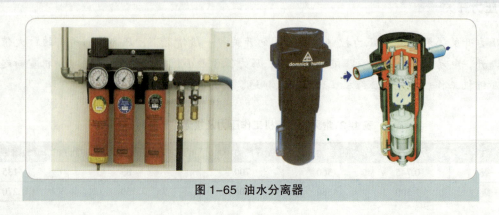

图1-65 油水分离器

4）油过滤器

油过滤器是采用物理方法过滤压缩空气中的油污、灰尘、杂质的一种设备。压缩空气除了含有水蒸气之外，还含有大量的灰尘、油污、粉尘、细菌等。这些杂质如果不经过滤就直接供给气动工具，则会损坏工具内件；若用来喷漆，则会导致漆病。油过滤器的主要作用是先粗过滤掉压缩空气中的油和部分微粒，减轻后期净化设备的负担。

过滤器的选择标准如下：
- 气体处理量要大于进气量。
- 滤芯精度、效率以及使用寿命指标要达到设定要求。
- 看滤芯是否具有饱合更换自动指示装置。
- 看其是否具有自动排水装置。

图1-66所示为AO级精密过滤器，过滤精度可达1μm，可以滤掉95%的油污和1μm以上的固态微粒。市面上现有的AO级精密过滤器品牌中，质量好的还是欧洲产的一些品牌，如英国DH系列的滤芯，材质好、安装连接简单、维修保养方便、成本低、效率高，具备自动排污功能，并附有滤芯饱和显示器，更换也很方便。

还有一种过滤器叫作旋风式过滤器，这种过滤器可以安装在喷枪的空气进口处，不需要时，可以随时卸掉。它可以除去压缩空气中的大部分脏物，但由于其结构是密闭的，无法将液体排出，故必须定期更换。

5）空气干燥装置

因为空气中含有一定量的水蒸气，所以压缩空气的同时，水蒸气也被压缩了。如果外界条件变化或空气膨胀，就可能形成水滴或雾，从而影响到喷漆的质量。因此，喷涂作业时，需要使用空气干燥装置除去空气中的水蒸气。

空气干燥装置主要有两类，即冷却型干燥器和吸收型干燥器。在冷却型干燥器中，空气的温度被降到零点以下，于是水蒸气便凝结成水滴，随后被排放出去；对于吸收型干燥器而言，水蒸气则被介质（如硅胶）吸收掉。硅胶吸足水后需要更换，但对于一些比较昂贵的干燥器来说，硅胶是可以再生的。

图1-66 AO级精密过滤器

6）管路

压缩机和气动设备之间的管路连接，可以用硬管，也可以用软管。在操作车间里，一般有固定工位的设备都是先用硬管输送到固定位置，再用软管接到气动设备上使用。

▶ 硬管

硬管可采用铜管、镀锌管或不镀锌的铁管。管径的选择由压缩机的供气量决定，如表1-3所示。

表 1-3 推荐的管子尺寸的最小值

压缩机		压缩空气总管	
功率 /kW	容量 /(L/min)	长度 /mm	管径 /mm
1.5	168~250	小于 15	6
3.5	336~560	15~60	6
		大于 60	25
3.5~7.5	560~1 100	小于 30	6
		30~60	25
		大于 60	32
7.5~12.0	1 100~1 700	小于 30	25
		30~60	32
		大于 60	38

提示：

管道上应尽量少安装附件。如果使用的附件过多，则应选用尺寸较大的管子，以弥补管子由于附件引起的额外的压力损失。

软管

软管有两种类型，分别适用于输送液体和气体，如图 1-67 所示。

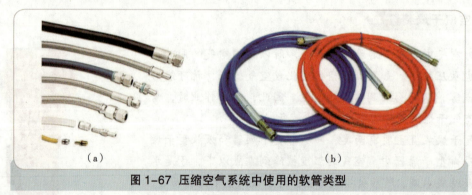

图 1-67 压缩空气系统中使用的软管类型
（a）液体软件；（b）气体软管

选择软管管径时主要考虑空气通过时的压力变化不宜过大，表 1-4 中给出了一组参考数据。

表 1-4 软管的空气压力　　　　　　　　　　　　　　　　　　单位：kPa

空气软管额定气压	1.5 m 长软管	4.5 m 长软管	7.5 m 长软管	15 m 长软管
280	2.8	53	74	112
420	30	67	90	144
560	40	80	112	175

软管使用时应注意保养。沿地面拖动软管时，不能围绕成团或跨越尖锐的物体，以防割伤。不允许有其他重物轧过软管，使用时，也不允许扭绞。清洗软管内壁时，只能用专门的清洗剂清洗。每次使用完毕，都要将软管的外表擦拭干净。

（5）空气压缩机的放置

提示：空气分配系统中，各部件的放置都有一定的科学性，以便达到最高的使用效率，并确保安全性等。

1）空气压缩机的放置应遵循的原则

- 空气压缩机尽可能安置在通风、清洁、干燥的地方，最好放置在室内，以利用室内清洁的空气。
- 空气压缩机进气口避免靠近有水蒸气排放或潮湿的场所；墙和其他障碍物应距离空气压缩机 30 cm 以上，以有利于空气流动及机体的冷却散热。
- 空气压缩机应水平放置，各支撑支柱下要垫放减振垫片，以防止压缩机工作时振动而损伤机械。
- 空气压缩机尽可能放置在工作点附近，以减少压力损失。

2）其他部件的放置

为了确保压缩空气的纯净干燥，除了安装必需的设备外，设备设置的位置也是非常重要的因素。在设置时，应考虑如何最大限度地发挥设备的作用，取得良好的效果。设备在设置时，应注意以下几点。

- 主供气管道在车间上方部分应设置成环形，以保证各处的压力恒定，并逐步向最远端倾斜，倾斜度为 1/100 左右，以利于管道内的水排放干净。
- 支供气管道与主供气管道之间应以鹅径管连接，如图 1-68 所示，支供气管道从上方分出，可防止主供气管道中的水分进入支供气管道。
- 油水分离器应安装在主供气管道上与空气压缩机相距 8～10 m 的位置，以提高油水分离效果。
- 主供气管道最低处应安装有自动排水阀，支供气管道末端应安装排泄阀。
- 供喷枪使用的支供气管道应安装气压调节器和油水分离器。

（6）空气压缩机的选用

提示：空气压缩机的功率选择非常关键，若功率太小，则产气不足，影响生产；若功率太大，则造成不必要的浪费。

在合理选配空气压缩机功率前，必须清楚以下几个参数。

图 1-68 支供气管道与主供气管道的连接

1）空气压缩机的工作压力

空气压缩机的工作压力也称为排气压力，指空气压缩机排出气体的最高压力。
- 常用的空气压缩机工作压力单位为 bar（巴）或 MPa（兆帕），1 bar= 0.1 MPa=105 Pa。
- 通常，4S 店或维修厂的技师们习惯使用的压力单位为 kgf（公斤力），1 kgf ≈ 0.1 MPa ≈ 1 个标准大气压。

2）空气压缩机的产气量

空气压缩机的产气量又称为排气量，是指在所要求的工作压力下，空气压缩机单位时间内排出的气体容积，又称容积流量。
- 产气量的单位为 m^3/min（立方米/分）或 L/min（升/分），1 m^3/min=1 000 L/min。
- 常用的产气量单位为 m^3/min（立方米/分）。

3）空气压缩机的功率

一般而言，空气压缩机的功率是指所匹配的驱动电动机或柴油机的铭牌功率。虽然日常生活中功率的单位多为 W（瓦）、kW（千瓦），但表示空气压缩机功率的单位却以 hp（英制马力）或 kW（千瓦）居多，在国内标准中 1 thp ≈ 745.7 W。当用户准备选购空气压缩机时，定下空气压缩机的类型后，首先要确定整厂或车间需要的工作压力，然后考虑从空气压缩机安装地点到实际用气端管路距离的压力损失，在工作压力的基础上加上 0.1～0.2 MPa 的余量，再选择空气压缩机的压力。当然，管路通径的大小和转弯点的多少也是影响压力损失的因素，管路通径越大且转弯点越少，则压力损失越小；反之，则压力损失就越大。

4）功率与工作压力、容积流量三者之间的关系

在功率不变的情况下，当空气压缩机的转速发生变化时，产气量和工作压力也会相应发生变化。例如，一台 30 hp 的空气压缩机，在制造时，确定工作压力为 0.7 MPa，根据压缩机主机技术曲线计算转速，产气量为 3.8 m^3/min；当确定工作压力为 0.8 MPa 时，转速必须降低（否则驱动电动机会超负荷），这时产气量为 3.6 m^3/min，因为转速降低了，所以排气也相应减少了。依此类推，选用的压缩机功率是在满足工作压力和产气量要求的基础上，供电容量能满足所匹配驱动电动机的使用功率即可。因此，选配空气压缩机时，应先确定工作压力，再确定相应产气量，最后确定供电容量。

（7）压缩机的维护及故障排除

提示：为了保证供气系统有效地工作，延长系统部件的使用寿命，要按规定的保养方案对压缩机进行日常的维护保养。一般而言，压缩机的保养分为日保养、周保养和月保养几种。

1）压缩机的保养

①日保养（见图1-69）

检查曲轴箱的润滑油面，确认是否在油尺标线之间，但注意不要过高，以避免机油消耗过多；清洗或吹干净空气压缩机上的灰尘；放掉储气罐、油水分离器内的冷凝水，特别是在空气湿度比较大时，每天要多放几次。

②周保养（见图1-70）

首先，拉开安全阀上的拉环，使其打开。如果该阀工作正常，则其排气的规律如下：若安全阀装在储气罐或单向阀上，则在罐内存有高压气时排气；若安全阀装在压缩机内置冷却器上，则在压缩机工作时排气。然后，用手指将拉出来的杆推回去。当安全阀不能正常工作时，应立即维修或更换。

图1-69 压缩机的日保养

图1-70 压缩机的周保养

其次，清洗空气滤清器的毛毡或海绵等过滤件，用防爆溶剂清洗干净后，晾干重新装好。滤清器太脏会降低压缩机的效率，增加机油的消耗。

最后，清洗或吹掉气缸、气缸头、内冷器、后冷器及其他容易积灰尘或脏东西的地方，以及压缩机附属设备部件上的小颗粒。干净的压缩机工作时的温度较低，而且使用寿命也较长。

③月保养如下

● 添加或更换曲轴箱内的机油。在干净的工作环境下，机油应每500 h或每6个月换一次（满足两个条件之一应更换）。如果工作环境较恶劣，则应增加更换机油的频率。

● 调节压力开关的关机/开机，设定压力。

● 检查每次关掉电动机时排放阀或CPR的排气压力是否正常。

● 应上紧带轮，以提高传动效率。如果V带发松，则电动机轮在工作时容易发热；当V带上得过紧时，就会使电动机负载过重，从而导致电动机和压缩机轴承过早磨损。

● 检查并调整电动机转轴和压缩机飞轮，看其是否有松动。注意：进行操作时，必须将V带防护罩的前半部分取下，以便于操作。

● 应上紧压缩机上所有的阀芯或气缸盖，确保每个气缸不会松动，以免损坏气缸或活塞。

● 检查压缩机附件和供气管道系统有无漏气现象。

● 关闭储气罐排气阀，检查泵气时间是否正常。

● 检查是否有异常的工作噪声。

● 检查机油有无泄漏的现象，如果有，则进行检修。

月保养是在周保养的基础上进行的，月保养的内容包含了周保养的内容。

2）空气压缩机故障原因及排除方法

空气压缩机在工作时会产生机械磨损、老化及由于维护不周或使用不当引起的人为损坏。只有查明了故障原因，才能对症下药。空气压缩机常见故障的原因及排除方法如表1-5所示。

表1-5 空气压缩机常见故障的原因及排除方法

故障现象	产生故障的原因	排除方法
工作声音不正常	①未压紧组合阀； ②阀片及阀片弹簧损坏； ③组合阀的螺钉未拧紧，掉进气缸中与活塞碰撞； ④活塞在上止点时，活塞与组合阀下面的间隙过小，活塞与缸盖发生顶碰； ⑤连杆小头磨损太大，工作时产生冲击； ⑥活塞环过分磨损，工作时在活塞槽内上下冲击； ⑦连杆轴瓦松，工作时产生冲击	①拧紧组合阀螺母； ②更换损坏零件； ③检查排除； ④调整活塞与组合阀的间隙； ⑤更换连杆小头； ⑥更换活塞环； ⑦更换轴瓦
排气温度过高	①排气阀漏气或阀片小弹簧损坏； ②排气阀严重积炭； ③风扇转向不对； ④冷却水量不足，水套、中间冷却器内积垢堵塞	①修理与更换小弹簧； ②清洗； ③检查电动机线路，更换接反线头； ④清除积垢，增加冷却水
排气量不足	①滤清器堵塞； ②气缸活塞或活塞环磨损，间隙过大； ③组合阀漏气； ④阀片弹簧损坏或卡住； ⑤排气管路漏气； ⑥活塞在上止点时，活塞与组合阀下面间隙过大	①清洗或更换； ②检查、更换活塞； ③修理与更换； ④检查、更换阀片弹簧； ⑤拧紧管接头； ⑥调整垫片
润滑油温度过高	①油量过少； ②活塞环咬住，气缸发生硬磨； ③连杆轴承咬住	①检查油量并加足油； ②更换活塞环； ③检查、更换轴承
功率消耗增大	①活塞、活塞环与气缸咬住； ②连杆衬套、轴承、曲轴轴瓦烧坏； ③吸、排气道不畅，阻力增大产生能量消耗	①更换配件； ②更换配件； ③疏通吸、排气道

3. 烤漆房

（1）烤漆房概述

漆房是汽车涂装修补过程中重要的设备，用于喷涂完成后对工件的干燥。钣喷车间由于敲打金属、研磨焊缝、腻子、磨砂等产生大量的粉尘，这些粉尘大多数非常细微，很难控制，而这种环境不利于车身的喷涂工作。喷烤漆房提供的清洁、安全、明亮、有利于健康的工作场所，使喷涂场地没有飞扬的粉尘，并能限制和安全排放掉进行车身喷涂工作时产生的挥发性气体。现代烤漆房的设计非常科学，所提供的空气环境、必要的照明等可保证喷涂工作的安全进行，如图1-71所示。

三、汽车涂装设备使用与维护

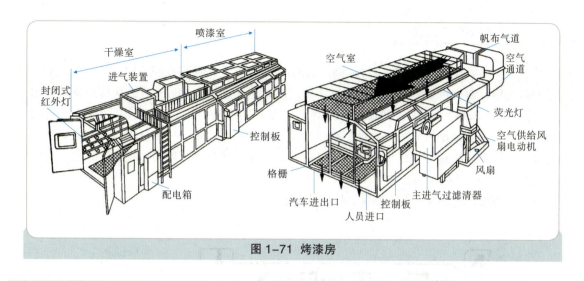

图 1-71 烤漆房

现代烤漆房的空气供应系统一般采用上送下排式，又称为下行式。气流从天花板吹进来后，经过车身，从气孔排出。如图 1-72 所示，干净、适温的气流经过车身表面的过程有利于减少喷涂表面的污染和多余的漆雾；可通过调整排风门的开度来调节风速（0.3 m/s）。

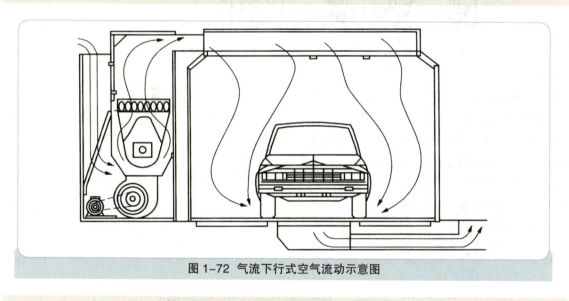

图 1-72 气流下行式空气流动示意图

从保护漆工的健康与安全的角度出发，漆房最重要的部件是空气过滤系统。目前，有多种配置和过滤材料，如纸、棉、玻璃纤维、聚酯纤维等。有湿式（或称为水洗式）和干式两种过滤系统，一般多采用干式系统。它的工作原理类似于筛网，当空气通过滤清器时，将其中的涂料颗粒和其他污物分离掉。有的空气滤清系统还有一些粘性物质层，可以将各种小颗粒粘到纤维表面上。大多数过滤系统几乎可以过滤掉全部能导致产生肉眼可见的涂层缺陷的小颗粒，任何大于 14μm 的颗粒都会使涂层产生明显的缺陷，过滤系统都能滤掉 10μm 以上的颗粒。而且房内气压要求大于房外气压 0.3 Pa 左右，形成正压状态，这样可以有效地防止房外颗粒物的进入。

烤漆房的加热方式有燃油式、电加热式和红外线加热式，后两种加热方式目前已不多用。燃油式加热方式因其热效率高、排放较小，目前采用较多。

（2）烤漆房的工作原理

烤漆房工作原理：以风式烤漆房为例，如图 1-73 所示，烤漆房在喷漆时，外部空气通过进风口棉过滤后，由风机送到房顶，再经过顶部过滤棉二次过滤净化后，进到烤房内部。房内空气采用全降式，以 0.2～0.3 m/s 的速度向下流动，使喷漆时产生的漆雾微粒不能在空气中停留，而直接进入烤房底部出风口的地棉第三次过滤，滤去喷漆过程中产生的过喷漆雾、有害气体，经处理的废气直接从排气口排出房外。通过这样不断地循环流通，烤漆房在喷漆过程中的空气清洁度始终在 98% 以上，而且送入的空气具有一定的压力，可在车的四周形成一恒定的气流以去除过量的油漆，从而最大限度地保证喷漆的质量。

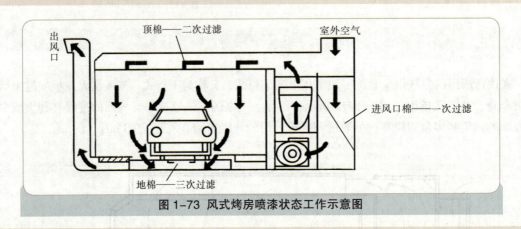

图 1-73 风式烤房喷漆状态工作示意图

烤漆的过程：当需要进行烤漆时，先将烤漆房的风门调至烤漆位置，烤房加热器和烤房换气系统都开始工作，如图 1-74 所示。风机将外部新鲜空气泵进换气系统后，利用热风进行循环，通过进风口棉进行初过滤，空气与热能转换器发生热交换后被送至烤漆房顶部的气室，再经过顶棉的二次过滤净化，进入烤房内部后成为热空气由底棉流出，借助风门的内循环作用，除吸进少量新鲜空气外，绝大部分热空气又被继续加热利用，使得烤漆房内温度逐步升高。当温度达到预定的干燥温度（55℃～60℃）时，烤房的燃烧器会自动停止；当温度下降到设置温度时，风机和燃烧器又自动开启重新工作，从而使烤漆房内温度保持相对恒定；当烤漆时间达到设定的时间时，烤漆房自动关机，烤漆任务完成。

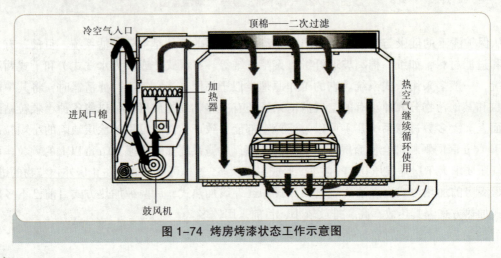

图 1-74 烤房烤漆状态工作示意图

（3）烤漆房的结构

世界上，汽车维修生产用烤漆房的结构原理都是相同的，其主要由房体、送排风系统、空气净化系统、加热系统、照明系统和控制系统组成。

从环保的角度考虑，烤漆房对空气净化率要求非常严格，因此需采用空气过滤材料来保证空气质量。一般选用高效无纺过滤布，在长时间使用、污染严重时，要更换新的过滤布。

烤漆房的房内照明和烘烤设备也有相关要求。房内照明要求光线明亮、柔和，使用寿命长，以看清车身表面，保证喷漆质量；烘烤设备要求温度恒定，烘烤均匀。烤漆房多采用电控系统，以对烤漆过程进行程序控制，保证设备使用方便，稳定可靠，以使汽车的油漆修补涂装达到满意的效果。

1）房体

房体作为汽车烤漆房的基础部件，是其外在质量的主要体现。烤漆房外形皆为长方体。由于生产工艺水平的差异，各种型号烤漆房的外形呈现出明显的区别。

烤漆房房体结构可分为框架结构和墙板组合式结构两类。框架结构在进口烤漆房中常见，是在房体骨架的内、外铺以镀锌铁皮，中间夹厚为40～60 mm的隔热保温材料。国内烤漆房普遍采用墙板组合式结构，是用轻质保温板拼装而成的。保温板表层为彩色钢板，芯材为阻燃型聚苯稀或聚氨酯泡沫塑料。墙板式结构重量轻，隔热保温性能好，不需房体骨架，生产工艺性和经济性都比较好。

图1-75所示为烤漆房的外观及内部控制面板的布置图。

图1-75 烤漆房的外观及内部控制面板的布置图

2）送排风系统

强制、连续地将清洁空气自顶棚垂直压向作业区而形成的具有最佳速度的垂直层流，是保障作业区洁净度的重要条件。实践证明，气流在作业区同一断面上的分布、流向以及流速的均匀性等对涂装质量有明显影响，如气流分布不均匀，会形成无气流通过的盲区（如灯箱下面，靠作业区的墙壁处等），因诱发涡流而把悬浮颗粒物以及粘附在盲区上的尘埃引入净化气流；

又如断面上的流速均匀性太差的话,也会引起涡流而把作业区内的尘埃、操作人员衣帽上和操作工具上的尘粒导入净化气流;而如果气流流速太低,就难以立即将喷涂的漆雾带走,漆雾会先向上漂散,然后再随气流导出,如气流流速过大,则会影响漆膜成形,且不利于喷涂工人的健康。

3)空气净化系统

空气净化系统的结构及其性能水平是保证漆房作业区洁净度的关键。漆房作业区实际上就是一个洁净室,进入作业区的空气要净化,自作业区排出的气体也要净化。烤漆房依靠空气净化系统实现空气净化。

目前,汽车烤漆房空气净化系统都采用过滤法,其结构形式相同,在送风系统中,设置两道过滤器;在进气口设置粗效过滤器;在顶棚设置高效过滤器,过滤面积应不小于顶棚面积;在排风系统中,一般设置一道过滤器。

空气净化系统净化空气的能力完全取决于过滤器的结构与性能。过滤器由框体和滤芯组成,顶棚过滤器多由若干个小面积的过滤器组装而成。过滤器的滤芯采用干式无纺化学纤维滤芯(通称过滤棉)。

显然,过滤效率越高,过滤器的净化作用就越好。过滤器的过滤效率不仅取决于滤芯,还取决于过滤的结构,如过滤器连接、安装面的结构形式及框架刚度直接影响其密封性,从而影响过滤器的过滤效率。此外,顶棚框架与房体安装接缝的密封性差会造成漆房顶棚"掉灰",即使是装进口过滤棉的漆房也难免"掉灰"。进口过滤棉有多种类型和规格,即使符合欧洲国家公认的德国标准(DIN 24185)分类的过滤棉也不一定适用于涂装作业,如EU5类的过滤棉中,有的适用于涂装,有的就不适用于涂装。按欧洲国家的规定,只有能滤除大于等于10 μm颗粒物以及效率在98.7以上的EU5类过滤棉才适用于涂装。涂装用的过滤棉的规格代码在欧洲各国也不相同,如荷兰为FF-560、CC-600G,意大利为6/50、6/51、6/60、6/61。不同规格过滤棉的技术特性(过滤效率、终阻力、容尘量等)不相同。

过滤棉的终阻力和容尘量决定了过滤棉的使用期限,也是评定过滤棉性能的重要指标。当前,国内尚未生产适于烤漆房用的过滤棉,也无相应的规格和标准。因此,选用国产过滤棉的喷烤漆房,其他作业区的洁净度是很难达到要求的。

4)加热系统及照明系统

加热系统及照明系统是汽车烤漆房的主要能耗组件。

汽车维修烤漆作业的温度一般不高于80℃。燃油加热型烤漆房都是通过热交换器,用燃油燃烧产生的热量间接加热空气的。燃油热能的利用率取决于燃烧器的燃烧效率、热交换器的换热效率、送排风系统结构以及漆房的保温和密封性。国内喷烤漆房普遍采用进口燃烧器,其性能水平无大的差异,但进口燃烧器有真伪之分,有的不是原地生产的,只是用其牌号。这类燃烧器虽然也是从境外进来的,但其质量、性能相比之下要差一些。另外,燃烧器有一个与喷烤漆房合理匹配的问题,匹配不当也会降低热能利用率。烤漆房的换热系统结构也影响燃油的燃烧效率和换热效率,其关键部件是热交换器。国外20世纪90年代的高档喷烤漆房采用了双层散热管式热交换器,使换热效率有了明显的提高。

三、汽车涂装设备使用与维护

烤漆房样本一般均提供达到作业区上限温度的升温时间及能耗。汽车烤漆房行业标准规定：燃油加热型喷烤漆房（小型，作业区长度小于等于8 m）作业区的空气从20℃加热至60℃所需的时间小于等于15 min，燃油消耗小于等于18 L/h。

（4）烤漆房的维护

1）烤漆房日常维护应遵循的主要原则

每次喷涂完毕之后，应对棚墙、地板、控制装置等进行清洁或清洗，如图1-76所示。

烤房内不要存放杂物，如图1-77所示。喷涂完成后，只有把烤房内的喷涂工具、喷涂材料清理出烤房后，才能加温烘烤。

图1-76 清洁烤房

图1-77 清空烤房

烤漆房内工作结束后，车辆驶离后应清除一切杂物，如遮盖纸、残留废弃物等，并擦净地板、墙壁及烤漆房内的其他设备。压缩空气输送软管要盘好，并放在专用的工具箱内。

必须经常检查过滤系统，按规定时限更换各级过滤网或过滤棉，如图1-78、图1-79所示。

图1-78 定期更换滤芯

图1-79 定期检查湿过滤系统

进入烤房前，汽车及喷涂工具等必须清洗干净，如图1-80所示。

烤漆房内不准进行任何原子灰打磨及其他打磨工作，也不准进行钣金作业及各种抛光作业。

除每天的日常清扫外，还要定期对烤漆房进行彻底清扫。

更换因高温而老化的门封条,防止因破裂而产生的灰尘吸入和热量流失。

在烤漆房内只能进行喷涂和烘烤工序,而且烤漆房房门只可在车辆进出时开启,开启房门时,必须开动喷涂时的空气循环系统以产生正压,确保房外的灰尘不能进入房内。

定期检查排风系统、加热系统、电器系统、控制系统,以确保其安全、正常运行,如照明设备损坏应及时修复,如图1-81所示。

图1-80 保持烤房内的清洁

图1-81 定期检查电气设备

2) 每天维护的内容

开动烤漆房。

扫除壁上、地上的漆尘,必要时,以溶剂或脱漆水清除地面上的油漆,保持烤漆房内外清洁。

将压缩空气管挂好,不应有杂物及不需要的工具堆积在烤漆房中。

检查燃料桶的存放及安全放置(系指喷、烘两用烤漆房的燃油桶)。

每星期清洁进风隔尘网,检查排气隔尘网是否有积塞,如房内气压无故增加,必须更换排气隔尘网。

3) 每月维护的内容

用吸尘机吸除漆雾过滤器上的漆尘,如需要,应予以更新。

检查和紧固烤漆房内的过滤器螺栓。

检查和维修烤漆房的灯光照明系统。

检查和清理烤漆房门的密封胶条,确保其良好的密封性。

清洁进风口的尘埃过滤器。可将过滤器(或袋)浸到温热的肥皂水中,并以清水冲洗,以清除灰尘。不可用压缩空气吹干,待其半干后就可装配了。

每月清洁地台水盘,并清洗燃烧器上的柴油过滤装置。

每三个月清除掉室壁的保护层,并重新喷涂或粘贴。

每个季度应检查进风和排风电动机的传动皮带是否松弛。

每半年应清洁整个烤漆房及地台网,检查循环风活门、进风及排风机轴承,检查燃烧器的排烟通道,清洁油箱内的沉积物,清洗烤漆房水性保护膜并重新喷涂。

4）每年维护的内容

检查进风口的过滤器，如有需要，应予以更新。
检查所有荧光灯，并更换损坏灯管。
检查所有安全系统开关、快速接嘴和风管接头。
联络制造商或有关维修单位，检查燃烧器、制热系统气流读数器及其他安全事宜。
给所有马达风机的滚珠筒加油。
每年应清洁整个热能转换器，包括燃烧室及排烟通道，每年或每工作1 200 h应更换烤漆房顶棉。

4. 打磨设备

（1）打磨材料

砂纸是汽车维修中经常使用的打磨材料，用于打磨旧涂层、原子灰层、除锈及漆面处理。砂纸是用各种不同细度的磨料粘结于基材上，制成各种粒度的砂纸。磨料粘结牢固程度是砂纸质量的一个重要指标，而操作人员只有选择合适的砂纸细度并正确使用才能使其产生最佳的打磨效果。

1）磨料的种类

根据磨料的原料的不同，磨料可分为金刚砂（碳化硅）、氧化铝和锆铝三种。根据磨料在底板上的疏密分布情况磨料可分为密砂纸和疏砂纸两种。密砂纸上的磨料几乎完全粘满磨料面，用于湿磨；疏砂纸的磨料只占磨料面面积的50%～70%，疏砂纸用于打磨较软的材料（如原子灰、塑料等），磨料面不容易被软材料的微粒粘满而失去作用。

①氧化铝磨料。氧化铝磨料是一种非常坚韧的磨料，能很好地防止其破裂和钝化。其硬度高、耐久性好、使用寿命长，且不易在底层材料上产生较深的划痕，目前使用较广泛。根据其粗细不同的选择，可制成用于除锈、清除旧涂层、打磨原子灰层、打磨新旧涂层的砂纸。

②金刚砂（碳化硅）。金刚砂是一种非常锐利、穿透力极强的磨料，呈黑色，通常用于汽车旧漆面的砂磨以及抛光前对涂面的砂磨。

③锆铝磨料。锆铝磨料是已开发的第三种磨料。锆铝具有独特的自磨刃性，在打磨操作过程中，其自身不断地提供新的刀刃，以提高工作效率和降低劳动强度。一般磨料在较硬的原厂清漆层上打磨会使涂层产生热量，被打磨的材料会迅速变软，并堆积在砂纸面的磨料上而降低打磨效率，而锆铝的自磨刃特性和工作时产生热量少的特性大大地减少了打磨阻力，减少了材料消耗，提高了工作效率和表涂层质量。

2）砂纸的规格及种类

粗细不同的磨粒粘结在特制的纸板上，构成适应各种施工需要的粗细不同的砂纸。砂纸的规格如表1-6所示。

表 1-6 砂纸的规格

粗细度	氧化铝		金钢砂		锆铝		车身修理的用途
	规格代号	粒度/目	规格代号	粒度/目	规格代号	粒度/目	
细 ↓ 粗			2 000 1 500 1 200				用于打磨抛光前的清漆层
	1 000 900 800	800 700 600	1 000 900 800	800 700 600			喷银底漆、珍珠漆前的中涂底漆打磨
	700 600 500 400	500 400 320 260	700 600 500 400	500 400 320 260	600 400	400 260	喷纯色涂层前的中涂底漆或旧涂层打磨
	360 320 300 280 260	240 220 200 180 170	360 320 300 280 260	240 220 200 180 170	280	180	喷中涂底漆前的原子灰层或旧涂层打磨
	240 220 200	160 150 140	240 220 200	160 150 140	240	160	原子灰层中等细度打磨
	180 150	120 100	180 150	120 100	180 150	120 100	原子灰层一般打磨
	120 100 80		120 100 80		100 80		平整旧涂层和原子灰层打磨
	60 50		60 50		60		用打磨机粗磨原子灰层
	40 36 24 16		40 36 24 16		40 24		用打磨机清除旧涂层和锈蚀

①水砂纸

水砂纸是汽车修理厂最常用的砂纸之一,其大小规格约 23 cm×28 cm。由于修理作业的确定性,打磨部位的形状、大小的不同,所以要求将砂纸裁成适合打磨需要的尺寸。水砂纸裁剪一般普遍采用三种裁剪法,如图 1-82 所示。

水砂纸湿磨使用时应先浸水,使砂纸完全浸湿,可防止手工打磨因折叠而引起的脆裂,特别是冬天气温低,应用温水浸泡,以防止砂纸脆裂。使用时注意以下事项。

● 常规打磨。将水砂纸裁成 1/4 大小,约 11.5 cm×14.0 cm,这种尺寸大小适中,适合手握操作,方便灵活,是最常使用的。打磨时,将其包在垫块上,其 1/2 为打磨面,当打磨面被磨平时,更换一面继续打磨,能提高砂纸的利用率。

● 小面积打磨。将水砂纸裁成 1/8 大小,约 5.75 cm×7.00 cm,这种尺寸适合小面积打磨及处理涂面局部留痕处的磨平。

● 标准打磨。将水砂纸横向裁成 1/4 大小，约 7 cm×23 cm，这是根据打磨板的规格而裁剪的。一般打磨前，把砂纸固定在标准打磨板上进行，对于较大平面上的缺陷有良好的平整作用。

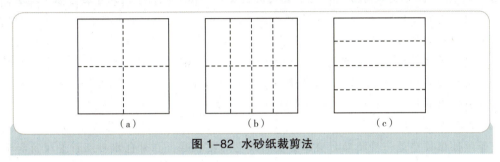

图 1-82 水砂纸裁剪法
（a）常规打磨；（b）小面积打磨；（c）标准打磨

② 粘扣式砂纸

目前，在汽车车身维修行业粘扣式砂纸应用较多，使用时，需与电动或气动研磨机配套使用。根据其作用不同，分为干磨砂纸和漆面干研磨砂纸。其形状有圆形和方形，圆形直径使用较多的尺寸主要有 12.7 cm（5 in）和 15.24 cm（6 in）两种。

● 粘扣式干磨砂纸。该干磨砂纸为魔术扣设计，快速粘扣式干磨托盘由高级母粘扣带制成，能紧扣研磨机的托盘，可重复使用，装卸方便灵活，省时省力。砂纸由特殊底材和磨料制成，研磨速度快而平整，用特殊树脂粘结，耐磨性、耐潮性良好。砂纸磨粒规格一般为 80~500#。

● 粘扣式漆面干研磨砂纸。粘扣式漆面干研磨砂纸由高性能氧化铝磨料制成。使用时，一般的圆形研磨机应配合 12.7 cm 和 15.24 cm 软托盘使用，具有易装卸、不易脱落、研磨速度快、耐磨性好的优点，用于清除漆面的粗粒、橘皮等。砂纸磨粒规格一般为 600~1 500#。

3）三维打磨材料

三维打磨材料是研磨颗粒附着在三维纤维或海绵上形成的打磨材料，这类材料有非常好的柔韧性，适合打磨外形复杂或特殊材料的表面，可用于各种条件下的打磨。如菜瓜布就是三维打磨材料中的一种，主要用于塑料喷涂前的粗化、驳口前对涂膜的粗化以及修补前去除涂膜表面的细小缺陷等工作场合。

（2）打磨垫

打磨垫是使用砂纸打磨工件操作中必不可少的工具，主要有手工打磨垫和电动、气动研磨机的打磨垫。

1）手工打磨垫

手工打磨垫主要有硬橡胶制、中等弹性橡胶制及木板制三种。目前，由于汽车维修行业迅速发展，打磨垫由过去操作人员自己制作已发展到批量生产的适合各种需要的专用打磨垫。手工打磨垫如图 1-83 所示。

①粘扣式砂纸

详见前面介绍。

②硬橡胶打磨垫

图1-83（a）所示为硬橡胶打磨垫。使用时，要外垫水砂纸，一般用于湿磨原子灰层，把物面高凸的原子灰部分打磨掉，使物面达到平整的要求，其长短大小对磨平原子灰层有一定的影响，自制的打磨垫一般取厚2~3 cm橡胶块裁剪成11.5 cm×5.5 cm的长方形。此打磨垫适用于一张水砂纸竖横裁剪成4份，即如前所述，每份尺寸为11.5 cm×14 cm，这样既有利于水砂纸的充分利用，又方便灵活，是钣喷从业人员使用较普遍的操作工具。对于大面积波浪形物面的原子灰层可适当使用加长的打磨垫（也可用平整的木板代替）。

③中等弹性橡胶垫

中等弹性橡胶垫是一种辅助打磨工具。利用它的柔软性，在外包水砂纸打磨棱角和形状多变部位时，可避免划伤凸出部位。

④海绵垫

海绵垫适用于漆面打磨，如抛光漆面前，垫细水砂纸磨平颗粒、橘皮等，不易对漆面造成大的伤害。还有将抛光砂纸与3 mm厚海绵粘结成一体，制成打磨块来进行抛光等精细研磨操作，如图1-83（b）所示。

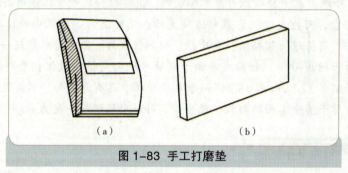

图1-83 手工打磨垫

（a）硬橡胶打磨垫；（b）海绵垫

2）电动、气动研磨机的打磨垫

用于电动、气动研磨机的打磨垫称为托盘。根据打磨物面不同分为以下两种托盘。

①快速粘扣式干磨托盘

快速粘扣式干磨托盘由母粘扣带制成，配合干磨砂纸，装卸快速、方便、牢固，打磨省时省力。

②软托盘

软托盘与粘扣式漆面干研磨砂纸配合使用，一般钣喷车间所使用的圆形研磨机上均可安装。

（3）打磨工具

打磨工具的种类很多，常用的打磨机广泛地应用于涂装工艺和钣金修复工艺中。它能有效地提高工作效率，降低操作人员的劳动强度及提高涂装质量。打磨工具根据驱动方式可分为气动与电动两种；根据形状可分为圆盘式和板式；根据打磨工具的运动方式又分为单作用打磨机、轨道式打磨机、偏心振动式打磨机、往复直线式打磨机。各种打磨机适用于不同的工作需要。以气动打磨机为例，把压缩空气的压力设定在 0.45 ~ 0.5 MPa 时，能对涂层或金属表面进行打磨、研磨和抛光等。

目前，圆盘式打磨机在汽车钣喷车间中使用比较广泛，而且动力以气动居多。了解打磨机的构造、性能和原理有助于正确地选择、使用和维护打磨机，以发挥其在涂装工作中的作用。

1）打磨机

打磨机可以利用电力驱动，也可以利用压缩空气驱动。电动打磨机与气动打磨机外形如图 1-84 和图 1-85 所示。

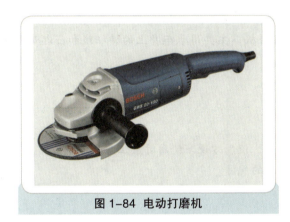

图 1-84 电动打磨机　　　　图 1-85 气动打磨机

当喷漆车间内有易燃物品时，要避免使用电动工具，尽量使用采用压缩空气驱动的气动打磨机。气动打磨机主要有以下 4 种类型。

①单作用打磨机

打磨盘垫绕一固定的点转动，砂纸只做单一的圆周运动，此种打磨机称为单一运动圆盘打磨机或单作用打磨机，如图 1-86 所示。这种打磨机的扭矩大。低速打磨机主要用于磨去旧涂层，钣金磨就属于这类打磨机；高速打磨机主要用于漆面的抛光，也就是抛光机。

②轨道式打磨机

轨道式打磨机的砂垫外形都呈矩形，便于在工件表面上沿直线轨迹移动，整个砂垫以小圆圈

图 1-86 单作用打磨机

振动，主要用于原子灰的打磨，如图1-87所示。该类打磨机可以根据工件表面情况采用各种尺寸的砂垫，以提高工作效率，轨迹直径亦可随工作要求的不同而改变。

③双作用（偏心振动式）打磨机

打磨盘垫本身以小圆圈振动，同时又绕自己的中心转动，因而兼有单一运动及轨道式打磨机的运动特点，如图1-88所示。其切削力比轨道式打磨机强。当打磨机用于表面平整或初步打磨时，要考虑轨道的直径，轨道直径大的打磨较粗糙，反之较细。

图1-87 轨道式打磨机

图1-88 双作用打磨机

④往复直线式打磨机

砂垫做往复直线运动的打磨机称为直线式打磨机，主要用于车身上的特征线和凸起部位的打磨。电动打磨机的类型与气动式基本相同。

2）打磨机的选择

电动打磨机的主要优点是转速高，打磨力量大，使用方便。使用时应注意如下事项。

- 只要有电源的地方就可以使用，不需要专门的气源。
- 使用方法简单，故障少。
- 可以通过更换打磨头，实现多用途。

电动打磨机选择时，首先应根据操作者的体格和体力，选择外形大小适宜的打磨机。太大使操作者很快疲劳，不能持续作业，太小则效率低。然后，再选择转速稳定、输出力量大、振动小的打磨机。

打磨头的形状有两种，如图1-89所示。其中有倒角的一种使用起来比较方便，对于钣件的边角均能很好地进行打磨。

打磨头尺寸大小的选择应视打磨面积而定。如对车顶和发动机罩等大面积区域进行打磨时，可使用直径为18 cm的打磨头，以加快作业速度；小面积剥离时，可以使用直径为10~12 cm的打磨头，操作起来比较方便。

使用电动打磨机作业时的注意事项：在剥离涂膜作业时，如果使用的是硬性打磨头，

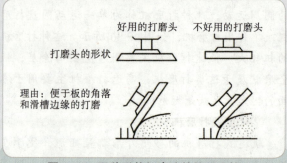

图1-89 两种形状打磨头的使用比较

则要保持与涂膜表面相平行，否则会在金属表面留下划痕；如果是柔性打磨头，则与涂膜表面的接触方式应采用如图 1-90 所示的方式。

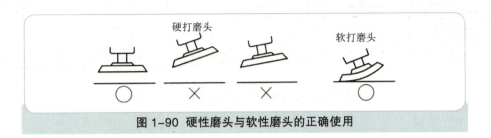

图 1-90 硬性磨头与软性磨头的正确使用

气动打磨机在使用方法上与电动打磨机有一定差异。由于其转速高，打磨力量不及电动式，对旧涂膜的打磨主要是靠旋转力切削，故与旧涂膜的接触应与涂膜表面成 15°～20° 夹角，另外压力不能过重。气动打磨如图 1-91 所示。

图 1-91 气动打磨

提示：

由于打磨机转速非常高，因此使用时一定要牢牢握持住打磨机，以避免脱手伤人。

（4）手工打磨方法

手工打磨就是把砂纸平铺在车身上，前后来回简单地进行摩擦操作。操作时，可遵循如下的规程。

● 将砂纸从中间剪开，取其中的一半，并折成三叠。

● 用掌心将砂纸平压在打磨表面上，张开手掌，用掌心沿砂纸的长度方向施加中等且均匀的压力。打磨时，来回的行程应长而直，如果掌心没有平压在表面上，手指就会接触到打磨表面，这将导致手指与表面之间受力不均匀，所以应避免手指接触打磨表面。

● 打磨时，不需进行圆周运动，否则会在表面涂层下产生可见的磨痕。为了获得最好的打磨效果，应该始终沿与车身轮廓线相同的方向进行打磨，如图 1-92 所示。为了获得平整的效果，可以采用十字叉花的方法进行打磨。

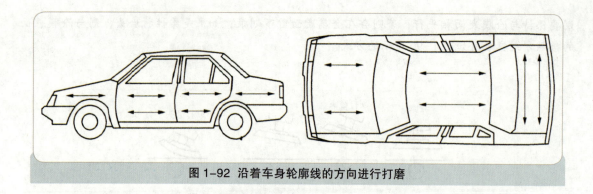

图 1-92 沿着车身轮廓线的方向进行打磨

●使用打磨垫或打磨块可获得最佳的效果。打磨凸起或凹下的板件时，应使用柔软的海绵橡胶垫；打磨水平表面时，应使用打磨块。

●打磨已用较粗的砂纸打磨过的区域时应小心操作，使用小打磨垫可以方便地打磨不容易够到的部位。

●当手工打磨底漆或中涂层时，应打磨到又光滑又平整的程度为止。可用手或干净的抹布在打磨表面上摩擦，以检查有无粗糙的地方。

湿打磨可以解决打磨灰尘堵塞砂纸的问题。湿打磨与手工干磨最大的区别是要使用水，还要用到海绵和刮板等工具，所用砂纸也不同。进行手工水磨时，把砂纸浸在水中，或用海绵把打磨表面弄湿。打磨时，行程要短一些，并且用力要轻。在湿打磨操作过程中，应一直让被磨表面处于有水的状态，不要让表面变干，也不要让涂料残渣堆积在砂纸上，可以用砂纸移动时的粘结感觉来判断砂纸磨削的情况。当砂纸开始在打磨表面很快地滑动感到阻力很小时，它就不再适合用来磨削了，因为磨料层已被涂料的残漆渣和金属碎屑堵上。把砂纸放在水中清洗，以清除掉涂料的残渣；再用海绵擦拭，以清除干净剩余的颗粒，然后砂纸就能够重新磨削表面了。要不时地用海绵清洗打磨表面，并用刮板刮干，以检查工作效果，这样可以刮掉所有多余的水，使得判断表面的情况比较容易。最好一次打磨完一块板件或一个部位，在磨下一块板件之前，先用海绵清洗打磨残渣；并用刮板把表面刮干净。

湿打磨操作进行完毕后，必须弄干所有的打磨表面，缝隙和倒角处可先用压缩空气吹干，然后用黏性抹布擦干所有的表面。

一、填空题

1. 涂装是指将_____涂覆于经过_____（基底表面）上，经_____的工艺。有时也将_____在被涂物表面扩散开的操作称为_____，俗称_____或_____。

2. 汽车涂装的主要功能有_____、_____、_____和_____。

3. 汽车制造涂装根据汽车类型和结构分为以下几种：_____、_____、_____、_____、_____和_____。

4. 涂装车间使用的工具和设备有_____、_____和_____三类。

5. 按涂料供给方式分，空气喷枪有_____、_____、_____三种类型。

6. 喷枪主要由_____、_____、_____、_____、_____和_____等组成。

7. 压缩空气供给系统是一整套_____、_____和_____的系统设备。

二、问答题

1. 常用的涂装方法有哪些？

2. 喷枪的手工清洗过程是怎样的？

3. 简述空气压缩机的工作原理。

4. 简述烤漆房的工作原理。

课题二 汽车修补材料

学习目标

（1）掌握面漆的种类及特性。
（2）掌握不同辅料的特性及选配方法。

技能要求

（1）能够根据要求为车辆选取合适的面漆涂料。
（2）能够根据要求选择或调试出合格辅料。

素养目标

通过对面漆、底漆、腻子、中涂漆等涂料、辅料的学习，培养学生质量意识和严谨细致的学习态度，提高学生对"绿色发展"理念的认识。

一、任务分析

汽车车身面漆是车辆的最外涂层,对车辆外观装饰及防腐性能有直接影响。光泽的优劣除了与车身外形设计、车身加工的外表精度有关以外,还与选用的涂料与表面涂层的配套工艺有关。只有进行精心的涂装设计,并具备良好的涂装环境条件,才能使表面涂层有优良的装饰性。在20世纪20—30年代,汽车漆料的品种比较单一,只有硝基纤维素涂料。到了20世纪50年代中期,开始使用醇酸树脂涂料。20世纪60年代中期,热塑性丙烯酸树脂涂料在国外开始大量进入国内市场,取代了硝基纤维素涂料而成为汽车修补涂料的主导产品。20世纪70年代起,一系列双组分涂料开始进入市场,如硝基纤维素丙烯酸异氰酸酯、丙烯酸异氰酸酯等。目前,丙烯酸聚氨酯树脂涂料、聚酯聚氨酯涂料在国外已作为汽车修补的主导产品。

二、相关知识

1. 硝基纤维素涂料

硝基涂料,也称硝基纤维素涂料,以硝基纤维素(硝化棉)为主要成膜物质,再加入合成树脂、增韧剂、溶剂、稀释剂、颜料等混合调配而成。

硝基漆的最大特点是干燥迅速,缩短施工时间。硝基涂料曾在汽车工业中大量使用,之后又被其他合成树脂涂料所替代,又因其溶剂量大、成本高,其用量呈逐年下降趋势。硝基漆耐腐蚀性以及老化性能等级差,一般应用于钢铁金属基材,比较少用于工业器材打底,比如Q04-6铁红硝基底漆用于黑色金属(铁、铸铁以及钢金属)打底。目前,硝基漆主要应用于木器及家具的涂装、家庭装修、汽车工业、一般装饰涂装、金属涂装、一般水泥涂装等方面。

尽管硝基涂料没有其他涂料发展得那么快,但是还是不断有其他新产品问世的,已开发出第三代。1855年,化学家发明了第一代硝基涂料。1937年,第二代硝基涂料出现,固体含量低,一般为20%~30%,对施工涂装需要多次,VOC含量高,污染环境。至今,我国已开发出第三代产品,VOC含量降低,固体含量和性能得以提高。

硝基涂料具有其他涂料产品难以替代的特殊优点:

● 干燥速度快,只需10 min就可干燥,而其他涂料需要24 h干燥时间,既可保证漆膜质量,表面不易沾上灰尘,又可节省施工时间。

● 施工方便,单组分可任意加入稀释剂,并且好修复,漆膜易被溶剂溶解。

● 漆膜坚硬耐磨,抛光性好,当涂层达到一定的厚度,经研磨、抛光后可获得很高的光泽,漆膜丰满，色彩鲜艳，平滑细腻，手感好，装饰性很高，过去是一种高档木器漆，近年来，被双组分的聚氨酯漆取代一部分。

● 韧性好，弹性高。

硝基涂料的缺点是：

● 固体含量很低，硝基涂料的固体含量一般为20%，只适宜喷涂施工，需多次喷涂，甚至8~9次。
● 潮湿天气施工易产生白膜现象。
● VOC含量高，易污染环境，漆组分中溶剂占比例大，不经济且有毒。
● 耐化学药品性能不够好。
● 耐久性不好，特别是内用硝基漆，耐烫、耐热性差，开水杯和烟头等物置于漆面易发白、鼓泡（涂料在成膜后，漆膜呈现浑浊或乳白色现象，称为发白）。
● 由于硝基涂料的原料都是易燃易爆的消化纤维素、溶剂等，因此硝基涂料容易燃烧，使用时应注意安全防火。

2. 丙烯酸树脂涂料

丙烯酸树脂漆属于溶剂挥发干燥型涂料，其中热塑性丙烯酸树脂漆的性能远远超过硝基漆。但是早期的热塑性丙烯酸涂料在应用过程中发现了许多不足，例如丰满度差、湿润性差、互溶性差、耐溶性差及对温度敏感等。所以，人们在使用过程中对热塑性丙烯酸树脂涂料进行了大量的改进，使其性能有了很大的改善，如用硝基纤维素改性的丙烯酸树脂涂料、用醇酸树脂改性的丙烯酸涂料以及丙烯酸—聚氨酯涂料等。

丙烯酸—聚氨酯涂料是最好的双组分涂料，已成为国内外汽车修补业的首选涂料。它是由烃基丙烯酸类聚合物与含有异氰酸酯类聚合物的催干剂按一定比例调配而成的。在形成膜的过程中，随着溶剂的挥发，两类聚合物进行交联反应，最后形成热固性的丙烯酸—聚氨酯涂层。丙烯酸—聚氨酯涂层既具有丙烯酸树脂涂料良好的挥发成膜性，又具有异氰酸酯类的交联成膜性，充分发挥了前者的快干性和后者良好的涂层特性。

不同的共聚物有着不同的特性，所以可以根据产品的不同要求，制造出各种涂料的不同产品。它们有很多共同的优点：

● 具有优良的色泽，可以制成透明度极好的水白色清漆和纯白色白瓷漆。
● 耐光性好、紫外线照射不分解不变色。
● 保光、保色，能够长时间保持原有色泽。
● 耐热性好。
● 可耐一般的酸、碱、醇和油脂等。
● 可以制成中性的涂料，调入铜粉、铝粉，使其具有像金银一样光彩夺目的光鲜色泽，且不会变暗。
● 长期储存不会变质。

丙烯酸酯涂料因为性能优良，已经广泛用于汽车的装饰和维修、家用电器、钢制电器、铝制品、卷材、机械、仪表电器、建筑木材、造纸、黏合剂和皮革等生产领域。其应用面逐渐扩大，是一种比较新型的优质涂料。

丙烯酸类聚合物在国民经济的众多领域都有市场，如：涂料、胶粘剂、塑料、合成纤维以及橡胶等，其中以塑料和涂料行业用得最多。涂料行业所用到的聚合物属于分子量较低，且大体成线型的品种。其主要特点如下：

●颜色较浅。如果单体质量良好，聚合物及聚合工艺配合得当，则所得聚合物几乎可呈水白，无色透明。

●耐候性优良。有突出的耐户外暴晒性、保光及保色性且不泛黄等优点。

●装饰性良好。硬度和光泽度均较高。

●耐介质性能好。丙烯酸类聚合物是耐非极性介质性能非常突出的高分子材料。其线型大分子弹性体是一种具有优良的耐各种油类介质的橡胶。作为涂料，它们对一般的酸、碱、盐以及油脂、洗涤剂等也比较稳定。

●抛光性能良好。丙烯酸系涂料可以打磨抛光从而获得极好的光泽、鲜映性，但是这种性能的涂料在市场上的数量并不是很多。

总之，丙烯酸类聚合物是除有机硅、有机氟以外，综合性能特别是耐候性最为优良的高分子聚合物。

采用不同丙烯酸类单体及不同用量的组合可以得到很多性能各异的聚合物。正是丙烯酸类聚合物的这种可调性能规律明显并且容易掌握，使它的应用面日趋广泛，尤其是在涂料行业。它的知名度日益升高，已经广泛用于交通车辆和建筑行业，成为这两个行业所采用涂料中不可缺少的原料。

一般涂料行业用得最多的丙烯酸类聚合物可以分为两大类，即：

●不含任何活性官能团的聚合物——热塑性丙酸树脂类。

●含有某种活性官能团的聚合物——交联型丙烯酸树脂类。

（1）丙烯酸树脂合成化学

1）自由基聚合基础

自由基聚合又可以称为游离基聚合。其反应机理是：聚合物单体在光、热、辐射或者引发剂的作用下生成自由基。自由基的活性很高，可以和单体继续反应使其活化成为单体自由基。单体自由基进一步与单体分子反应形成新的自由基。这就是所谓的连锁反应，直到最后因某种外界的原因发生链终止反应。

2）单体及其对丙烯酸聚合物的性能影响

各个不同的单体聚合所产生的均聚物都有独特的性能。比如，甲基丙烯酸甲酯的聚合物硬而且脆，不含甲基的丙烯酸酯类聚合物则较为柔软。如果将两者进行适当的搭配，就可以得到软硬相宜、具有很高的机械强度、适合涂料行业用的树脂。有一类丙烯酸类单体含有某种活性基团，例如羟基、羧基、环氧基、氨基等，称为官能性单体。如果集聚反应中加有官能性单体，则所得聚合物称为官能性聚合物或者交联性聚合物。在当今的市场上用得最多的官能性单体有丙烯酸羟乙酯、丙烯酸羟丙酯、甲基丙烯酸羟乙酯、甲基丙烯酸羟丙酯、甲基丙烯酸环氧丙酯以及甲基丙烯酸二甲基丙酯等。

3）阻聚剂

正如前面讲过的那样，丙烯酸类单体在光和热的作用下极易发生聚合反应，因此单体的生产厂家为了防止单体在储存和运输的过程中聚合，一般都会在单体中加入一定量的阻聚剂。丙烯酸系单体常用的阻聚剂有酚类，如对苯二酚、对甲氧基苯酚等；硝基苯类，如硝基苯、二硝基苯、二硝基氯苯等；芳香族胺类，如苯基萘胺、对羟基二苯胺、N，N—苯二胺等。从理论上说，这些阻聚剂的存在将会对聚合反应产生影响，具体体现在延长引发剂的诱导期、半衰期以及链终止等方面，对产品的性能也必将产生影响。所以，严格地讲，在生产过程中应该将单体中的阻聚剂设法除去。国外在丙烯酸系单体的生产、销售、运输、存储等方面都有一整套非常有效的管理方法。例如：单体的生产厂家要求在运输过程中温度保持在5℃以下，储存单体的储罐一般都设置在地下，并且装备有效的降温装置。所以国外用于工业生产的丙烯酸系单体中阻聚剂的含量相对偏低，有的甚至不加，一般在大生产前不设置除去阻聚剂的工序。国产的单体和国外的有很大区别，某些单体生产厂家为了延长单体的储存期，防止单体自聚，往往在单体中加有很大量的阻聚剂。因此在选用国内厂家生产的单体时务必谨慎，尤其是对一些小型生产厂应该对其进行单体中阻聚剂含量的测定。因为这些检验方法的针对性都很强，所以首先应该从单体生产厂那里了解单体中所加阻聚剂的类型，然后再决定采用相应的办法。一般适用的方法有三氯化铁法、亚硝化法以及碱溶液检验法等。

4）聚合工艺

丙烯酸系不饱和单体理论中有四类方法聚合，即本体聚合法、悬浮聚合法、乳液聚合法和溶液聚合法。

本体聚合法不需要任何溶剂或者其他介质，参与聚合反应的丙烯类单体在熔融状态下进行聚合。此法多用于塑料工业，例如各类有机玻璃的制备等。以往涂料行业一般不采用这类聚合工艺。现在此法多用于制造粉末涂料的树脂和复印机用油墨载体树脂的合成。

悬浮聚合法和乳液聚合法在涂料工业中多用于建筑用水性涂料。目前国内外市场广泛用作建筑涂料的苯丙乳胶涂料、纯丙烯酸乳涂料就是采用这类工艺制造的。它们在建筑涂料市场中占有相当大的份额。

溶液聚合法特别是采用自由基引发的聚合法，由于其自身固有的特点被广泛用于涂料工业中。顾名思义，所谓溶液聚合就是指聚合反应过程是在溶液中进行的，聚合的产物必然也是聚合物溶液。如果单纯从成膜的角度考虑，只要溶剂的沸点选配得当，聚合物溶液就可以作为基本成膜物质而直接用于涂料之中，这样就省去了一些复杂的工艺过程。这种聚合方法在涂料行业中被广泛采用。在汽车行业中，无论是汽车总装厂还是汽车修配厂，所采用的丙烯酸系涂料都是各种丙烯酸系单体溶液聚合的产物。

溶液聚合工艺本身并不复杂，但是为了控制聚合反应的转化率、聚合物的分子量、分子量分布及支链结构等影响因素，一定要认真考虑。

① 溶剂和链转移剂

在溶液聚合中，溶剂是一个非常重要的因素。它不仅影响所用引发剂的诱导期、半衰期，对于聚合反应的速度、链转移常数、分子量大小及其分布等也均有不同程度的影响。涂料用丙烯酸系聚合物的溶液一般只需要考虑除去机械杂质，而不需要经过任何特殊的处理就可以直接用作配漆的基料。因此聚合溶剂在涂料施工时具有稀释剂的作用。它的沸程范围、挥发速度以及潜热等对涂层的外观及物性必将产生非常重要的影响。所以溶剂在聚合中的正确选用是一个需要全面考虑的问题。

在自由基聚合反应的链增长过程中，大分子自由基可能与溶剂发生链转移反应，使得链增长终止。不同的溶剂有着不同的链转移常数。链转移常数越大，大分子自由基就越容易发生链终止反应。很明显，链转移常数越大的溶剂所获得的聚合物分子量越低。为了有效地控制聚合物分子量的大小，人们采用了在聚合反应后期添加链转移剂的方法。工业上用得最多的链转移剂有丁基硫醇、乙基硫醇和羟基醋酸乙酯等。应该严格按照不同单体、不同的反应条件以及对产品的不同要求等来选择链转移剂及其添加时机。

②引发剂

乳液聚合法均采用引发剂引发。一般用得最多的引发剂有有机过氧化物、偶氮化合物等，它们在热辐射的情况下都极易分解，形成活性自由基，引发单体开始聚合。

在丙烯酸系树脂的聚合反应中，选择引发剂时首先需要考虑的是这种引发剂必须能够溶解或者是能够很好地分散在反应体系中；其次需要考虑的是所选择的引发剂的分解度应该和聚合条件相适应，因为不同引发剂的活化能、分解温度和半衰期均不相同。

由于聚合反应一般是放热反应，因此如果引发剂的活化能太低，或者半衰期太短，引发剂的分解速度太快，会使得聚合反应的温度难以控制，甚至出现爆聚或者自由基消耗过早的现象，致使聚合反应不得不终止。如果引发剂的活化能太高，或者半衰期太长，引发剂分解速度太慢，聚合反应会变得相对较长，不适合在工业生产中应用。常用引发剂的半衰期和推荐使用温度范围如表2-1所示。

表2-1　常用引发剂的半衰期和推荐使用温度范围

项目/品名	温度/℃	半衰期/h	使用温度范围/℃	项目/品名	温度/℃	半衰期/h	使用温度范围/℃
过氧化二特丁醚	130 140 150 160	6 2 1 15 min	140~150	过氧化二异苯丙	110 130 150	23 2.3 15.6 min	160~190
过氧化苯甲酰	80 90 100 110	4.0 1.25 20 min 9 min	90~100	叔丁基过氧化氢	110 130 150	570 100 20	160~190
过苯甲酸特丁酯	110 120 130 140 150	5.5 1.75 35 min 12 min 4.5 min	115~130	偶氮二异丁腈	64 82 100 120	10 1 6 min 1 min	75~90

在实际工业的生产过程中，引发剂的半衰期还和引发剂的用量、所选用的溶剂体系等因素有关。引发剂的浓度越低，半衰期越长；反之，半衰期越短。引发剂在不同的介质中所表现出来的半衰期也是不一样的。认真搭配、合理调整这些参数对于控制聚合物的分子量、分子量分布，提高单体的转化率都是很重要的。

为了提高单体的转化率，降低残留单体的含量，最近这几年国外大多采用了在聚合反应后期补加引发剂的措施。通常引发剂的补加量大约为原引发剂量的 1/6~1/3。也有人建议在聚合反应中采用复合引发剂。也就是说，将引发温度不同的几种引发剂搭配使用，可以达到同样的效果。

③单体的反应速率和竞聚率

从理论上来说，丙烯酸系各种不饱和单体在一起共聚时，其产物主要是这些单体的共聚物和这些单体各自的均聚物的混合物。这是由各个单体的自聚和共聚速度不同所表现的竞聚率的差异造成的，因此在设计丙烯酸系聚合物大分子的时候就要充分考虑到这些问题。正确的配方设计和工艺手段应该保证所得聚合产物中共聚物的比例尽可能大，而各种单体的均聚物的比例尽可能小。就好像先加某些共聚率较高的单体，或者是滴加某些特别容易自聚的单体的办法，都能够在很大程度上缓解自聚与共聚的矛盾，获得一定的效果。

（2）丙烯酸系涂料

1）热塑性丙烯酸系涂料

热塑性丙烯酸系涂料属于挥发型涂料，最早出现在 1956 年，美国将其应用到汽车上，特别是高级轿车的涂装中。由于它的性能大大超过了当时应用比较广泛的硝基纤维素类涂料，所以引起汽车行业极大的兴趣。当时通用汽车公司曾花费巨资来宣传，更有甚者，把它称为"魔术涂料"。

在制备热塑性丙烯酸树脂的聚合反应中所采用的所有不饱和单体中均不含有诸如羟基、环氧基之类的活性基团。但是为了解决树脂对颜料和基材的亲和性方面的问题，一般要用到一些含有羧基或者酰基氨基之类极性基团的单体。这类聚合物大多以甲基丙烯酸甲酯为主体，辅之以苯乙烯、丙烯酸丁酯等单体。如果各个单体之间的比例选配得当，所制得的树脂配漆成膜后，可得到刚柔相济，并且具有一定的机械强度的涂层。值得提起的是，目前的国外各涂料公司在实用中普遍采用了硬树脂和软树脂搭配的做法，也就是说，为同一类型的涂料准备了软、硬两种树脂。在涂料的生产中可以根据客户的要求，选用不同比例的软、硬树脂搭配，这样可以对其机械性能进行适当调节，满足客户的需求。这种构思比起在一个配方中仅仅采用一个主成膜物质的做法要科学、实用。

早期的热塑性丙烯酸系涂料无论从工艺上还是从性能上看，都有些不太健全，存在的不足也有很多，具体如下。

①施工性能

早期的热塑性丙烯酸树脂系涂料由于合成工艺还不尽成熟等，其分子量及其分布都不一定合理。有时候为了提高漆膜的性能，只好采用增加分子量的方法，但是在涂装时非常容易出现拉丝的现象，必须加入大量稀释剂以降低施工黏度来解决。显然，大量稀释剂的加入，必然导致漆膜干、瘦，丰满度差，很难获得满意的涂装效果。

②润湿性能

润湿性能差是无油合成树脂的通病。它不仅很容易给涂层表面带来缩孔、缩边等不足，还在制造色漆或者色浆的时候，很难快速将颜色、填料等分散于基料树脂中，而且比较容易出现浮色、发花等弊端。

③相容性能

早期热塑性丙烯酸树脂与大多数合成树脂的相容性都不是特别令人满意，这就给制漆加工带来了极大的限制。通常在制漆的过程中，混入其他类型的树脂来改善某一品种的某些不足是涂料行业一种惯用的手法。

④热敏性能

热塑性高分子合成材料都对热敏感。顾名思义，热塑性就意味着这种高分子材料达到一定的温度时，就会由玻璃态转化为黏弹态。显然，处于黏弹态下的高分子材料不能像通常的涂层材料那样，发挥诸如保护、装饰作用。工程技术人员就要为涂料用聚合物确定一个合适的玻璃化温度及软化点的范围。如果聚合物的玻璃化温度偏高，则漆膜较硬、脆，柔韧性会变得较差。如果聚合物的玻璃化温度偏低，低于40℃~50℃，那么在气温相对较高的夏天，当户外环境温度超过其玻璃化温度以上的时候，这种漆膜就会变得柔软、黏度增加，进而沾灰，就会损害涂层的装饰效果。提高聚合物的分子量可以相应提高其软化点，但是又可能带来施工固含偏低、黏度偏高的问题，并且漆膜在视觉效果上会显得非常不丰满。这些都是热塑性丙烯酸系涂料能否进一步拓展的技术关键。

⑤耐溶剂性

热塑性丙烯酸高分子作为涂料时，仅仅依靠溶剂挥发成膜，这类漆膜遇到某些溶剂的时候一定会发生再溶解，至少是溶胀。所以当热塑性高分子用作涂料的主成膜物质时，大多数有机溶剂耐性都相对较差。

2）其他合成材料改性热塑性丙烯酸系涂料

硝基纤维素改性热塑性丙烯酸树脂系涂料，可以使漆膜的拉伸性能和耐磨性明显地提高。但是其用量必须要有严格的控制。如果用量偏高，则会对漆膜的耐候性、保光保色性以及柔韧性带来不利的影响。

根据权威认证，随着配方中硝基纤维素的含量增加，漆膜的保光性能明显下降。所以在热塑性丙烯酸树脂中添加硝基纤维素的办法并不能满足人们的要求。但这并不妨碍将热塑性丙烯酸树脂添加到硝基纤维素体系当中，即利用热塑性丙烯酸树脂来弥补硝基纤维素涂料在力学性能和耐候性方面的某些不足。

在热塑性丙烯酸树脂中加入醋酸丁酸纤维素可以极大地克服热塑性丙烯酸树脂系涂料的许多固有的缺陷。醋酸丁酸纤维素具有良好的耐光性、不泛黄性等典型的耐老化性能。它与丙烯酸树脂并用，还可以提高成品漆的流平性及溶剂释放性。众所周知，要充分发挥挥发性涂料的最佳性能，涂料在涂装施工、成膜后的溶液释放性必须非常好。如果漆膜的溶剂释放性能不好，将会造成漆膜长时间不能硬干，或始终是外硬内干，或者始终都是外硬内软，达不到应该具有的机械强度。在丙烯酸系树脂中添加适量的醋酸丁酸纤维素（CAB）可以在较大程度上提高涂层的溶剂释放性，即使是较厚涂层，溶剂的释放也都不成问题。

目前，几乎所有的汽车修补涂料生产厂家的热塑性丙烯酸系涂料中，都加有不同的牌号、规格的醋酸丁酸纤维素。例如：BASF 公司、PPG 公司、DuPont 公司、AKZO 公司等。世界上生产和销售 CAB 的公司主要是伊士曼公司。

过氯乙烯树脂、氯乙烯—醋酸乙烯共聚物等均能与多种热塑性丙烯酸系树脂混溶。它们主要用来提高涂料的耐化学介质性能。但是由于这两种聚合物的大分子中含有较多的 C-Cl 键，因此极易在受到热或强烈的光照的条件下降解，分解成 HCl。而生成的 HCl 又可能进一步加速聚合物主链的降解，使漆膜变色、变黄、失光、变脆等，最后导致漆膜失去机械强度，漆膜开裂、剥落。所以，含氯聚合物不能作为户外装饰性涂料使用，就是作为其中某些成分也不适合；用作汽车修补涂料的热塑性丙烯酸树脂系涂料中建议不要加入任何含有氯的聚合物。

3）丙烯酸改性醇酸树脂系涂料

在涂料行业中，醇酸树脂类涂料一直是所有品种中地位最为重要的产品之一。几十年来，尽管各种新型合成树脂相继问世，但是在产量上醇酸树脂仍然雄踞榜首。我国醇酸树脂的产量占合成树脂的一半以上，即使是发达的西方国家也要占到 30%~40%。长期以来，醇酸树脂之所以受到用户的特别青睐，其主要原因就是在技术和经济上有着其他合成树脂无法与之比拟的优点。其主要特点体现在：价格低廉、综合性能平衡、漆膜丰满、施工性能特别好及品种多样等，可以满足不同方面的要求。

醇酸树脂系涂料用于汽车修补行业已经有很长的一段历史了，作为汽车修补涂料就像硝基纤维素涂料一样，也曾有过一段辉煌的时期。然而随着汽车工业的快速发展，汽车总装厂新车涂装水平的不断提高，醇酸树脂系汽车修补涂料也就越来越不能够适应新的要求。这主要体现在以下几个方面。

● 表干时间或不沾灰时间太长，严重影响了汽车修补施工的工期以及涂装质量，尤其是涂层的外观。

● 硬度偏差，不能适应现代高级汽车对面漆的要求。

● 耐候性低于现在汽车行业普遍采用的氨基—醇酸树脂面漆的水平。

● 打磨、抛光性能不理想。

虽然热塑性丙烯酸树脂系汽车修补涂料具有良好的综合性能、施工性，但它们的原始光泽不高，经过喷涂作业后，往往还需要抛光。另外，该类涂料还有一个致命的弱点，那就是它的软化点和其他力学性能之间的矛盾。如果树脂的软化点低，则此时虽然漆膜的力学性能比较理想，但是在户外的阳光下，尤其是炎热的夏天，汽车表面温度超过漆膜的软化点就会使其变软导致沾灰，这是客户绝对不能接受的。而如果将树脂的软化点设计得偏高，则漆膜将会变得又硬、又脆，完全不符合汽车涂层的基本要求。要想两个问题都解决，并且不对成膜物质本身作基本的改变，几乎是不可能的。

针对这个问题，研发人员尝试采用其综合性能特别是耐候性能比较好的丙烯系衍生物来对醇酸树脂进行改性，经过多年的努力终于获得了极大成功。这类新型改性树脂叫作丙烯酸醇树脂，或者称作丙烯酸改性醇酸树脂。这类涂料的面世成功填补了上述几类涂料所存在的某些不足,而将上述丙烯酸系和醇酸系两类涂料的长处有效地结合在一起,成为近几年来国外汽车修补涂料市场使用的比较多的品种之一。在汽车修补行业,国外把这类涂料统称为丙烯酸磁漆。

丙烯酸改性醇酸树脂的技术路线很多。从它的反应机理来说,主要是利用双键的共聚反应、利用丙烯酸单元与醇酸树脂单元两部分基团间反应和丙烯酸微胶改性等。但是真正具有工业化价值或者说已经工业化了的技术只有以下三种。

① 先预聚后缩聚法

先合成一种丙烯酸聚合物,其大分子中仅仅含有一个羧基,且大分子基本呈线型。然后再把它当作长链一元羧酸,与常规的多元酸、多元醇以及干性油一道按照常规方式合成醇酸树脂。

② 先缩聚后共聚法

选择一种特殊的不饱和一元酸或者其他脂类,此种不饱和一元酸应能参与丙烯酸类单体的共聚反应。采用这种不饱和一元酸与其他醇酸树脂的基本原料如植物油、多元酸、多元醇等一道按照常规工艺合成醇酸树脂,再将其所得树脂与各种丙烯酸类单体共聚,即得丙烯酸改性醇酸树脂。

③ 冷拼法

合成可与常用醇酸树脂混溶的特种丙烯酸树脂。将其与普通醇酸树脂按照任意比例混合使用。

4)交联型丙烯酸树脂涂料

通常含有某种活性基团的丙烯酸系聚合物在热、光、辐照或者交联剂存在的条件下,可以交联,形成网络结构而固化成膜的这种丙烯酸系聚合物称为交联型丙烯酸树脂。这类交联型丙烯酸树脂按照其交联方式可以分为自交联型和反应型两种。

① 自交联型

丙烯酸聚合物大分子中含有两个以上的活性官能团,在热或者催化剂的作用下,这些官能团能够相互进行交联反应,最后形成网络结构。自交联型聚合物一般含有下述活性官能团:缩水甘油基、羟甲基、烷氧基、亚乙基脲以及异氰酸酯基等。

② 反应型

聚合物中的官能团即使在热或者催化剂的作用下也没有相互间进行交联反应的能力,必须要在其他具有两个以上的活性基团交联剂的参与下才能发生交联反应。反应型聚合物中一般含有下述活性基团:氨基、羟基、羧基、环氧基、酰胺基以及异氰酸酯等。含有这些基团的丙烯酸树脂可与含有下述基团的化合物发生交联。

- 可与羧基反应的化合物:环氧树脂、多价金属盐化合物、三聚氰胺甲醛树脂。
- 可与羟基反应的化合物:三聚氰胺甲醛树脂、异氰酸酯。
- 可与氨基反应的化合物:环氧树脂、异氰酸酯、酸酐、氨基树脂。
- 可与环氧基反应的化合物:酸酐、氨基树脂、酰胺化合物。
- 可以与酰胺基反应的化合物:酸酐。
- 可与氨基甲酸酯反应的化合物:酸酐。

到现在为止,自交联型树脂被用作汽车修补涂料,尤其是面漆的情况比较少。其主要原因是自交联型树脂涂料目前还存在很多的技术问题等待解决。目前,仅仅在修补腻子中用到自交联型树脂,例如:不饱和聚酯树脂类原子灰就是其中的一种。

在汽车修补行业中采用最多、最普遍的是反应型丙烯酸系树脂涂料,尤其是含羟基及环氧基。其中含羟基的丙烯酸系聚合物用得最多。这类涂料就是当今作为世界汽车修补涂料市场主要产品的丙烯酸-聚氨酯。而另外一类含有环氧基的丙烯酸系聚合物仅仅是新近推出市场的试验性产品,这是为了提高汽车表面涂层的耐酸雨性以及避免双组分丙烯酸-聚氨酯中异氰酸酯类的毒性而开发出来的新品种。

5)丙烯酸聚氨酯系涂料

丙烯酸-聚氨酯系涂料为双组分涂料,由含羟基丙烯酸树脂和含异氰酸酯基的脂肪族二异氰酸酯类混合而成。它成功地将丙烯酸系涂料良好的挥发成膜性与异氰酸酯的交联性结合在一起,充分发挥了前者的快干性以及后者的因交联成膜而带来的突出的漆膜性能,受到好评。它一直以来都是国外汽车修补涂料行业中作为本色漆、金属闪光漆和罩光清漆的主要涂料。综合评价主要生产厂家所提供的汽车修补涂料用丙烯酸-聚氨酯,其主要性能如下。

● 优良的耐候性、保光保色性,比同样在汽车修补涂料市场中占据相当大份额的聚酯-聚氨酯的耐紫外光性能好很多。

● 漆膜的力学性能和耐介质性能都非常好。

● 可室温固化,有些产品的表干特别快,不沾灰时间也较短,特别适合汽车修补施工作业。

● 相对于硝基纤维素涂料而言,它的施工不挥发分性高,施工次数大为减少,提高了劳动生产率。

丙烯酸-聚氨酯中的主成膜物质为含羟基丙烯酸树脂。我们说的含羟基丙烯酸树脂乃是参与聚合的丙烯酸单体中包括有含羟基官能团的单体,像丙烯酸羟基酯、丙烯酸乙酯、甲基丙烯酸羟丙酯等。这些含有羟基单体的品种、用量以及其他单体的品种、用量等都对丙烯酸聚合物的物性以及最终产品的性能有着很大的影响。

3. 聚酯聚氨酯涂料

聚氨酯涂料是较常见的一类涂料,可以分为双组分聚氨酯涂料和单组分聚氨酯涂料。双组分聚氨酯涂料一般由异氰酸酯预聚物(也叫低分子氨基甲酸酯聚合物)和含羟基树脂两部分组成,通常称为固化剂组分和主剂组分。

此类漆漆膜光亮丰满、坚硬耐磨,耐油、耐酸、耐化学品和工业废气,电性能好,能和多种树脂混溶,可在广泛范围内调整配方,以满足不同需要。其广泛应用于木器、汽车、飞机、机械、电器、仪器仪表、塑料、皮革、纸张、织物和石油化工等各个方面。

汽车在清洗时,无论是自动清洗还是人工刷洗都要涉及涂层的抗划伤性、耐洗刷性。为了提高涂层的这两项性能,一般可以采用下面的措施。

● 提高涂层的硬度。

● 提高涂层材料的杨氏模量,使涂层更加柔韧。

- 添加有机硅酮或者含氟助剂。
- 大幅度降低涂层的粗糙度。

提高涂层的硬度,不如降低涂层的粗糙度,增加涂层的平滑性,更能明显地改善涂层的抗划伤性能。

所以,作为聚酯-聚氨酯类涂料的乙组分的聚酯树脂应该具备以下基本条件。
- 与脂肪族或脂环族异氰酸酯类衍生物的混溶性良好。
- 为了使所获得的涂层具有足够的交联密度,聚酯树脂应该含有足够的羟基。
- 聚酯树脂的酸价不要太高,一般来说,应该比常用醇酸树脂的酸价要低一些。

4. 醇酸树脂涂料

醇酸树脂漆于1929年由杜邦公司推出,是继硝基漆后的第二种重要涂料。醇酸树脂漆是以醇酸树脂为主要成膜物质制成的一类涂料,可浸涂、刷涂和喷涂,自然干燥或低温烘烤干燥。

优点:涂层柔韧坚实、耐摩擦、耐矿物油及醇类溶剂性能好;若采用烘烤干燥,则涂层的耐水性和耐油性大大提高;涂层属氧化聚合性干燥,干燥后能形成高度的网状结构,不易褪色、粉化,保光保色性好;与硝基、过氯乙烯树脂涂料的配套性好,但若在醇酸树脂漆上涂布溶剂挥发性漆,则必须在醇酸树脂漆完全干燥后进行,否则会产生咬底或起皱。

缺点:涂层干燥速度慢,功效低,打磨抛光性较差,耐水性、耐碱性及三防性差。

正因如此,醇酸树脂漆已逐渐被双组分面漆、氨基漆所取代,但在一些涂装质量要求不高的场合仍在继续使用。汽车常用醇酸树脂漆的性能及用途如表2-2所示。

表2-2 汽车常用醇酸树脂漆的性能及用途

品种	性能	用途
C01-1 醇酸清漆	属中油度性,涂层的附着力、耐久性、柔韧性、硬度及耐冲击强度等比酯胶清漆好,但耐水性差。该涂层易变黄,一般不单独使用,而是与醇酸磁漆按一定比例混合使用	用于刷涂、喷涂汽车内外金属和木材表面及作为醇酸漆的罩光用,用量为40~60 g/m²
C01-5 醇酸清漆	属中油度性,涂层干燥速度快,平滑光亮,有一定的保光、保色性,耐水性优于C01-1,但韧性差	主要用于醇酸和氨基磁漆的罩光涂饰。因涂层干燥速度快,所以用喷涂施工,用量为40~60 g/m²
C01-7 醇酸清漆	属长油度醇酸树脂漆,涂层附着力、耐候性比C01-1好,但耐水性差	一般用于汽车铝镁合金或铝制品的罩光,也可与C04-2混合使用,用量为40~60 g/m²
C01-11 醇酸酚醛清漆	涂层干燥快,耐水性稍好于普通醇酸磁漆,韧性、冲击强度及附着力差	仅用于调配原子灰或与醇酸底漆混合使用
C04-2 各色醇酸磁漆	属中油度性,涂层具有良好的光泽和机械强度,耐候性比调和漆、酚醛磁漆好,适合户外使用,但其耐水性较差,如果在60℃~70℃下烘烤,则可提高耐水性	是汽车修理厂的常用涂料,可与醇酸底漆、醇酸原子灰配套使用,用量为0~80 g/m²
C04-18 各色醇酸磁漆	属中油度性,涂层干燥快,坚硬光亮,保光、保色性好,耐水性比C04-2好,但韧性比C04-2差	涂层干燥快,适合于喷涂。每层厚度为20μm,用量为50~80 g/m²
C04-42 各色醇酸磁漆	属长油度性,具有良好的耐候性和较强的附着力,但烘干时间较长	适合于露天施工的工程车辆。配套品种与C04-2、C04-18相同
C04-43 各色醇酸无光磁漆	涂层无强烈的反光刺激,耐久性和耐水性较好,但耐晒性差	适合于客车车厢内部板件的涂饰,也可在军车上外用,用量为70~90 g/m²

续表

品种	性能	用途
C04-44 各色醇酸半光磁漆	涂层坚硬耐磨，附着力强，室外耐久性较好	适合于军用车或其他车辆的涂装，也可用于车辆内部的涂饰，但不宜在潮湿的热带地区使用，用量为 70~90 g/m²
C04-46 各色醇酸无光磁漆	涂层平整光滑，其耐久性、柔韧性、耐冲击性等比有光醇酸磁漆差，但耐水性好，若在100℃以下烘烤干燥，则性能比在常温下干燥更好	适合于车厢内部的涂饰，用量为 60~90 g/m²
C04-48 各色醇酸磁漆	涂层坚韧光亮，颜色鲜艳，耐汽油性、机油性及耐热性、耐候性好，附着力很强，并具有一定的耐水性	喷涂为佳，刷涂也可。适合于汽车外表涂饰
C04-49 各色醇酸磁漆	涂层附着力、耐油性及耐水性均好	适合于汽车驾驶室或零部件的涂装
C04-50 各色醇酸磁漆	涂层附着力、耐水性及耐油性好	适合于汽车车厢的涂饰，用量为 50~80 g/m²

5. 过氯乙烯涂料

过氯乙烯涂料是以过氯乙烯树脂为主要成膜物质的一种挥发性涂料。为了进一步改善其性能（附着力、光泽性等），过氯乙烯通常与其他树脂（如醇酸树脂、松香改性酚醛树脂、热塑性丙烯酸树脂等）配合使用。

优点：过氯乙烯涂层对于硫酸、硝酸、盐酸及碱等具有良好的耐腐蚀性，且对盐水溶液、海水、油类、醇类也具有很好的抗腐蚀性；其保色、保光好，耐候性优于硝基和醇酸树脂漆；阻燃性和低温耐寒性好。

缺点：耐热性差，在 80℃~90℃时，便开始分解，使涂层的颜色变深，韧性丧失而脆裂。

汽车常用过氯乙烯涂料的性能及用途如表 2-3 所示。

表 2-3 汽车常用过氯乙烯涂料的性能和用途

品种	性能	用途
G01-7 过氯乙烯清漆	涂膜光亮丰满，干燥速度快	用于表面罩光。以喷涂为主，也可刷涂、浸涂。配套材料为过氯乙烯磁漆
G04-9 过氯乙烯外用磁漆	涂膜色泽鲜艳，干燥速度快，可打磨抛光。耐候性和抗老化性优于硝基漆，但耐汽油性差	适用于湿热带地区。配套材料为 G06-4、G07-3、G06-5 等
G04-10 各色过氯乙烯半光磁漆	涂膜光亮但不刺眼，户外耐久性好，机械强度高，耐海洋气候，但干燥时间较长	适用于军用车及工程车辆。配套材料与 G04-9 相同
G04-12 各色过氯乙烯磁漆	涂膜干燥快，光泽性好，耐汽油和碱液，并具有良好的耐潮湿性，可打磨抛光	适用于机床涂装
G04-13 过氯乙烯静电漆	涂膜光亮，硬度高，干燥速度快，耐水性、耐油性好，施工方便	适用于工程汽车、载货汽车及拖拉机等。最好使用静电喷涂，配套材料为 C06-1
G52-1 各色过氯乙烯防腐漆	涂膜的防腐蚀性、防霉性及防潮性优良。干燥速度较硝基漆慢，但若在低温下烤漆 1~3 h，性能更佳	适用于耐酸碱及化学制品的特种汽车、蓄电池架等

6. 氨基树脂涂料

氨基树脂漆是一种优质的热固性汽车面漆，以醇酸树脂和氨基树脂为主要成膜物质，具有两种树脂的优点，弥补了各自的不足。一般采用烘烤干燥，以增强涂层的附着力、硬度及耐水性等。氨基漆中，按含有醇酸树脂的多少分为低氨基、中氨基和高氨基树脂涂料。

低氨基树脂涂料氨基树脂：醇酸树脂 =1:5~1:7.5

中氨基树脂涂料氨基树脂：醇酸树脂 =1:2.5~1:5

高氨基树脂涂料氨基树脂：醇酸树脂 =1:1~1:2.5

氨基类涂料的优点：清漆颜色浅，涂层外观光亮丰满，色彩鲜艳；涂层坚韧，附着力强，机械强度高；涂层干燥后不回粘，耐候性及抗粉化能力强，且具有良好的耐水性、耐磨性和电绝缘性等。

氨基树脂含量越高，则涂层的硬度、光泽度及耐油、耐化学品性能就越高，但涂层的韧性差和附着力弱，所以，多采用中氨基树脂类涂料。

氨基树脂漆的性能和用途如表 2-4 所示。

表 2-4 汽车用氨基树脂漆的性能和用途

品种	性能	用途
A01-8 氨基烘干磁漆	涂膜坚硬、丰满光亮、附着力强，不泛黄变色，具有良好的耐水、耐油性	可用于氨基烤漆和 H05-6 环氧烤漆的表面罩光，烘烤温度为 110℃~120℃，可喷涂，也可静电喷涂
A01-9 氨基烘干清漆	涂膜坚硬、光亮平滑、耐潮性、耐候性好	适合于面漆的表面罩光。主要用于自行车、缝纫机、摩托车、热水瓶等表面的罩光
A01-10 氨基烘干清漆	涂膜坚硬光滑、装饰性高，且具有良好的耐潮性、耐候性	适合于汽车、轿车的表面罩光。施工配套材料同上
A04-09 各色氨基烘干磁漆	涂膜鲜艳光亮、丰满，附着力很强，耐水性、耐油性及耐磨性好	可与 X06-1 磷化底漆和 H06-2 环氧底漆配套使用。适合于中级轿车或汽车保护性装饰
A04-11 各色氨基烘干磁漆	涂膜鲜艳光亮、装饰性好，具有良好的耐候性和耐湿热性能	可供各种车辆的金属表面使用
A04-15 各色氨基烘干磁漆	涂膜附着力强，硬度高，耐候性比一般的氨基漆好，可使用 5~6 年以上	可供轿车、普通车辆、交通工具及户外金属表面防腐涂装
TM-01 各色氨基烘干汽车面漆	是以特种氨基树脂、超短油度醇酸树脂为主要成膜物质的一种涂料，涂膜色彩鲜艳、平整光滑、硬度高	可供各种轿车、货车、旅行车、客车等表面涂装
3S-01 氨基烘干汽车漆	是以特种氨基树脂、超短油度醇酸树脂为主要成膜物质的一种涂料，涂膜色彩鲜艳丰满、平整光滑、硬度高	可供各种货车表面涂装

一、任务分析

汽车表面的漆膜一般是由底漆、中涂漆、面漆三个涂层共同构成的,最里面的一层称为底漆涂层(也叫防锈底漆、环氧底漆等)。底漆是直接涂覆在经过表面处理的施工物体表面的基础涂料,合适的底漆是面漆耐久美观的前提,不好的底漆不但会使面漆的外观受到影响,甚至还会出现咬底泛色、裂纹和脱落等不良情况,影响施工质量。所以,在选择修补涂装的油漆时,应先弄清楚所需要修补车辆原来的涂装系统以及每一道涂层所采用的漆种,这是做好汽车修补涂装非常重要的一步,需要从汽车总装厂那里查询相关的信息。汽车底涂工艺相对中涂和面涂要简单很多,因为它对涂层的可视性要求低。原厂汽车底涂工艺几乎都是采用电泳或浸涂的流水线方式。目前,国内的很多汽车维修厂为了降低成本基本上省略了底涂这道工序,但此举对车辆的维修质量和使用寿命的负面影响很大。正确的修补涂装工艺应该也必须包含底涂。

二、相关知识

1. 底漆

底漆是油漆系统的第一层,具有提高面漆的附着力、增加面漆的丰满度、提供抗碱性及提供防腐功能等作用,同时还可以保证面漆的均匀吸收,使油漆系统发挥最佳效果。有人认为面漆质量好就可以不用底漆,这种说法不对,因为面漆与底漆的功能不同,面漆更加侧重于最终的装饰与表观效果,而底漆则侧重于提高附着力、防腐功能及抗碱性等。

用作汽车底漆的涂料,主要是含有优质防锈颜料的环氧树脂涂料、酚醛树脂涂料及一些优质水溶性树脂涂料。常用的底漆名称、特性及使用范围如表2-5所示。

表2-5 常用的底漆名称、特性及使用范围

名称	特性	使用范围
C06-1 铁红醇酸底漆	可以喷涂或者刷涂,自然干燥或者105℃下烘干30 min;漆膜附着力、强度、耐硝基性和耐久性均好,使用环境不宜潮湿	车身构件与底盘
C06-17 铁红醇酸底漆	性能与C06-1相似,但比C06-1的耐水性好,自干速度也较快	汽车
F06-1 铁红酚醛底漆	喷涂和刷涂均可,比C06-1的耐水性好,自干速度也快,但附着力和耐候性相对较差;价格便宜	汽车
F06-9 铁红锌黄纯酚醛底漆	比F06-1的耐水性、防锈性、耐候性要好;最好涂于磷化底漆之上,可以与醇酸、纯酚醛面漆配套	汽车

续表

名称	特性	使用范围
F11-54 铁红酚醛电泳烘漆	采用电泳方法施工，经过烘干后，附着力相对较强	汽车
H06-2 铁红锌黄环氧酯底漆	力学性能及耐水、防潮性能优良；与磷化底漆配套使用，可以提高漆膜的防潮、防盐雾和防霉的能力	汽车车身与底盘
H11-95 铁红环氧烘干电泳漆	采用电泳方法施工；涂后需要烘干，漆膜性能与H06-2相当	汽车车身与底盘
L06-39 沥青烘干底漆	在200℃下烘干30 min；漆膜会呈现良好的附着力和防潮、耐水、耐油脂性能	冲压件和挡泥板
Q06-4 各色硝基底漆	干燥快且漆膜坚硬、容易打磨；具有耐机油和油脂的能力；但是附着力、耐候性差、固体含量较低	铸造类车身构件
G06-4 锌黄铁红过氯乙烯	干燥快，如在60℃~65℃下烘干2 h，可以增加附着力和改善其他性能；耐化学侵蚀、耐湿热、防霉且能与过氯乙烯磁漆配套	铸造类车身构件

（1）对底漆的要求

底漆在工件的表面附着牢固，就是在工件的表面有良好的附着力。

底漆要具有适当的弹性，既不会随着工件材料的膨胀和收缩而脆裂脱落，也不会因为面漆固化或老化时的收缩作用而折裂卷皮，能满足面漆耐久性的要求。

底漆有一定的填充性能，能够填充工作表面的细缝、细孔等，可作为上层涂料的坚实基础。

底漆涂层应成为没有光泽的细致毛糙表面，以改变地面光滑不易附着的情况，使上层涂料易于附着。

能防止金属的锈蚀，具有防锈蚀的作用。

能抵抗上层涂料中溶剂的溶蚀，不被咬起。

便于施工，底漆在施工中应该易于溜平而不易流挂，干燥迅速，干后坚硬而略松，易于打磨，打磨时不沾砂皮。施工后不致使面漆油料渗透下去，避免造成表面涂层的失光、斑点等。

与高温干燥的涂料配套使用时，底漆需要具有耐热性能，烘干后不应该失去弹性。

底漆应该具有长期储存而不变稠、不沉底结块的性能，并可以随时稀释使用。

底漆与面漆最好选用同一品牌或配套的油漆，以防止底漆与面漆之间产生化学反应。选购时先仔细阅读其包装说明中注明的与之相配套的底漆（或面漆）类型或型号，如果使用不配套的底漆和面漆，还需做相溶性试验。

（2）汽车修补涂装常用的底漆

汽车修补涂装常用的底漆主要有磷化底漆和环氧底漆。

1）磷化底漆

磷化底漆一般也称为侵蚀底漆，以聚乙烯醇缩丁醛树脂为主要成膜物质，并添加防锈颜料四盐锌铬黄制成，与分开包装的磷化液调配使用。

磷化底漆施涂到金属表面后，通过化学反应生成一层金属、不导电、多孔的磷化膜。磷化膜具有多孔性和不良导电性，使上层涂料能够渗入到这些孔隙当中，而不良导电性也预防了电化学腐蚀的形成。

磷化底漆能够提高底漆对金属表面的附着力、耐蚀力及热老化性能，可以代替磷化处理，适用于各种金属，并且能耐一定的温度，可以作为烘烤面漆的底漆，但是由于成膜很薄，因此一般不能单独作为底漆使用，必须与其他底漆配套使用。

2）环氧底漆

以环氧树脂为主要成膜物质制成的底漆，品种较多，有高温烘烤底漆、双组分底漆、单组分常温自干底漆。环氧底漆附着力强，漆膜坚韧耐久，对许多物体表面有较强的粘合力，但是涂料耐光性差，易粉化，所以只用作底漆。

在要求较高或者湿热环境下使用的车辆一般应使用环氧底漆。由于汽车经常伴有强烈的冲击、振动及磨损，还要受到各种多变的气候条件及酸、碱、盐的不断侵蚀，因此需要有良好的附着力、耐蚀性能、封闭性、耐化学品性能及耐碱性能，而且要求漆膜柔韧性好、硬度高，对铝镁合金、轻金属、钢铁及玻璃钢等有极好的附着力。

2. 腻子

腻子是由大量的填充涂料和以各种涂料为粘结剂所组成的一种黏稠的浆状涂料。其用途是填充工件表面的缝隙、气孔及擦伤等缺陷，以获得平整的表面。虽然腻子可以改变整个涂层的外观，但是往往会在一定程度上降低涂层的机械强度和防护能力，所以尽量不用腻子或者少用腻子。

腻子的主要组分是填充料，占腻子总重量的70%~80%。为了使腻子在施工中易识别，往往在其中加入极少量的氧化铁红、炭黑及铬黄等颜色，使其呈现灰色或者红色。填充料是腻子的筋骨，对腻子的性质起很大作用。

（1）腻子所使用的填充料

1）滑石粉

滑石粉的颗粒细而滑润，能增强腻子的弹性、抗裂性以及附着力，且易于刮涂，不容易起卷。但是由于它吸油量较高，所以它的用量不宜太多，以免消耗过多的粘结剂而增加成本，避免腻子干燥不彻底而出现干后发软的现象，避免涂上面漆后形成气泡的现象。

2）石膏粉

石膏粉用于腻子中，能使腻子涂刮较厚。使用时必须同时加水，使之转化成生石膏，一般用于自调腻子中，或在填补较明显的凹陷时，临时调入油性腻子。

3）黄丹或者红丹

在腻子中加入少量黄丹或者红丹，能使腻子干后增加固结度、硬度和抗水性，但是如果用量过多会使腻子过早失去弹性。

一般油性腻子均以中油度油基为粘结剂，油与树脂的重量比为3:1~1:1。当油的含量过多时，配置成的腻子干燥缓慢，干后发软，不容易打磨；当油的含量过少时，腻子的粘结性能降低且易于吸水。油基清漆中的油类应该具有易干燥、抗水性好、避免颜料沉淀的性能，因此一般采用桐油和聚合亚麻籽油作油料。油基清漆中的树脂，可以采用钙脂松香、酚醛树脂及醇醛树脂等。

（2）常用成品腻子的组成和性能

1）Q07-5 各色硝基腻子

硝基腻子是用硝化棉、醇酸树脂、顺酐树脂、大量体质颜料和稀料制成的。它的特点是干燥快、容易打磨。但是因其固体含量相对比较低，所以干后收缩比较大。它可用来作工件表面的局部修补填嵌。

2）C07-5 各色醇酸腻子

醇酸腻子由醇酸树脂、干性油、颜料及大量体质颜料、适量的催干剂、有机溶剂等制成。其特点是腻子层坚硬、耐候性好，附着力较强而且不容易脱落、龟裂，施工中易于刮涂。但每次刮涂厚度不宜超过 0.5 mm；可自干也可烘干；其适用于填嵌涂覆过铁红醇酸底漆的金属或木材表面。

3）F07-1 各色酚醛腻子

酚醛腻子是用中油度酚醛涂料、颜料和体质颜料、适量催干剂和200号溶剂汽油等制成的。其特点是容易干，刮涂性和打磨性好。其适用于填平钢铁、木质表面凹陷、针孔及裂缝等。

4）A07-1 氨基烘干腻子

氨基烘干腻子用氨基树脂、颜料及体质颜料、适量的催干剂、二甲苯等溶剂配制而成。它的特点是附着力好，容易打磨且不粘砂纸，需要烘干。其适用于填平涂油底漆的金属表面。

5）G07-3 各色过氯乙烯腻子

过氯乙烯腻子由过氯乙烯树脂、醇酸树脂、增韧剂、颜料、体质颜料及少量溶剂等制成。其特点是附着力好，干燥快，耐水性和耐油性好。但是不易多次重复刮涂，比较适用于填平涂油醇酸底漆或者过氯乙烯底漆的钢铁及木质表面。

6）H07-4 各色环氧酯烘干腻子

环氧酯烘干腻子由环氧酯、颜料、体质颜料、少量催干剂及二甲苯等制成。腻子层牢固坚硬、耐潮性比较好，容易涂刮，对金属底漆的附着力好，打磨后表面光滑，但是干后比较坚硬不容易打磨，需要烘干。其适用于填嵌有底漆的金属表面不平整的地方。

7）H07-6 各色环氧酯腻子

环氧酯腻子与 H07-4 的组成、性能和用途基本相同，无需烘干，可自干。

（3）硝基纤维腻子

硝基纤维类腻子的组成与硝基纤维素面漆类似，大体由硝基纤维素、醇酸树脂、增韧剂、颜料、填充剂及助剂组成。醇酸树脂和增韧剂用以调整腻子的刚柔性，起平衡力学性能的作用。腻子中填料的应用尤为重要。应该在保证腻子打磨性优良的同时，让腻子具有一定的内聚强度。这样，在整个涂层受到外界剥离应力时，既不允许在腻子处发生层间剥离，又不允许出现腻子内聚破坏。填料中具有针状结构的滑石粉可有效增加腻子的内聚强度，硬脂酸锌则具有非常好的打磨性能。其典型的配方如表 2-6 所示。

表 2-6 典型配方举例

组分	用量 /%	组分	用量 /%
醇酸树脂（70%）	9.5	超级轻质碳酸钙	3.7
醋酸丁酯	2.7	锐钛型钛白粉	2.5
丁醇	0.5	氧化铁黄	0.5
环己酮	0.5	炭黑	少量
二甲苯	3.0	有机膨润土胶（8%）	8.0
油（1%）	0.2	硝基纤维素溶液（35%）	19.9
滑石粉	25.5	二甲苯	2.5
重晶石粉	16.6	醋酸丁酯	3.0

（4）环氧腻子

用于汽车修补的环氧型腻子既存在双组分环氧树脂型，又存在单组分环氧树脂型。双组分环氧树脂采用的固化剂为多元胺类。H07-6 环氧腻子，又名 669 环氧腻子，其基本功能如表 2-7 所示。

表 2-7 H07-6 环氧腻子基本功能

外观		均匀膏状物、无颗粒
干燥时间	表干	4 h
	实干	18 h

续表

外观	均匀膏状物、无颗粒
柔韧性	50 mm
打磨性	易打磨，不容易卷边
耐硝基性	不咬底，不渗色

在实际生活中，这种单组分环氧酯腻子用得不多，主要是因为这类腻子的干燥速度，尤其是实干速度相对慢得多，所以在修配厂里没法达到生产周期的要求。它的刮涂性能特别好，比较容易施工，但是打磨性较差，易粘砂纸，这与它的干燥性能欠佳有很大关系。单组环氧酯腻子的牌号常见的有H07-5，所用主树脂仍然是脱水蓖麻油酸环氧酯。腻典型配方如表2-8所示。

表2-8 H07-5腻子典型配方

组分	用量/%	组分	用量/%
脱水蓖麻油酸环氧酯	15.0	滑石粉	5.0
锌粉	12.0	硬脂酸锌	4.0
重晶石粉	29.0	双戊烯	3.0
沉淀硫酸钡	6.0	铅干料	1.0
碳酸钙	23.0	锰干料	1.0

（5）醇酸腻子

早期汽车修补除了应用硝基腻子外，应用最广泛的就是醇酸腻子了。国内目前仍然有很多汽车修理厂在用醇酸腻子，它的特点是施工性能特别好，受到专业人士的普遍认同。醇酸腻子中主成膜物质为短油度醇酸树脂、改性醇酸树脂及酚醛树脂等。国产醇酸腻子的牌号及性能如表2-9所示。

表2-9 用于汽车修补的国产醇酸腻子牌号及性能

型号	C07-5	C07-6	C07-4
项目	各色醇酸腻子	灰醇酸腻子	棕色醇酸腻子
组成	醇酸树脂、颜料、填料、催干剂、助剂	酚醛改性醇酸树脂、颜料、填料	醇酸树脂、酚醛树脂、颜料、填料、助剂
外观及颜色	无结皮、硬块	无结皮、硬块	—
稠度/cm	8~11	8~11	—
干燥时间/h	≤ 18	≤ 18	—
刮涂性能	良好、不卷边	不卷边	—
柔韧性/mm	≤ 100	—	—
打磨性	200号水砂纸打磨、均匀、平滑、无明显白点	不粘砂纸	—

续表

型号	C07-5	C07-6	C07-4
性能及用途	涂层坚硬、附着力强。用于一般交通工具	快干，适合各种交通工具	涂层坚硬
施工和配套	每刮一道腻子，需要间隔18 h，可以与所有磁漆配套	—	—

3. 中间涂料

中间涂料又叫作二道浆，也叫作底漆二道浆。在汽车修补业内，中间涂料又被称作"苏灰士"。它作用于底漆和腻子之上，面漆之下，用来增加厚度，协助底漆和腻子进一步填平细微凹陷，以提高漆面的鲜映性及光泽度。很早以前的汽车工艺一般是二道涂层，即一道底漆，一道中间涂料，一道面漆。顾名思义，二道浆即来源于此。近年来，因为双层和多层金属闪光漆的流行，汽车行业又拓展到了四道或者更多道数的涂装工艺。

目前市场上见得比较多的中间涂料主要有硝基纤维素类、环氧树脂类以及醇酸树脂类等。双组分聚氨酯类中间涂料因为它的固化速度慢的缺点不易被解决，所以使用范围不广。

（1）硝基纤维素类中间涂料

汽车早期的面漆较为广泛地采用硝基纤维素类涂料。显然，与它搭配的中间涂料必然也是硝基类。这类涂料的干燥速度快，打磨性、配套性、施工性、外观均较好，而且价格相对较低，长期以来深受汽车行业的欢迎。到目前为止，很多名牌汽车修补涂装公司如德国BASF、Herberts、美国PCC及DuPotn等公司的中间涂料均使用这一品种。但是硝基纤维素类中间涂料的柔韧性欠佳，耐老化性能也不好，更为严重的是配方设计如稍有偏差，就会带来附着性能差的弊病。使用一段时间后，漆膜容易发生龟裂、脱落的现象。因此，认真地均衡配方中的各个成分至关重要。硝基纤维素类中间涂料的配方如表2-10所示。

表2-10 硝基纤维素类中间涂料的配方

组分名称及代号	用量/%	组分名称及代号	用量/%
醇酸树脂	12.88	CM763	3.35
国产钛白粉	4.98	苯二甲酸丁苄酯	0.58
立德粉	8.06	膨润土胶（10%）	6.38
沉淀硫酸钡	2.20	硝基纤维素溶液（35%）	16.67
滑石粉	16.57	醋酸丁酯	10.35
碳酸钙	0.35	二甲苯	12.20
硬脂酸锌	0.33	醋酸乙酯	8.00
炭黑	0.10	—	—

(2) 环氧树脂类中间涂料

汽车修补行业中,环氧树脂类中间涂料现在多采用双子多元化胺固化系统。单组分环氧酯不太常用,虽然它的耐硝基性能绝不会出问题,但是固化时间长是它的致命伤。较典型的环氧树脂类中间涂料的牌号及性能如表 2-11 所示。

表 2-11 环氧树脂类中间涂料

名称		各色环氧树脂类中间涂料
组成		环氧树脂、颜料、填料、多元胺、助剂等
黏度(涂 3~4 杯)		90~130
细度		≤ 50
不挥发成分		(75±5)%
柔韧性		≤ 3 mm
冲击性		40 cm
干燥时间	表干	2 h
	实干	24 h
打磨性		容易打磨
耐硝基性		不咬底、不渗色
性能及用途		附着力、机械性、耐溶剂性均优,可以用于汽车、火车等运输车辆

(3) 醇酸树脂类中间涂料

目前无论国外还是国内,单纯采用醇酸树脂作为中间涂料的已不多见,而多采用一些改良品种。正如前面提到的那样,硝基纤维素类中间涂料具有干燥速度快、硬度高及打磨性能好等方面的特点。但是它的柔性比较差,冲击强度很低,经过长时间的日晒夜露很容易发生整个涂层龟裂的现象。而醇酸树脂类中间涂料,尽管柔韧性优良,但干燥速度较慢,打磨性差。硝基纤维素改性醇酸树脂能集中两者的优点,避免不足。硝基纤维素拼合醇酸树脂中间涂料的配方如表 2-12 所示。

表 2-12 硝基纤维素拼合醇酸树脂中间涂料的配方

组分名称及代号	用量 /%	组分名称及代号	用量 /%
特殊改性醇酸树脂	23.0	钛白粉	4.0
二甲苯	6.0	硬脂酸锌	2.8
BYK-110	0.3	磷酸三丁酯	1.2
立德粉	11.0	TT-88A	0.1
硫酸钡	5.0	膨润土胶(10%)	1.5
发黑	0.1	硝基纤维素溶液(30%)	36.6
滑石粉	6.0	醋酸丁酯	4.0

4. 防锈蜡

汽车工业中的涂装系统近些年来获得了飞速的发展，特别是所采用的阴极电泳底漆。生产厂家经过不断的研发，接连不断地推出性能更加优异的新产品，使得汽车的防锈、防腐蚀性能的整体水平不断得到改善和提高。但是，汽车车身有些部位却无法仅依靠涂层就可以达到防锈的目的，如车身上通过点焊形成的缝隙，因屏蔽作用而造成的阴极电泳底漆达不到的一些空腔、夹层等。另外，尖劈效应的存在，使很大一部分阴极电泳底漆在装配孔附近所形成的涂层都较薄，达不到有关防腐蚀规定的年限标准。为了解决这方面的问题，汽车总装厂都设有喷蜡防锈的工段。一般要求轿车喷蜡防锈的部位主要有：

- 前翼子板支撑板、后轮罩内壁、后翼子板内壁、焊缝及螺钉装配孔。
- 前后梁空腔、底板空腔及车门下部空腔等。
- 后备厢盖内筋板空腔等。

为此，国外汽车行业从20世纪40年代开始就发展了内腔防锈技术。到目前为止，随着该项技术的不断完善，已经成功地解决了汽车某些部位的防锈问题。

正像油漆涂层久而久之会逐渐破坏一样，防锈蜡更不会例外，蜡层也绝不可能比涂层的寿命长。一段时间以后，汽车肯定需要重新喷蜡保护。因此，汽车修补涂料系列产品中也少不了防锈蜡。修补用防锈蜡的技术指标与新车的要求相差不是很大，修补用防锈蜡技术指标如表2-13所示。

表2-13 修补用防锈蜡技术指标

项目	温度	性能及试验	指标要求
滴点	100℃	物化性能	物化性能好，均匀，无滴落
闪点	27℃	盐雾试验	（脱脂钢板240 h）0~1级
干燥残留物	35℃	湿热试验	（脱脂钢板30 d）0~1级

喷蜡工艺与新车的工艺完全一样。即应该在涂料修补施工完成后再进行喷蜡。国外一些汽车修补涂料生产厂家往往有配套的防锈蜡出售，例如AKZO公司就有好几个品种的防锈蜡供应市场，其中既有溶剂性的，也有水性的。

5. 稀释剂、驳口水和防白水

稀释剂、驳口水、防白水等辅料尽管组分简单，配方也不复杂，但是对修补涂装质量的好坏却有着很大的影响。

（1）稀释剂

稀释剂也称作稀料、稀薄剂，是多种溶剂的混合，是根据其溶解能力、挥发速度和对漆膜的影响等情况来考虑而配置的，是涂装施工作业中最常用的调漆材料。它不能单独溶解涂料中的成膜物质，但是能稀释现成物质溶液的挥发液体以降低涂料的黏度（稠度），使之能够达到便于施工的目的，同时能增加被涂物体表面的湿润性和漆膜的流平性，使漆膜均匀平整、附着力强。在涂装施工时，稀释剂常用来调节涂料的黏度和用来清洗工具设备。

因为各种稀释剂的溶解能力和挥发的速度都是不相同的，所以使用的时候必须根据涂料的种类和性能合理选用稀释剂的种类。例如醇酸稀释剂能溶解醇酸树脂，也能溶解常规型酚醛树脂、酯胶树脂、钙脂树脂及桐油等油类，但不能溶解硝基漆、聚氨酯漆和过氯乙烯等涂料，硝基漆用香蕉水稀释；聚氨酯漆可用无水二甲苯、无水环己酮和无水醋酸丁酯的混合溶液做稀释剂；过氯乙烯漆可用醋酸丁酯与丙酮、甲苯及环己酮的混合溶液做稀释剂。千万不能乱用，更不能用错，以免发生质量事故造成浪费。国外主要汽车修补涂料公司稀释剂牌号如表2-14所示。

表2-14 国外主要汽车修补涂料公司稀释剂牌号

生产商	BASF	PPG	DuPont	Martin	Sherwin
热塑性丙烯酸涂料					
快速 10℃~18℃	PNT-48	DTL-131	3613S	3088	R7K205
中速 16℃~22℃	PNT-62	DTL-16	3608S	2092	R7K214
中速 18℃~27℃	PNT-88	DTL-876	3661S	3099	R7K248
慢速 18℃~27℃	—	DTL-135	3602S	3095	R7K203
极慢 ≥32℃	PNT-90	DTL-105	3696S	3094	R7K6231
防起泡剂	883	DTL-1140	3679S	8840	R7K251
改性丙烯酸类					
快速 10℃~22℃	MS-5	DTR-601	8034S	8834	R7K227
中速 22℃~32℃	MS-6	DTR-602	8022S	8831	R7K211
慢速 ≥30℃	MS-7	DTR-604	8093S	8832	R7K212
防起泡剂	MS-8	DTR-607	8096S	8840	R7K244
丙烯酸-聚氨酯类					
快速 10℃~22℃	—	DTU-501	—	8431	R7K6200
中速 18℃~30℃	—	DTU-504	—	8432	R7K6202
中速 18℃~30℃	—	DTU-170	—	8433	R7K6204
中速 18℃~30℃	—	DTU-870	—	—	—
慢速 ≥27℃	—	DTU-185	—	8434	R7K6206
慢速 ≥27℃	—	DTU-885	—	—	—
防起泡剂	—	DTU-505	—	8455	R7K6208
聚酯-聚氨酯类					
快速 16℃~27℃	MR-16	DTU-800	8575S	8834	R7K227
中速 18℃~30℃	MR-17	DTU-801	8585S	8831	R7K211
慢速 27℃~35℃	MR-18	DTU-803	8595S	8832	R7K212
防起泡剂	883	DTU-805	—	8833	R7K244

（2）驳口水

汽车在修补喷涂施工完毕后，特别是在进行局部修补的情况下，新旧漆膜的表面很难不存在视觉差。这其中有调色不准确造成色相方面的问题，也有属于涂料雾化程度不好方面的问题。为了使修补效果完美，这个差别必须想办法解决。通常的做法是涂一层溶解性较强的混合溶剂，以溶解新旧漆膜接口处那些粗糙的漆粒，使新旧漆膜融为一体，使之"驳口"。"驳口水"也因此得名。

汽车修补涂料公司都有配套的驳口水商品供应市场。驳口水一般由强溶剂混合而成。BASF公司建议在适当的驳口水中调加 20%~50% 的罩光漆，这样会使驳口的效果更好。ICI 公司在施工参考中明确指出需要添加 1~2 份漆料，甚至有时候直接使用罩光清漆，采用特殊施工手法来解决驳口。

一般驳口工艺是在完成补漆后，立即在接口处轻喷一遍驳口水，大约 20 s 后再重复一次即可。

1）使用驳口水的注意事项

适用范围：除了三工序珍珠漆之外的油漆小修补外，还适用于双工序金属闪光漆。

表面处理：确保将驳口区域严格清洁及除油；用不粗于 P800 砂纸打磨修补区域；在周边区域用 3M 灰色丝瓜布或水性研磨膏 P562-100 打磨；喷涂前用一块布除油、一块布清洁，除油剂为 P850-14/1402。

喷涂方式如下：

- 用低压（200 kPa）喷涂覆盖底漆，采用弧形手法将喷涂控制在打磨区域内。
- 将一份 P850-1401 驳口水兑 1~2 份上述油漆于喷枪中，用低压弧形手法覆盖上一层，仍然将喷涂控制在打磨区域内。
- 按照要求干燥油漆。
- 抛光或重涂。对于底色漆，采用普通方式喷涂 2K 清漆于打磨区域内或者用上述方法驳口。对于双组分面漆或者清漆用 P971-399 进行机械或手工打蜡、抛光。

2）使用清漆驳口的注意事项

适用范围：适用于 P420 本色漆及 P421 单工序金属闪光漆。

表面处理：也是上述同样的方法。

喷涂方式如下：

- 用正常调配的油漆喷涂覆盖底漆，用低压（200 kPa）弧形手法。
- 用一份正常调配的清漆兑 2 份油漆于喷枪中，用低压（200 kPa）弧形手法喷涂覆盖上一层，结束后立即清洗喷枪。
- 喷涂 2 层正常调配的清漆于整个区域，枪压控制在 300~500 kPa。
- 按要求干燥油漆。

3）使用三工序珍珠漆驳口的注意事项

适用范围：三工序珍珠漆修补及驳口。

表面处理：与上述方法相同。

喷涂方式如下：

- 将调好的底色漆用 200 kPa 的压力喷涂覆盖底漆，注意不要超过打磨区域。
- 用一份 P850-1401 驳口水与两份上述底漆在喷枪内混合均匀，用低压（200 kPa）弧形手法喷涂覆盖上一层漆膜。

- 将一份调制好的珍珠漆与两份上述混合漆在喷枪内混合均匀喷涂 1~2 层于上述漆膜的漆面边缘内,喷涂时使用低压,完成后将使用过的油漆倒掉并将喷枪清洗干净。
- 喷涂正常调配好的珍珠层,用 170~200 kPa 的压力喷涂数层,以达到颜色的要求,尽量不要超出底色漆层。
- 将一份 P850-1401 及两份上述珍珠漆在喷枪内混合,用 170~200 kPa 的压力喷涂,将上一层漆膜覆盖。
- 将一份调好的 2K 清漆及 2 份上一步使用的混合漆在喷枪内混合,用 200~230 kPa 的压力喷涂,将上一步喷涂的漆膜完全覆盖。完成后倒掉混合漆并且将喷枪清洗干净。
- 用普通方式,以 300~370 kPa 的压力喷涂调配好的 2K 清漆整块板块或驳口边缘。
- 按照要求干燥油漆。

(3) 防白水

高温、潮湿天气或者大面积喷涂的时候,漆膜表面容易出现发白的现象。有些时候即使使用慢干稀释剂也无济于事。在稀释剂中添加高沸点极性溶剂可在一定程度上避免或者缓解漆膜发白的问题。这类高沸点极性溶剂在这里被称为"防白水"。它可以进一步延长挥发时间,使漆料更容易喷涂,流平效果更佳,避免漆膜表面出现水蒸气乃至发白。一般室温达到 30℃~40℃时可以直接用它代替稀释剂。

思考与练习

一、填空题

1. 汽车车身面漆是车辆的_____，对车辆_____及_____有直接影响，一般都希望汽车面漆涂层具有良好的_____。

2. 硝基涂料，也称_____涂料，是以硝基纤维素（硝化棉）为主要_____，再加入_____、_____、_____、_____、_____等混合调配而成的。硝基漆的最大特点是_____、_____。

3. _____属于溶剂挥发干燥型涂料，其中_____漆的性能远远超过硝基漆。

4. 自由基聚合又可以称为_____。其反应机理是：聚合物单体在_____、_____、_____或者引发剂的作用下生成自由基。

5. 聚氨酯涂料可以分为_____涂料和_____涂料。

6. 醇酸树脂漆是以_____为主要成膜物质制成的一类涂料，可_____、_____和_____，_____或低温烘烤干燥。

7. 底漆是油漆系统的_____层，具有提高面漆的_____、增加面漆的_____、提供抗碱性及提供_____等作用，同时还可以保证面漆的均匀吸收，使油漆系统发挥最佳效果。

8. 腻子是用来填充_____表面的_____、_____及_____等缺陷，以获得平整的表面。

二、问答题

1. 腻子所使用的填充涂料有哪些？

2. 什么是中间涂料？

3. 驳口水在使用过程中的注意事项有哪些？

课题三
汽车涂装涂料与配色

学习目标

（1）掌握底漆的分类、选用依据及使用方法。
（2）掌握腻子的选用原则和工艺要求。
（3）掌握进口材料的选择。
（4）熟悉颜色的属性及影响颜色的几大因素。
（5）掌握人工配色与计算机配色的区别。
（6）掌握调漆的步骤及注意事项。

技能要求

（1）能够在待修复的金属表面合格地完成填充剂的涂敷。
（2）能够独立完成调漆工作。

素养目标

（1）通过对颜色基础知识的学习，培养学生认真钻研的学习态度，激发学生对马克思主义认识论和方法论的学习。
（2）通过调漆与配色的学习，培养学生细致观察的工作态度，树立学生精益求精的大国工匠精神。

任务一　汽车涂料品种的选择及配套

一、任务分析

在汽车涂装工艺中，底漆和面漆的配套性对涂层质量和施工影响很大。如果搭配不合理，将影响涂层间的附着力，产生起层脱落等问题。在选择涂料时要合理选用底漆和面漆，使之具有良好的配套性。

二、相关知识

1. 涂料的选择

汽车在制造和维修过程中所用的材料种类很多，部位不同，其本身的防腐性能也有较大的差别，所需要的涂料品种、性能也各有不同。选择车身涂料时应着重考虑以下几点。

● 极好的耐候性和耐腐蚀性要求，适用各种环境气候条件，可经风吹、日晒、雨淋，保光保色性好，不开裂、不脱落、不粉化、不起泡、无锈蚀现象。

● 极好的机械强度适应汽车行驶中的振动，漆膜坚硬耐磨，各部位涂层达到设计要求。

● 耐汽油、机油、公路用沥青等。在上述介质中浸泡一定时间不产生变色、失光、软化或留下痕迹。在和肥皂、清洗剂、鸟和昆虫排泄物接触时，不留下斑印。

● 极好的施工性和配套性适合生产型流水作业，可以作维修涂装。涂膜干燥时间短，适合烘干或自然干燥。在配套方面，底漆对底材要有较高的附着力，对中间层和面层要有良好的结合力。注意：底漆对底材不能产生副作用，各层次之间应配套，不发生咬起、渗色、开裂等涂膜弊病。

● 颜色外观应达到标准，汽车涂料色彩应多种多样，色泽鲜艳。

● 货源广泛，价格低廉，低污染，毒性小。选用涂料时要全面考虑，既要了解涂料品种来源是否充足，购买是否方便，又要考虑优质价廉，以及低毒或无毒低公害。

合理选择汽车涂装涂料，使涂装质量达到工艺要求和用户满意。

2. 涂装底漆的选用

（1）底漆的选择依据

底漆的正确选择对涂层的品质有重要的影响，选用时应着重考虑以下几点。

● 汽车涂层一般采取复合型涂装，使涂料发挥应有的作用。底漆涂装在表面处理好的零件上（也称基础层处理），对底层有很好的附着力和极好的机构强度。

- 要与中间涂层有良好的配套性，起着承上启下的作用，不能发生被中间层或面层咬起、渗色等弊病。
- 底漆车身应具备耐水（耐潮湿）、耐化学药品等与外界腐蚀介质隔绝的作用，对底材没有腐蚀性。
- 底漆应具有良好的施工性能，既在流水线生产中使用，又在维修涂装中使用，能喷、能刷、能浸，还能电泳涂装。

（2）涂装带锈底漆的选用

带锈底漆与一般的防锈底漆不同，可以直接涂在有锈的表面上，起到除锈防锈的作用。这种涂料中的某些成分与铁锈发生化学反应，将铁锈转化成蓝色颜料，或者变成稳定的化合物；再调配一些树脂组分，可以形成连续的涂层，起到防锈、防腐的作用。

1）带锈底漆的分类

带锈底漆按阻锈原理可分为转化型、稳定型和渗透型三大类。

①转化型

这种涂料利用盐酸和黄血盐（亚铁氰化钾）作为转化液与铁锈发生反应，将铁锈转化成蓝色颜料——普蓝。由于反应在一定的酸值下才能进行，因而要有一定数量的磷酸。在铁锈较薄的地方，磷酸与铁锈起反应，生成磷酸铁，对金属有阻蚀作用。这种涂料干燥较慢，与碱性涂料配套易发生咬起等现象，施工困难。

②稳定型

这种涂料主要是由以铬酸盐、磷酸盐等多种防锈颜料为主，加上一定的树脂成分组成的。这些化合物与铁锈发生反应，变成稳定的铁氧化物（四氧化三铁）。

③渗透型

以二聚脂肪酸为主要基料，采用渗透能力极强的溶液，通过物理的渗透作用进入铁锈层，把多孔的铁锈围住，使铁锈与外界隔绝，达到阻止锈蚀的目的。

目前常用的带锈底漆以前两类较为广泛。

2）带锈底漆的使用方法

在钢铁表面使用70型带锈涂料时，先用铲刀、钢丝刷、砂布等将工件表面的砂尘、翘起的氧化皮、油污除掉。物面上如有酸、碱、盐、化工粉尘，应用水洗净。对于厚锈还应先用漆液涂刷一次，让漆液先渗透到铁锈的空隙中去。待涂层半干时，可连续再涂刷一遍，使漆液和铁锈充分发生反应转化成膜。在薄锈和氧化皮上涂刷施工时，应将漆液在物面上连续多涂几次。在无锈区和旧漆层上施工时，可用极少量漆液均匀地刷涂几次。

带锈底漆是表面处理的一种方法，不能完全代替底漆的作用。在涂装时应按涂层的配套方法操作，底漆、中间层、面漆的施工必须要待这种涂料完全干燥后进行，否则会造成咬起、起泡等弊病。注意酚醛、环氧漆类的配套使用。

3）带锈底漆的品种

汽车车身涂装中使用的带锈底漆主要有以下几个品种。

① 70 型带锈涂料

70 型带锈涂料（转化型带锈底漆）由磷酸亚铁、氰化钾等加环氧树脂，用丁醇、乙醇、二甲苯作溶剂混合而成，用于薄锈和厚锈，可反复涂刷。

② H06—17 环氧缩醛底漆

H06—17 环氧缩醛底漆（即带锈涂料）由丹宁酸、磷酸和醇溶液加环氧树脂、缩丁醛树脂溶液和苯二甲酸二丁酯、蓖麻油、稳定颜料等制成，涂刷在锈蚀的表面上，起阻锈作用。

③ C06—18 铁红醇酸带锈底漆

C06—18 铁红醇酸带锈底漆（7108 型稳定型带锈底漆）主要由醇酸树脂加化锈原料、稳锈原料和有机溶剂研制而成。特点是干燥快，附着力强，有较好的耐热、耐低温、耐硝基性，可阻止锈蚀发展，能逐渐将锈蚀转化成有益的保护性物质，可与硝基、酚醛、醇酸等底漆、面漆配套。

转化型带锈底漆也可以自行调配，其基本配方如表 3-1 所示。

表 3-1 转化型带锈底漆的基本配方

成分	磷酸	黄血盐	煤焦油	乙醇	丁醇	二甲苯	炭黑	6101 环氧树脂	其他树脂
%	44	2	8	20	6	6	1	12	1

3. 中间层涂料的选用

汽车车身涂装工艺中的中间涂层是必不可少的工序，是为面漆涂层打基础的重要涂层。中间涂层介于底层涂料与面漆之间，使用的涂料主要是腻子和二道底漆。车身涂装用面漆主要起对车身构件的防护和装饰作用，颜色和光泽为品质追求的目标。

（1）腻子的选用

腻子（又称填泥）是在成膜物之中，加入适量的颜料、催干剂和溶剂调制而成的一种厚浆状物质，具有容易干燥、涂施简便、干后坚硬、耐砂磨等特点。腻子的主要作用是改善车身构件表面的平整度，使涂层表面光滑和增加装饰效果。腻子的品种较多、功能各异，选用腻子需满足涂层材料所具有的配套性要求。合理选用腻子成了车身涂装作业中一项重要工序。

1）配套性要求

腻子与底漆及面漆的配套性问题，实质上也就是极性的匹配问题。极性越大的材料的分子结合力也越大；极性越小的材料的分子结合力则越小。可据此，简单地将所用涂料分为合成树脂涂料和油基涂料两大类。合成树脂类涂料的极性大，如氨基和环氧系列底漆、腻子、面漆等；而油基类涂料的极性小，如脂胶、酚醛系列底漆、腻子、面漆等。还有一种类型涂料的极性介于前两种之间，如醇酸系列底漆、腻子、面漆等。

腻子选用的原则一是要从涂料极性大小来考虑其配套性。一般而言，底漆、腻子、面漆三者之间的极性，应以相近或基本相近为宜，以获得更可靠的附着力和层间结合力。

腻子选用的原则二是根据填充层的厚度和用途等来考虑所选腻子的类型，可将腻子分为填充型、刮（喷）涂型和中间型三类。

2）工艺性要求

工艺性要求是指车身涂装过程中，根据施工要求对腻子性能提出的质量要求。

①填充型腻子

填充型腻子适用于填补构件表面上的较大不平（平面度误差大于 3 mm）或车身构件的接缝等。这种类型的腻子强度高、堆积性好，一次可刮较厚的涂层。

②刮涂型腻子

刮（喷）涂型腻子适用于覆盖道痕、砂眼及构件表面上的较小不平等。这种类型的腻子有颗粒细腻、柔韧性好、易打磨和烘干后不变形等特点，与填充型腻子相比，堆积性差。

③中间型腻子

中间型腻子则介于前两者之间，既可有条件地替代填补型腻子，亦可经仔细打磨后直接涂施面漆。

3）腻子及中间层涂料应具备的特点

腻子和中间涂层是介于底层涂料和面漆之间的一层重要涂料，对其加工性、配套性、耐候性等都有要求，主要如下。

- 应有与底漆、面漆很好的结合力和配套性，不易发生起泡、龟裂、脱落和被面漆溶剂咬起等弊病。
- 干燥时间短，能烘干、自然干或固化干燥，用水浸泡一定时间不应有起泡或脱落现象。
- 良好的干打磨或湿打磨性能。打磨时不黏砂纸，经过若干次填平后应有光滑、细腻、平整的表面。

腻子的选择还要与施工方法相配套。不同的施工方法适应于不同的场合，可以获得涂料过渡为涂层的不同效果。这些不同主要是指烘干还是自然干燥，是连续刮涂还是有充足的间隔，采用手工打磨还是使用专门的机械等。

最后需要特别指出的是：施工中应尽量不要使腻子层刮涂过厚，否则对涂层起不到良好的保护作用，还会破坏整个涂层。涂层外部环境变化复杂，汽车本身的振动、颠簸等，使腻子层产生早期龟裂、脱落，造成涂层的早期损坏，使水分和其他有害物质渗透到底层，使底层遭到腐蚀。

为了发挥腻子的功用，除腻子本身的性能外，应该要求设计、制造、维修者采取技术和工艺措施，最大限度地消除物质表面的缺陷，增加车身构件的平整度，将腻子刮涂得越薄越少越好。

腻子选择得当，将会使构件表面达到平滑、匀顺、细致的目的，使漆面丰满、光泽突出等特性充分显示出来。

4)商品腻子

根据车身涂装的使用要求,可以直接选择品种繁多的商品腻子。商品腻子的品种、性能用途及使用方法参见表3-2。

表3-2 商品腻子的品种、性能用途及使用方法

型号名称	性能用途	使用方法
原子灰系列腻子	由树脂颜料填装乙烯类单体及硬化剂等混合制成,干燥迅速,体积收缩率小,涂层机械强度高,与底材附着力强,利于施工,多用于汽车维修	分组包装,腻子与固化剂比例为100∶1或100∶3~4,混合均匀后即可使用。一次不能调配过多,防止固化
Q07-5 各色硝基腻子	干燥快,易打磨,用于填补细小缺陷,或补找腻子上的小针孔	一次不能刮涂较厚,需要稀释时用X-1或X-2硝基稀料调整
C07-6 各色醇酸腻子	腻子坚硬附着力好,易刮涂,用于车辆、机械、机床、木器等填平使用	一次刮涂厚度不超过0.5 mm,可自干、烘干,与醇酸氯基、硝基等面漆配套
F07-1 各色酚醛腻子	干燥快,刮涂性好,易打磨,用于金属和木制品表面填平	可自然干燥和烘干,可连续涂刮2~3道。每道厚度为0.3~0.5 mm,用200号溶剂汽油稀释
C07-6 灰醇酸腻子	自然干燥较快,耐水性、耐潮性、水磨性好,不被硝基漆咬起,用于温热带交通车辆、机械设备及木制品表面填平	用X-6醇酸稀料或用200号溶剂汽油与二甲苯混合溶剂调整稠度。每道干后可连续刮涂2~3道,每道厚度不超过0.5 mm
C07-3 各色过氯乙烯腻子	干燥快,耐候性、耐油性、防潮性、防霉性好,用于汽车、机床表面填平	先用稀腻子填平较大缺陷处,干后全面填刮,刮涂时往返1~2次,以防腻子卷起。可X-3过氯乙烯稀料调节稠度
A07-1 各色氨基烘干腻子	附着力好,易打磨,刮涂不起卷,用于车辆和金属表面填平	每道刮涂厚度为0.3~0.5 mm,用二甲苯调节稠度,烘烤80℃~100℃,0.5 h干燥
H07-4 各色环氧脂烘干腻子	腻子烘干后坚硬,附着力强,耐水性、耐潮性好,用于各种车辆金属表面填平	每道刮涂厚度不超过0.5 mm,用二甲苯调稀后涂刮在物件表面
H07-6 环氧腻子(分装)	附着力好、耐水性、耐化学腐蚀性良好。涂层坚硬,不易打磨,用于金属表面填平	按比例将两罐混合均匀,用多少配多少,一次用完,一次可以涂刮较厚,用二甲苯稀释

在中间涂层的施工中,根据条件和具体情况的不同,可由施工者自行调制腻子。它的特点是可使腻子刮涂得较厚,具有干燥时间短、使用方便、容易打磨、经济性好等许多优点。自制腻子的缺点是化学成分不稳定,如果调制不当,腻子容易产生耐久性差和易产生起泡、龟裂、脱落等缺陷。

(2)涂敷填充剂

车身填充剂用于覆盖不能采用其他金属修理方法消除的微小缺陷。有些填充剂专门有特殊的用途,另一些填充剂受到成分或价格的限制,只能用在某些场合。

混合及涂敷填充剂时,为了节省时间而走捷径,将影响修理的质量。若混合或涂敷不当,

填充剂最终将开裂，失去黏合力，造成底层金属的锈蚀，从金属板上脱落，需要重新修理，从而造成时间、金钱和声誉上的损失。

1）涂敷前对金属表面的处理

在涂敷填充剂的过程中，对金属表面的处理是很重要的步骤。先清洗掉待修理部位的泥土和灰尘；再打磨修理部位，清除旧的涂层，待填充部位周围 3~4 in[①]的涂层都应清除掉。如果在原来的涂料表面加上填充剂，原有的涂层将从新涂的底漆和涂料中吸收溶剂，破坏填充剂的黏合力，填充剂将会隆起，使涂层开裂并让水分渗透到填充剂的下面，引发金属生锈。

使用粒度为 24 号或 36 号的砂轮清除涂层，可以迅速清除掉涂料和表面锈斑，还可以磨光金属表面，得到更大的结合力。在金属上修补过的地方涂敷填充剂时，不能将过高的焊缝向下敲，应将焊缝打磨到与表面同样的高度。如图 3-1 所示，敲击焊缝将使金属变形、在金属内部产生应力并增加需要涂敷的面积。

用砂轮磨掉修理部位的涂层以后，用压缩空气吹除打磨时产生的灰尘，并用一块黏性的布擦拭表面，清除所有剩余的灰尘。

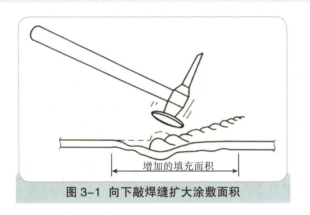

图 3-1 向下敲焊缝扩大涂敷面积

2）填充剂的混合

将罐内的填充剂搅拌均匀，使它光滑紧密、无结块。对于重型填充剂，最好使用搅拌器搅拌几分钟。

使用前没有将容器内的车身填充剂充分搅拌到光滑均匀的状态，会使容器上部的填充剂太稀薄，造成涂敷时填充剂的流动和下沉，硬化迟缓，质量差；用砂轮打磨时出现发黏，薄边状态差，表面非常发黏等现象。在这种表面上涂底漆或重新喷涂时，会出现气孔和隆起；容器下部的填充剂太稠，粗糙，颗粒多。在这样涂敷过的表面上涂底漆或重新喷涂时，会出现黏结强度低、针孔多、薄边不整齐以及颜色不耐久等现象。

3）硬化剂的捏合

松开膏状硬化剂软管的盖子（排出空气），避免硬化剂受到空气的约束。充分捏合软管，确保在硬化剂挤出时，呈现出均匀一致的膏状。

① 1 in=2.54 cm。

不对膏状硬化剂进行充分捏合，不使它在挤出时成为均匀一致的膏状（看上去像一条带子），将造成硬化迟缓而且效果差、表面发黏、黏合力小、薄边不整齐等现象。在它的上面涂敷其他涂料时，将会出现气孔和剥落。膏状的硬化剂经过充分捏合以后，很稀薄，或者像水一样，说明它已经失效，不能再使用。

4）填充剂和硬化剂的混合

缓慢打开罐子的盖，按照需要的数量取出填充剂。用一把干净的油灰刀或刮板，将填充剂放在光滑、清洁、没有气孔的表面上，例如金属板或玻璃板。按照罐上说明规定的比例加入硬化剂。加入的硬化剂太少将使填充剂柔软发黏，不能很好地与金属黏合，不能磨光而且薄边不整齐（见图3-2）。加入的硬化剂太多将会出现过量的气体，产生大量的气泡（见图3-3）。

使用干净的油灰刀或刮板在混合板上来回刮，将填充剂和硬化剂完全混合在一起，得到均匀的颜色。如果没有将填充剂和硬化剂充分混合到均匀的颜色，硬化后的填充剂中将出现局部的松软，结果造成硬化不均匀、黏结强度低、隆起、气孔等现象。

从容器内取出填充剂，将填充剂、硬化剂混合在一起时，必须使用干净的工具，否则，在金属罐内以及涂敷的表面上都可能出现填充剂硬块，这将降低黏结强度并使硬化不均匀。

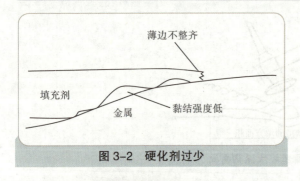

图3-2　硬化剂过少

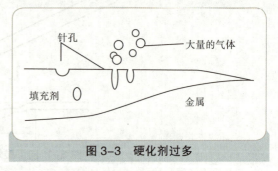

图3-3　硬化剂过多

5）涂敷填充剂

将经过混合的填充剂迅速涂敷在经过彻底清洁和磨光的表面上，第一层应涂敷得紧密，厚度较薄。压紧填充剂，使它进到砂轮打磨时产生的划痕中，使结合力达到最大值。第一层填充剂硬化后，根据需要进行较厚的涂敷，使修理的部位得到合适的形状（见图3-4）。一层填充剂硬化以后，才可以涂敷下一层。对于传统的车身填充剂，应涂敷得稍微高一点，使硬化过程中填充剂表面形成的一层蜡膜可被磨光机清除掉。

如果不先涂一层薄的、紧密的填充剂，而是一次将填充剂涂得很厚，将降低结合强度，并出现大量的针孔。在涂敷经过混合的填充剂以前，如果先用溶剂擦拭修理部位，溶剂没有完全挥发，会造成针孔并降低结合强度。

避免在低温下使用填充剂。如果填充剂、周围环境或车身金属的温度较低，车身填充剂得不到适当的硬化，会造成填充剂太软、表面发黏并降低打磨性能，会形成大量的针孔。填充剂应在室温下（65 ℉~700 ℉）保存，并用一个加热灯对低温表面加热。

在修理厂的高湿度环境中，应避免修理部位受水分的影响。在冬季，当一辆温度较低的汽车被送进修理厂以后，汽车上的金属表面将会出现水珠。而在夏季，由于地上水分的蒸发，金属表面将会出现冷凝水珠。涂敷填充剂以前，可以使用一个加热灯使其表面温度升高，并擦干潮湿的表面。没有先对修理部位进行加热并清除掉积聚在表面上的水分便开始涂敷，将在下一层涂敷后，出现结合强度降低、薄边不整齐等情况，产生隆起和大量的针孔。

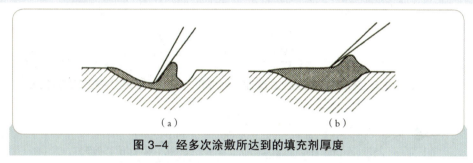

图 3-4 经多次涂敷所达到的填充剂厚度

（a）薄覆层；（b）填充剂稍微高出金属板

6）修平填充剂表面

填充剂固化到半硬状态，用手指甲在涂层上面刮一下，如果出现坚硬的白色痕迹，则可以开始锉平。锉平是得到高质量表面并控制原材料消耗和劳动强度的最重要环节。使用粗齿油脂锉可以迅速锉平多余的填充剂。这种长锉可以锉出均匀、平滑的表面。这种锉的齿很粗，完全避免堵塞。砂轮机和气动锉都不能很好地修平，因为它们将会很快地被堵塞，会产生过多的灰尘，浪费大量的砂纸。

使用这种锉时，应使锉与前进方向成30°角，并将它轻轻拉过填充剂表面（见图3-5），沿着几个方向锉平填充剂。当填充剂稍微高出需要的表面时，就停止锉平，为打磨锉纹和形成薄边留下足够的余量。如果填充剂已经低于所需的表面，则必须再涂敷一层填充剂。

锉平以后，采用垫块或气动锉磨掉所有的锉纹。气动锉也可以用于较大的平坦部位，然后，再用80号砂纸打磨，直到清除掉所有的锉纹。

最后，用180号砂纸清除所有80号砂纸留下的划痕。可以再次使用气动锉或慢速锉，注意不可过量锉平，以免造成填充部位低于需要的高度、需要再次涂敷的麻烦。最终的打磨结束以后，用高压喷枪吹除表面的灰尘，然后再用黏性的布擦拭，可以清除掉所有隐藏在表面针孔和恰好位于表面以下的明孔中的细砂粒（见图3-6）。用油灰填满这些孔和砂磨划痕。

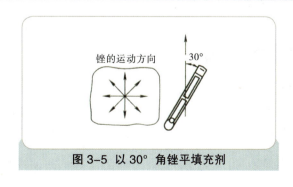

图 3-5 以30°角锉平填充剂

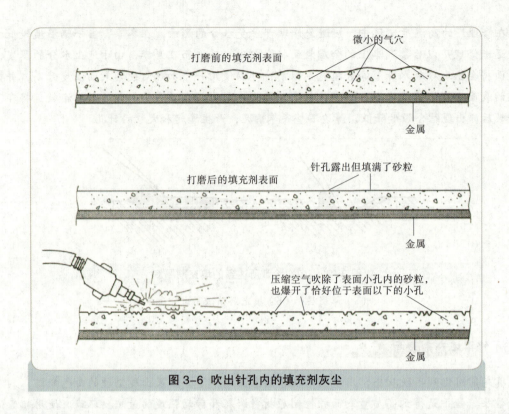

图 3-6 吹出针孔内的填充剂灰尘

经常用手在表面上摸一摸，以检验表面是否平坦，不可只凭眼睛来判断。喷涂并不能掩盖缺陷，只能使缺陷更加明显。只有当修理表面非常平滑时，才应该感到满意。对填充剂表面的光滑程度感到满意后，用一块黏性的布清洁修理部位。（黏性的布可以清除填充剂上的所有砂粒，以免这些砂粒损坏光滑的表面。）之后，给修理部位涂上低漆。

7）涂敷抛光油灰

底漆干燥以后，再用抛光油灰填充微小的针孔和划痕，应使用聚酯型油灰。可以按照制造厂的规定，将油灰和硬化剂混合在一起。将少量的油灰放在干净的橡皮刮板上，在填充剂上面刮上很薄的一层。刮的动作应迅速，而且应是单行程。使用硝基油灰时，行程数量应该最少。硝基油灰干燥很快，刮板如在表面上反复刮过，会造成油灰从填充剂上面剥离。

在使用240号粒度的砂纸磨光以前，应当让油灰完全干燥。油灰内的溶剂完全挥发以前，如果对油灰进行磨光将造成表面上的磨光划痕。

8）将填充剂涂敷到车身棱边上

目前，许多轿车在门、后侧板、发动机室盖等部位都有许多明显的棱边线。图3-7所示为两种常见的带角度的车身棱边线。涂敷填充剂时，很难将这些棱边线清晰地保留下来，特别是凹进部分的棱边线更难保留。获得整齐、规则的棱边的最好办法是对各个平面、角或角落分别填充。

图 3-7 两种常见的带角度的车身棱边线

沿着一个边缘贴上防护带(见图3-8),然后将填充剂涂在邻近的表面上。在填充剂硬化以前,拉掉防护带,并清除掉折缝(或棱边)上多余的填充剂。待第一层填充剂干燥并经过打磨以后,再将另一个边缘贴上防护。应该在填充剂上面沿着棱边粘贴防护带。然后将邻近的表面涂上填充剂。取下防护带以后,经过打磨,便可得到整齐、规则的线条或棱角。

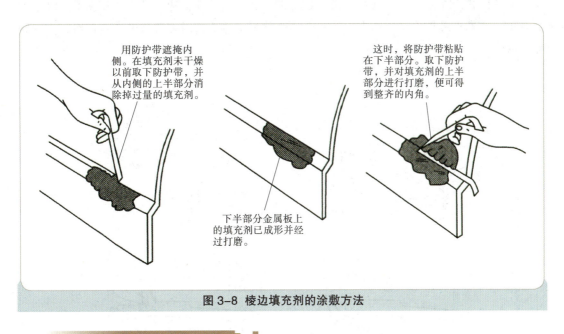

图 3-8 棱边填充剂的涂敷方法

9) 在金属板的接缝处涂敷填充剂

整体式车身的许多金属板都有接缝。这些接缝在汽车制造厂都经过能变形的涂料修饰,使相应的金属板能够进行弯曲和伸缩。接缝的两边受到损坏后需要涂敷填充剂。许多车身修理技师不能正确地用车身填充剂覆盖受到损坏的接缝。图3-9所示为在正常的道路上行驶时,刚性的填充剂受到金属板扭转作用时的情形。这时会形成一条裂缝,使水分能够渗透到填充剂的下面,引起金属表面生锈,最终影响填充剂与金属之间的结合强度,降低接缝的强度。

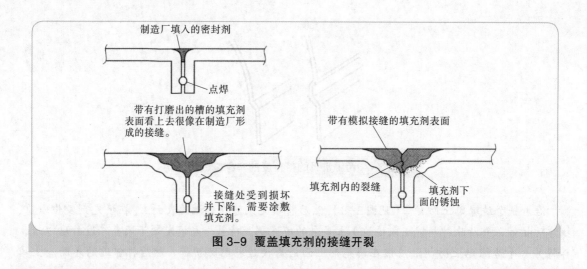

图 3-9 覆盖填充剂的接缝开裂

在接缝的任意一边粘贴防护带可以保持接缝原有的弹性。如图 3-10 所示,在一块金属板上粘贴防护带,然后在另一块金属板上涂敷填充剂并取下防护带,清除多余的填充剂。对于另一块金属板,也采用同样的方法填充。等到两边金属板上的填充剂都硬化并成形以后,再将密封剂填入接缝。

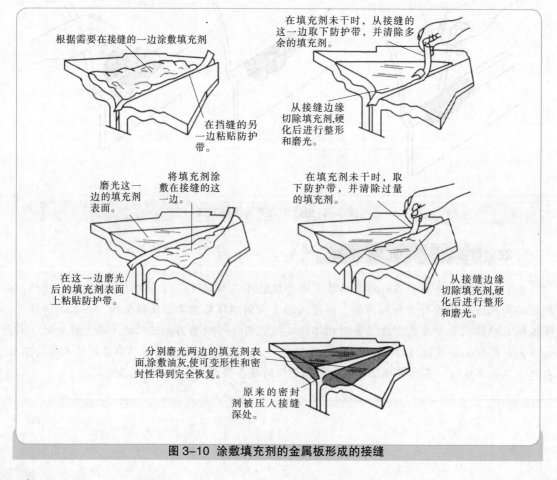

图 3-10 涂敷填充剂的金属板形成的接缝

（3）涂装二道底漆和封闭底漆的选用

二道底漆和封闭底漆也可称为中间层涂料，主要用于腻子与面漆之间的涂层，用于填补腻子上的细小缺陷、道痕。封闭底漆用于中间涂层的最后一道工序，避免喷涂面漆后发生与中间涂层咬起、渗色等缺陷。由于我国这种封闭漆品种较少，因此应用并不十分广泛，通常使用头道底漆代替。

（4）车身涂装面漆的选用

随着石油化学工业的发展，汽车面漆结构、品种、品质随之不断改善。我国汽车车身涂装面漆已摆脱了过去仅以油树脂为主要原料的格局，进入了合成树脂涂料时期。汽车车身涂装面漆是汽车涂装中最后一道工序，它的各项性能指标直接影响到汽车涂层的使用寿命和汽车车身的价值。科学合理地选择汽车车身涂装面漆是非常重要的。

汽车常用面漆的特性及使用范围如表3-3所示。

表3-3 汽车常用面漆的特性及使用范围

序号	型号及名称	特性	使用范围	用量/（mL/m²）
1	Q01-1 硝基清漆	干燥快，有良好的光泽和硬度	与汽车外用硝基漆配套使用，调入色漆内罩光，也可用于木制品罩光	50~70
2	Q01-18 硝基皮革清漆	干燥快，光泽较好，柔韧性强	皮革、人造皮革表面罩光	120~150
3	Q01-23 硝基清烘漆	漆膜烘干后硬度高，光泽好，耐汽油和机油性能强，可抛光	空气滤清器、汽油滤清器等	50~100
4	Q04-2 各色硝基外用磁漆	干燥快，漆膜较硬，光亮，可抛光上蜡	汽车车身和汽车总成大修时用漆	240~360
5	Q04-17 各色硝基醇酸磁漆	光泽好，耐大气性良好，3个月内不宜打蜡	车身用漆或其他机械设备用漆	120~240
6	Q04-31、Q04-34 各色硝基磁漆	涂膜光亮平滑，涂膜经烘烤100℃~110℃（2h），机械强度更好，耐候性比Q04-2漆好，能抛光打蜡	中、高级轿车车身	160~200
7	Q04-32 各色硝基平光磁漆	涂膜反光性小，不刺眼，户外易粉化	用于车用车辆	180~270
8	Q04-35 硝基静电磁漆	涂膜干燥快，光泽好，硬度较高，适于抛光	汽车金属表面静电喷涂	120~200
9	G04-9 各色过氯乙烯磁漆	干燥快，涂膜光亮，色泽鲜艳，能打磨抛光。耐候性、抗老化性优于硝基涂料，耐汽油性差	适用于大客车、电车、机床、医疗设备，用于湿热带地区	—

续表

序号	型号及名称	特　性	使用范围	用量/(mL/m²)
10	G04-10 各色过氯乙烯半光磁漆	漆膜光亮平和，户外耐久性好，机械强度高，耐海洋气候和湿热带气候比硝基外用磁漆强，耐水性、耐汽油性比过氯乙烯外用磁漆好，干燥时间较长	适用于工程车辆和军用车辆	—
11	G04-13 过氯乙烯静电磁漆	干燥快，涂膜硬度好，光亮。有良好的耐水性、耐油性。可用静电或手工喷涂	适用于大型货车、工程车、农业机械	—
12	G01-7 过氯乙烯清漆	涂膜干燥快，光亮丰满	用于过氯乙烯磁漆表面罩光，或与最后一道磁漆混合使用	—
13	C04-2 各色醇酸磁漆	有较好的光亮度和机械强度，附着力良好，耐水性好，可自然干燥	常用于汽车驾驶室、车箱和大客车车身外表涂装	60~80
14	C04-18 各色醇酸磁漆	漆膜坚硬光亮，干燥快，有良好的机械强度，不易起皱，耐水性好于C04-2	用于货车驾驶覆盖件和车箱，也可用于大客车内外涂装	50~80
15	C04-42 各色醇酸磁漆	比C04-2的附着力、耐候性、耐久性强。实际干燥时间较长	同C04-2	同C04-2
16	C04-4 各色醇酸无光磁漆	漆膜无光，耐水性较好，耐晒性差	适用于国防设备，适用于汽车车箱内金属等	70~90
17	C04-44 各色醇酸半光磁漆	漆膜光度和谐，附着力好、坚硬，有良好的耐久性	适用于军工机械、车辆内外涂装	60~90
18	C04-48 各色醇酸磁漆	漆膜坚韧光亮，颜色鲜艳，附着力好，耐汽油和机油性良好，耐候性强	常用于汽车、机床、设备、船舶或木制品表面	50~80
19	C04-49 各色醇酸磁漆	有较好的附着力，耐候性、耐油性、耐潮湿性稍差	适用于汽车驾驶室叶子板和其他零部件	同C04-48
20	C04-50 各色醇酸磁漆	有较好的耐水性、耐油性，附着力好	用于货车驾驶室、车箱等	同C04-48
21	C04-51 各色醇酸磁漆	有较好的耐水性、耐油性，附着力好	适用于汽车车身等	同C04-48
22	C01-1 醇酸清漆	漆膜光亮，有较好的耐久性、柔韧性和硬度，附着力良好	汽车外部罩光；可与各色醇酸磁漆混合使用，也可用于车内外木器表面罩光	40~60
23	C01-5 醇酸清漆	漆膜干燥迅速，光亮，不易起皱，耐水性较好，柔韧性稍差	汽车表面罩光	40~60
24	A01-1 氨基清烘漆	漆膜坚硬光亮，附着力、耐水性、耐油性、耐磨性优良	可与氯基烘漆、沥青烘漆、环氧烘漆配套使用	—

续表

序号	型号及名称	特　性	使用范围	用量/(mL/m²)
25	A01-10 氯基清烘漆	漆膜坚硬，平滑，光亮，耐候性、耐潮湿、附着力良好	用于汽车、轿车和客车外部罩光	—
26	A05-9 各色氨基烘漆	漆膜光亮丰满，色泽鲜艳。有良好的附着力，耐水性、耐油性、耐磨性良好。与磷化底漆、环氧底漆配套使用可达到三防性能	中级轿车车身	—
27	A05-15 各色氨基烤漆	涂膜坚硬、光亮丰满，与一般氨基漆比较，耐候性和附着力优良	轿车及其他车辆	—
28	A05-22 各色氨基静电烘漆	涂膜光泽好，其他同A05—9各色氨基磁漆	中级轿车车身	—
29	B01-10 丙烯酸清烘漆	漆膜烘干后硬度好，光亮，保光保色性强，耐潮湿性、耐盐雾性、防毒性良好	用于小轿车、面包车、电冰箱等表面罩光	—
30	B05-4 各色丙烯酸烘漆	属于热固性漆，漆膜光亮丰满，硬度较高，有优良的保色保光三防性能	适用于光泽要求较高的汽车表面	—
31	B04-11 各色丙烯酸磁漆	常温干燥，漆膜光亮，耐候性、保光保色和三防性能较好	适用于小轿车车身	—
32	B22-1 丙烯酸木器清漆（分装）	常温固化，漆膜光亮丰满，机械性能好，保光性强，耐寒、耐热、耐温变性能好，可抛光	适用于小轿车内、木器、钢琴、家具等	—
33	C04-50 丙烯酸木器清漆	常温固化，色浅，硬度大，耐水耐温，不变色	大客车内木制品罩光，普通木器表面罩光	—

4. 进口材料的选择

（1）进口涂料的选择依据

为使涂层能够充分发挥其保护与装饰作用，获得更加令人满意的涂装效果，必须从多方面考虑选择更合适的进口涂料。

1）从使用条件和工艺性出发

根据涂层使用环境与条件选择涂料是非常必要的。若涂料的耐候性好，则喷涂后形成的漆膜不易粉化、起泡、脱落、褪色；若涂料的机械性能好，则可使表面涂层牢固、坚韧和耐磨、耐冲击能力提高；若获得优良的三防性能，则可使涂层耐湿热、耐酶菌、耐盐雾等。

每一种涂料都有各自的特性、优缺点和应用的局限性，使用时应在熟悉掌握的基础上加以分析并有针对性地选用。如：醇酸系列漆的耐候性好、附着力强，但涂层软、耐水性差；硝基系列干燥快、坚韧耐磨，但其固体成分少、耐酸碱性差；有机硅系列漆具有良好的耐高温性能，需要高温烘烤且附着能力差。

进口涂料中的双组分低温烤漆，以其干燥快、施工简便、设备要求条件低等优点，在汽车车身维修行业中较为盛行。这种双组分烤漆喷涂后涂膜较厚，遮盖力强，流平性好，光泽丰满，漆膜坚固耐用，施工时不受相对温度影响，是高级轿车车身涂装的优良涂料。

双组分低温烤漆使用时有一定的调配比例要求。使用时应掌握准确，随用随配，防止固化浪费，用完后应及时洗净喷涂工具，避免因胶结、干涸而损害喷涂工具。

2）从涂料的配套性出发

车身表层涂料的选择同样应兼顾配套性。

选择时不仅应考虑到涂料与被涂层材料的配套，还要考虑到各涂层之间的材料配套性问题。例如：底漆、面漆、罩光漆三者之间，既要具备相互间的适当结合能力，又能彼此相互适应，即彼此间存在容让性。烘干型的底漆要与烘干型的面漆相配套；自干型的底漆应与自干型的面漆相配套。硬度高的面漆不应与较软的底漆相配套，否则十分容易发生龟裂；耐油性差的油性底漆不宜与溶解力很强的硝基或过氯乙烯等面漆相配套，否则就会发生"咬底"现象。

有时在不违背涂料配套原则的基础上，灵活选用涂料可获得比较理想的涂层。车身涂装中，把选用几种涂料共同制成复合涂层的方法，称为"多层异类原则"。根据使用环境与条件，选择各有长处的涂料以发挥其各自的优点，使不同的涂料能相互取长补短。例如：使用硝基轿车面漆，其装饰性虽好但保护性较差。如果采用防锈性能很好的环氧底漆，又存在与硝基面漆结合不良的缺点，可在底漆与面漆之间加一层硝基二道底漆来弥补。再如：以醇酸底漆、过氯乙烯面漆和清漆构成的复合涂层，既具有良好的附着能力，又具有可靠的化学稳定性。

3）从车身涂装的经济性出发

选择进口涂料还要从车身涂装的经济性出发，应根据车身涂层的分组、等级和技术要求等，选择既能保证涂层品质指标又能降低涂装成本或减少投入的涂料。从货源充足、品质稳定、供应方便、价格便宜几个方面，依据全面品质管理的概念，来综合评价涂料选择的经济性。

依据涂料的使用条件来考虑其对大气环境的影响。尽量选择对大气环境污染较小的涂料，当净化措施和劳动保护条件均不够完备时，更要优先考虑有关这方面的要求。

由于进口涂料价格昂贵，因此在低档次汽车上应用的场合不多，喷涂时需要有一个良好的清洁环境，以充分显示其品质的优越性。

（2）荷兰"新劲"系列涂料

荷兰"新劲"系列涂料在国内汽车车身维修行业有很大的市场，主要包括以下几种。

1）原子粗灰系列产品

常用的"新劲"原子灰系列产品主要有以下几种。

① 双组分原子粗灰

双组分原子粗灰（POLKIT）主要适用于填补凹坑较大的金属表面，具有附着力强、填补力极高等优点，可作第一道腻子使用。

② 原子粗灰

原子粗灰与催干剂按100∶25的质量比进行混合，必须在20℃环境下3~4 min用完，在20℃环境温度下干燥15 min后，即可用砂纸等打磨。

③ 双组分幼滑原子灰

双组分幼滑原子灰（POLYSTOPLP）用于刮涂凹痕不平滑的金属表面，也可填补腻子面层。根据使用环境温度，100份幼滑原子灰可调配成不同的固化剂比例（以1~3份为宜），分别混合均匀后分阶段使用。其中第一份应在20℃环境温度下20 min内用完；第二份原子灰应在11 min内用完；第三份原子灰则应在7 min内用完。在20℃环境温度下，第一份约50 min、第二份约40 min、第三份约30 min即可干燥，经过一定干燥后即可用砂纸等进行打磨。

④ 单组分填砂眼绿漆灰

单组分填砂眼绿漆灰（KOMBIFILLER）比较适用于填补车身底漆、原子灰腻子以及旧漆膜表面的细小缺陷、砂眼、道痕等。它不仅干燥快，而且不使用混合固化剂。使用时可涂刮两薄层，每层间隔15 min即可。涂层在20℃环境温度下经过20 min或60℃烘烤温度下经过8 min后即可打磨。

2）底漆系列产品

① 常用的"新劲"底漆

防护性绿底漆具有保护车身免受腐蚀介质侵蚀的作用，对高密度金属有极好的黏结力，可增加金属与腻子之间的结合力，具有干燥快、附着力强等优点。配合比例为：

底漆∶固化剂∶稀释剂=100∶50∶30

按上述比例混合并调和均匀后于20℃环境下存放的底漆应在8 h内用完，在20℃环境温度上经过5 h后可打磨；在60℃烘烤温度下1 h后可打磨。

② 双组分3+1喷灰

双组分3+1喷灰有极高的填补力，使用范围也比较广，可遮盖大面积的砂纸痕迹或轻微凹痕、砂眼，也可作底漆直接进行喷涂。配合比例为：

3+1喷灰∶3+1固化剂=3∶1

该底漆按比例混合并调和均匀后，应在20℃环境温度下于45 min内用完，可喷涂1~3层；在20℃环境温度下于4 h、在60℃烘烤温度下于30 min干燥，并可进行打磨施工。

③ 680底漆

680底漆为多层用途、单组分快干底漆，可用于填补微小砂眼、轻微缺陷，并起到隔离底层作用。其按着色区分有灰色和米色两种。配合比例为：

680底漆∶稀释剂=1∶1

该底漆混合并调和均匀后可喷涂 2~3 层，于 20℃环境温度下 30 min、于 60℃烘烤温度下 15 min 可干燥，可进行下道工序施工。

3）面漆及罩光漆系列产品

常用的"新劲"机漆系列产品主要有以下几种。

① 6 号系列面漆

6 号系列面漆（AUTOCRYL）双组分面漆，漆膜丰满、光亮、坚硬、附着力强、颜色鲜艳持久，适合在任何环境中使用。双组分的混合比例为：

（1 号油尺）6 号系列面漆：123 催干剂：123 稀释剂 =100：50：30

混合并调匀后应在 20℃下 4 h 内用完。不沾尘时间：在 20℃环境温度下为 30 min；完全固化时间：在 20℃环境温度下 20 h、在 60℃烘烤温度下 50 min。完全固化后可抛光、修饰。

② 7 号系列银色、珍珠色底色漆

7 号系列银色、珍珠色底色漆为高品质面漆，具有遮盖力强、便于施工等优点，面层罩上配套清漆后，闪光夺目，色泽持久不变，是高级轿车面层涂料的佳品。混合方法为 100 份底漆添加 100 份 123 稀释剂，干燥 15 min 后不需打磨，最后一遍面漆后可喷涂配套清漆。

③ AUTOCLEAR 烤漆

AUTOCLEAR 烤漆是专为"新劲"底色漆（7 号系列）设计的双组分清漆，光泽特强、持久，流平性极佳，能耐各种环境气候，不易退光。混合比例为：

（1 号油尺）烤漆清漆：123 催干剂：123 稀释剂 =100：50：30

混合并调匀后要在 20℃环境温度下 4 h 内用完。不沾尘时间：在 20℃环境下 45 min；在 60℃环境温度下 5 min；完全干燥时间：在 20℃环境温度下 16 h；在 60℃烘烤温度下 45 min。漆膜厚度 55~75 μm。

④ 加光剂

加光剂是专为"新劲"套装烤漆而设计的加速剂，可以增加漆膜干固速度，保持光亮度及平滑表面，还能提高漆膜坚硬度。配合比例为：

套装烤漆：加光剂：MS 催干剂 =100：20：60（6R 油尺）

4）催干剂系列产品

常用的"新劲"催干剂系列产品主要有以下几种。

① MS 催干剂系列

MS 催干剂为双组分烤漆清漆专用中浓度催干剂，有快干、标准干、慢干、特慢干等不同型号，用于不同施工温度和面积的涂装方法。

快干型可适应于 −15℃~15℃ 环境温度下，主要用于修补小面积喷涂表面；标准型适应于 15℃~25℃ 环境温度，用于局部修补或全车喷涂；慢干型则适应于 25℃~35℃ 环境温度，用于局部修补或全车喷涂；特慢干型用于较高环境温度时大面积的喷涂。

② 123催干剂系列

123催干剂系列适用于套装烤漆、清漆、MS清漆。123催干剂系列是专为"新劲"底漆、底金属色清漆设计的高品质稀释剂溶剂，有快干、慢干、特慢干三种型号，用于配合不同施工温度、面积等场合。123快干稀释剂适用局部修补或20℃环境温度以下施工；123慢干稀释剂适用于全车大面积喷涂，或者室温在20℃~35℃环境温度下施工；123特慢干稀释剂，适用于全车喷涂及大面积喷涂或适用于35℃环境温度以上的施工。

（3）德国"施必快"系列涂料

德国"施必快"系列涂料也是国内汽车车身维修行业应用广泛的品种，该系列涂料主要包括以下几种。

1）原子粗灰系列产品

原子粗灰系列产品主要有以下几个品种。

① 立得柔0920原子灰

立得柔0920原子灰是含有特殊树脂的聚酯底灰腻子，具有质地细腻、化学性能稳定、刮涂后干燥快、易打磨等优点。由于其耐热温度可达80℃，适用于底层处理后裸露钢铁、合金、铸铁、塑料纤维及已喷涂保丽光底漆或中间漆的旧油漆层表面。立得柔0920原子灰与立得柔硬化剂0909以2%~3%比例混合调匀后，应于20℃环境温度下3~5 min用完，于20℃环境温度下经20~30 min干燥后进行打磨施工。

② 保美耐硝基合成填眼灰7700

保美耐硝基合成填眼灰7700是一种由硝基合成树脂组成的单组分腻子，其特点是填充性优良、干燥快、易打磨，与裸铁表面有良好的附着力。

其适用于已打磨处理的裸铁、旧涂层、底漆、中间漆或立得柔原子灰表面。需要连续刮涂薄层两道时，每道需间隔10 min，20℃环境温度下经过30~60 min干燥后可进行打磨施工。

③ 立得柔喷涂原子灰3508

立得柔喷涂原子灰3508是一种有特殊填充能力的聚酯填料，适用于钢铁、合金、塑料纤维、立得柔原子灰及保丽光底漆、中间漆等较粗糙的表面，具有干燥快、容易打磨的优点。混合比例为：

原子灰3508：立得柔硬化剂9508=100：2

混合并调节均匀后于20℃环境温度下经过30 min用完即可，干燥时间为20℃环境温度下2 h、60℃环境温度下经30 min后可进行下道工序。

2）保丽光红底漆8583

保丽光红底漆8583是一种适合修补车身或翻新涂装的双组分特殊红底漆，用于钢铁、镀锌铁、铝板或干燥的旧涂层，具有保护防锈或隔绝旧漆层的作用。其与保丽光快干型硬化剂MS3060的比例为4：1，调匀后应在4 h内用完。20℃环境温度下经15 min后可刮涂原子灰腻子。

3) 保丽光多功能中间漆 8590

保丽光多功能中间漆 8590 是一种高品质的丙烯树脂双组分中间漆，适用于经打磨的钢铁、原子灰腻子、旧涂层等表面修补、全车喷涂，具有流平性好、隔绝性优良、干后容易打磨等许多优点。

保丽光多功能中间漆 8590：保丽光特殊硬化剂 =2：1

混合并调匀后应于 20℃ 环境温度下 1 h 内用完。干燥时间：60℃ 烘烤温度下干燥 20~30 min；常温下干燥 12 h。

4) 保丽光面漆及罩光漆系列

① 保丽光面漆 257 系列

保丽光面漆 257 系列是一种双组分丙烯氨基异氰酸酯系列面漆，适用于高级轿车局部修补、全车喷涂，具有光泽丰满持久、流平性佳、抗御性强等优点；能在各种环境气候下不退光、不变色，涂膜干后坚硬、机械性能强、遮盖能力高。混合比例为：

保丽光面漆 257：保丽光特殊硬化剂 MS3368=2：1

混合并调匀后应于 20℃ 环境温度下 6 h 内用完。干燥时间：60℃ 环境温度下 30 min、70℃ 环境温度下 20 min；自然干燥后不沾尘时间：20℃ 环境温度下 30~40 min，完全干燥时间为 24 h。

② 保丽光银粉漆 293 系列

保丽光银粉漆 293 系列由高品质的丙烯树脂组成，具有使用简便、遮盖力强的特点，喷涂清漆后便可得到高光泽，能抗各种环境和气候，光泽持久不变，适用于轿车修补及全车喷涂，与保丽光特殊剂 3054 比约为 2：1。

混合后即可喷涂。15 min 后自然干燥，无需打磨便可喷涂 rl308080 或 MS8010 清漆。

③ 保丽光珍珠漆 295 系列

保丽光珍珠漆 295 系列是一种高质量的面漆，有极佳的耐候性和美丽的外观，喷涂清漆后更加具有光泽，适合于高级轿车的喷涂。使用时与 40%~50% 的保丽光特殊稀释剂调稀，调稀后可喷涂在打好底色的底层上，相隔 15~20 min 后，直接喷涂清漆即可。

④ 保丽光丙烯氨基清漆 8010

保丽光丙烯氨基清漆 8010 是一种高光泽的双组分丙烯异氰酸酯系列清漆，适用于多工序面漆系统。漆膜光亮平滑丰满、覆盖性强、干后坚硬、机械性能高，能够抗各种气候环境，光亮持久，是极佳的高光泽清漆。喷涂时，它和 MS 系列硬化剂 2：1 混合，调配均匀后在 20℃ 环境温度下 4~5 h 用完，60℃ 环境温度下经 30 min 干燥；自然干燥不沾尘时间：20℃ 环境温度下为 50~60 min；5~6 h 后可进行组装，再经过 5~6 h 可全干燥。

（4）美国杜邦系列涂料

美国杜邦系列涂料在国内汽车车身维修行业是比较受欢迎的。该系列涂料中主要包括以下几种。

1）底漆系列产品

美国杜邦底漆系列产品主要有以下几个常用的品种。

① 105S 多功能表面平整底漆

105S 多功能表面平整底漆具有涂膜平滑、干燥快、附着力强、防腐性能好等特点，可以作为二道底漆使用；干后易打磨，不能与硝基漆混合。

② 1020R 底漆

1020R 底漆属于双组分底漆，适用于钢铁、铝金属表面，也可用于旧涂层表面上的喷涂。该底漆附着力强，防腐缓蚀性极佳，还可作为封闭和隔离底层的底漆。混合比例为：

1020R 底漆：125R 硬化剂：稀释剂 =4：1：2

混合并调节均匀后应在 1.5 h 内用完。20℃温度环境下经 1~2 h 可干燥。

2）磁漆系列产品

美国杜邦磁漆系列产品主要有以下几个常用的品种。

① IMLAR 汽车磁漆

IMLAR 汽车磁漆是醇酸型磁漆，遮盖能力强并且涂膜光亮，不受相对湿度影响，是一种物美价廉的涂料。混合比例为：

IMLAR 磁漆：145R 或 110R 稀释剂 =3：1

混合并调匀后应在 8 h 内用完，喷涂后于 20℃温度环境下经 25 min（不得沾尘）干燥，10 h 后可以完全干燥，60℃环境温度下烘干 3 h 后可完全干燥。

② 杜邦丙烯酸型磁漆系列

杜邦丙烯酸型磁漆系列是双组分涂料，涂膜干后表面坚硬光亮，不易倒光，遮盖力强并且成膜可以较厚，不受相对湿度影响。

③ 硝基磁漆

硝基磁漆包括色漆和金属漆，作底色用，干后可喷涂 120S 清漆。

3）杜邦 120S 清漆

杜邦 120S 清漆是双组分涂料，使用时与硬化剂按规定比例混合，调配均匀后不用稀料即可喷涂。配合比例为：

120S 清漆：120S 硬化剂 =2：1

4）硬化剂及稀释剂

丙烯酸磁漆：793S 硬化剂、8093S 稀释剂适于 21℃环境温度以上使用；8022 稀释剂适于 21℃~27℃环境温度下使用；8096 稀释剂适于 27℃环境温度以上使用。

500 号欧洲烤漆：AK210 硬化剂 S、AK321 稀释剂、AK330 稀释剂、AK360 稀释剂。

700 号欧洲烤漆：AU270 硬化剂、AU370 稀释剂。

5. 颜色基础知识

（1）颜色的特性

物体因对光线有选择性的吸收、反射、透射而产生颜色。当物体吸收了太阳光中所有可见光时，便呈现黑色；如果它反射了所有波长的可见光，便呈现白色；如果能全部透射太阳光，则是无色透明体；如果只反射（透射）一部分波长的可见光，则其余波长的可见光被吸收，物体呈现反射（透射）光的颜色。我们把物体的可以根据色调、明度和彩度来描述的某个特征称为颜色。

（2）颜色的属性

颜色的三个空间就是三个属性，要想完整、准确地描述一个颜色，需要包含色调、明度和彩度三方面的内容，缺一不可。

1）色调

色调（也叫色相或名称）是颜色之间的区别，是一定波长单色光的颜色相貌。色相是色彩的第一种性质（属性），可将物体描述为红色、橙色、黄色、绿色、蓝色和紫色。色彩系统中最基本的色调是红色、黄色和蓝色，它们也称为"三原色"。几乎所有的颜色都可以用它们调配出来。而橙色、绿色、紫色又是红、黄、蓝三原色按1∶1的比例两两调配出来的，称为"三间色"，这六种颜色又统称为颜色的六种基本色调。我们把这些色调排列成一个圆环，沿着圆环的周边每向前一步，色调都会产生变化，如图3-11所示。从色光的角度来看，色调随波长的变化而变化。紫红、红、橘红等都表明红色类中间各个特定色调，这三种红之间的差别就属于色调差别。同样的色调可能较深或较浅。

图3-11 色调

2）明度

明度是人们看到颜色所引起视觉上明暗（深浅）程度的感觉，也叫亮度、深浅度、光度或黑白度。明度随光辐射强度的变化而变化，是色彩的第二个最容易分辨出的属性。

明度是一种计量单位，表明某种色彩呈现出的深浅或明暗程度。同一色调可以有不同的明度，例如红色就有深红、浅红之分。不同色调也有不同的明度，如在太阳光谱中，紫色明度最低，红色和绿色明度中等，黄色明度最高。人们感到黄色最亮就是这个道理。明度可标在刻度尺上，从黑至白依次排列，如图3-12所示。越近白色，明度越高；越近黑色，明度越低。因此，无论哪个颜色加上白色，都提高了混合色的明度；而加入灰色，则要根据灰色深浅而定。

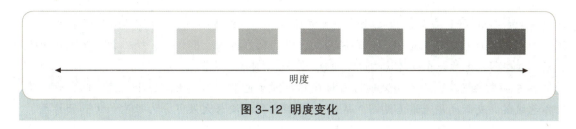

图3-12 明度变化

3）彩度

彩度是表示颜色偏离具有相同明度的灰色的程度，是颜色在心理上的纯度感觉。彩色还有纯度、鲜艳度或饱和度之称。彩度是色彩的第三个性质，也是一种不易被觉察并经常受到曲解的性质。只有比较同一色调和明度的两种颜色，我们才会意识到它的表现形式。作这种比较时，我们通常会使用"鲜艳"或"黯淡"、"鲜亮"或"浑浊"这样一些词语来进行描述。在图表的中央，颜色看上去很黯淡，沿着图表的中央每向外一步，彩度的值就会相应增加，而颜色看上去也更加鲜亮，如图3-13所示。

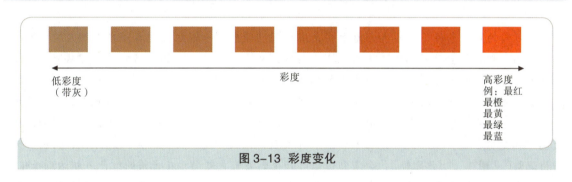

图3-13 彩度变化

当某一颜色浓淡达到饱和，而又无白色、灰色或黑色渗入时，即称正色；若有黑、灰渗入，则为过饱和色；若有白色渗入，则为未饱和色。每个色调都有不同的彩度变化，标准色的彩度最高（其中红色最高，绿色低一些，其他居中），黑、白、灰的彩度最低，被定为零，称之为消色或无彩色。除此之外，其他颜色称之为有彩色，有彩色有色调、明度和彩度变化；无彩色只有明度变化，没有色调和彩度。无彩色从白到黑的黑白层次为明度等级，从0~10共11个等级。

(3) 影响颜色的三大要素

影响颜色的三大要素也称为视觉的三大要素，即光线、物体和观察者，换言之，这也是我们看到和分辨出颜色必不可少的条件，缺一不可。

1) 光线

所谓光线就是指能够在人的视觉系统上引起明亮的颜色感觉的电磁辐射。所以，人们只有凭借光线，才能看到物体的颜色。光是一种电磁辐射，也是一种电磁波。我们通常见到的光线称为可见光。它是指在电磁波谱中占据一定范围，能够被肉眼感觉到的电磁辐射形式，其波长范围在 400~700 nm，在此范围之外的还有紫外线和红外线等射线，如图 3-14 所示。我们平时所观察到的彩虹就是可见光的一种表现形式，它的色彩按红、橙、黄、绿、青、蓝、紫的顺序排列，这些彩色光结合在一起就构成了白色光，也称日光或自然光。

1665 年牛顿发现，一束白光通过三棱镜后会发生色散，形成由红、橙、黄、绿、青、蓝、紫各色组成的光带，即光谱（见图 3-15）。按照它们的波长大致可分为短波长（如蓝紫色）、中波长（如黄绿色）和长波长（如红色）。

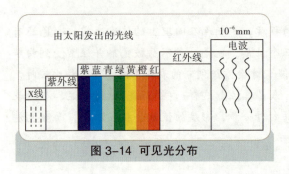

图 3-14 可见光分布

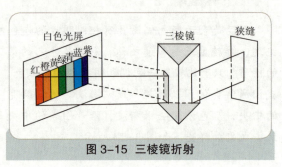

图 3-15 三棱镜折射

在不同的照明条件下，各色彩看上去大不相同。设想将一辆红色跑车停在由钠光灯照明的停车场内，你也许会注意到你的车看上去不再是红色，而是橙色。物体只能反射它从光源接受到的波长。那何谓光源呢？我们把发光的物体叫作光源，比如太阳、白炽灯、日光灯等。光源有自然光源和人造光源之分。太阳是自然光源，是最佳的光源，这是因为太阳光中含有不同波长的光，并且光能的分布比较均衡。但是在太阳光的光谱曲线上（见图 3-16），曲线在光谱的蓝色一端走势较高，因此说日光在本质上有些发蓝。而白炽灯、日光灯是人造光源，若将日光与白炽灯（见图 3-17）作比较，你会看到白炽灯产生的波长更趋向于在光谱的红色一端达到峰值。白炽灯光是由加热灯丝产生的，光中主要含有红色的光线，属于较温暖的光线。因为冷白色的日光灯（见图 3-18）在可见光的蓝色部分放射更多的能量，所以当你步入日光灯照明的房间时，你会注意到你的衣服和脸色看上去有些发青。灯光中主要含有蓝色的光线，属于较冷的光线。

由于日光有不同的时相，人造光源有不同的色温和显色指数，因此同一颜色在不同的光源下观察的结果是不同的。一般而言，北窗光是比较稳定的，在日出后 3 h 至日落前 3 h 期间，色温变化不大，光谱成分齐全，是观察颜色、分析颜色和调色的最佳时机。

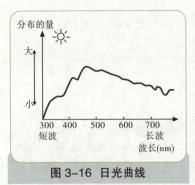

图 3-16 日光曲线

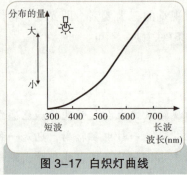

图 3-17 白炽灯曲线

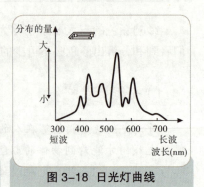

图 3-18 日光灯曲线

2) 物体

物体是观察的对象。我们周围的物体可分为两大类：一类物体本身是发光体，即光源，如太阳；另一类物体在一般状态下不发光，只是在一定程度上吸收和反射来自光源的光线，如日常所见到的大部分物体。当光源照射到这类物体上时，物体对照射到其表面的光线有反射、透射、吸收三种反应：被反射的光线从物体表面反弹，物体的颜色往往由其反射光的颜色来决定；透过物体的光线在穿过物体时有所改变；被物体吸收的光线不会从物体外表逃逸出去。

同时，物体中通常含有颜料，颜料会有选择地反射一部分光线，吸收其他的光线。被反射的光决定了该物体的颜色。

3) 观察者

如果说光是产生颜色感觉的物理基础，那么眼睛的视觉特性则是产生颜色感觉的生理基础。肉眼中的神经末梢位于肉眼中被称作视网膜的感光部位（见图3-19）。视网膜内含有两种类型的神经末梢：视网膜杆状（对光线高度敏感，感觉有关明与暗及清晰度的信息）和圆锥形晶体（对色彩高度敏感，感觉有关色彩的信息）。圆锥形晶体使肉眼能够区分蓝/黄色和红/绿色，肉眼和视神经将这些感觉到的颜色送至大脑，而后者将这些信号转换为色彩印象。

在人类眼睛内的视网膜上存在着三种视神经纤维，即感红、感绿、感蓝的视觉细胞，每种视觉细胞的兴奋都引起原色的感觉。正常人可以用红、绿、蓝三原色光混合匹配出光谱上的各种颜色，具有三色视觉（称为三色觉者），能够分辨各种颜色。

一个具有正常色彩知觉能力的人在感受可见光谱时将其看成一系列连续的颜色，其顺序为：暗红、亮红、橙色、黄、亮绿、绿、蓝和暗紫。光谱的最明亮部分位于540~570 nm（黄-绿），从该部分

图3-19 人眼的结构

的两侧向外明度逐渐降低，直至光谱的两端。肉眼所感觉到的明度变化与其发光功能吻合，该功能在555 nm时一般可达到峰值。由于正常的观察者在知觉过程中可感受三色，因此它能够分辨明与暗、黄与绿、红与蓝、黄绿和蓝绿以及绿蓝和红蓝。然而，肉眼的分辨能力也会出现缺陷，从而出现了红-绿色盲、黄-蓝色盲和全色盲，其原因是肉眼的圆锥形晶体带有缺陷，从而导致视力低下及昼盲。色盲是先天性遗传疾病，患病率为：男性4%~5%，女性0.16%。随着年龄的增长，眼睛的倦怠与病痛会影响人的色感，有色觉缺陷的人不能正确分辨颜色，所以不适宜从事调色工作。由于女性色盲的患病率低，因此从事调色、测色的工作人员多为女性；女性对颜色的辨认比男性敏感，同时又具有细心和耐心的特征，对从事这项工作颇有神益。

尽管人的肉眼功能相同，但并不是所有人都以同种方式知觉色彩，对色彩的知觉因人而异，其中涉及眼睛、神经和大脑之间的相互作用。由于实际知觉是在视觉范围内发生的，因此人们对色彩的印象各不相同且带有主观性。

人们对于颜色的感知，与以上所讲述的视觉三大要素紧密相关（见图3-10）。光线照射到物体上，经反射（或透射）后进入眼睛，通过神经系统传输到大脑，然后颜色被人们所感知。

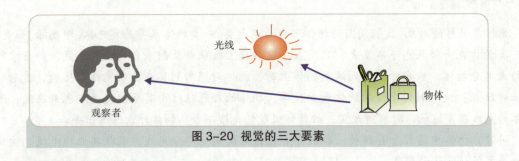

图 3-20 视觉的三大要素

6. 调色设备和工具

随着大量进口汽车的涌入,汽车漆的色彩也日渐繁多和复杂。巴斯夫、杜邦等世界公司相继进驻我国,这些公司都有专门的色彩研究调制机构。一旦新款车上市,这些公司马上就会根据自己公司的漆料将修补漆颜色配方研制出来,随同色卡提供给油漆经销商,送给调色中心。在进行调色时用到的主要设备有调漆机、阅读机、配方微缩胶片、电子秤和比色卡等。

(1) 调漆机

调漆机又称油漆搅拌机。各大油漆公司都有调漆机及配套产品,有 32、38、59、108 等各种规格的调漆机。调漆机配有电动机、搅拌桨,利用这种工具很容易混合出涂料。由于涂料在使用之前需要充分混合,因此为了确保色母质量的稳定性,需于每天早上搅拌 30 min,午饭过后再搅拌 15 min,如图 3-21 所示。

(2) 阅读机

根据查阅油漆配方的工具不同,目前,国内有胶片调色和电脑调色。胶片调色即通过阅读菲林片和查配方进行。因这种方式成本低、操作简单,但配方胶片更新慢,如图 3-22 所示。

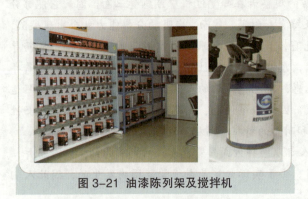

图 3-21 油漆陈列架及搅拌机

图 3-22 菲林片阅读机

阅读机操作程序如下：
- 打开阅读机总电源开关。
- 拉开置片板，将微缩胶片按照正确方向置入置片板上。
- 推回置片后，打开机座底部电源开关。
- 检视微缩胶片，查出颜色配方。
- 使用完成后，关闭机座底部白色开关，取出微缩胶片，推回置片板。
- 关闭阅读机总电源开关。

（3）配方微缩胶片

微缩胶片又称菲林片，按大小可分为 18 cm×24 cm 和 10.5 cm×14.7 cm 两种，如图 3-23 所示。

微缩胶片中列出了汽车生产厂商、生产厂颜色编号、颜色配方等相关数据。用户可根据生产厂商提供的颜色编号找到相应的配方，非常方便。

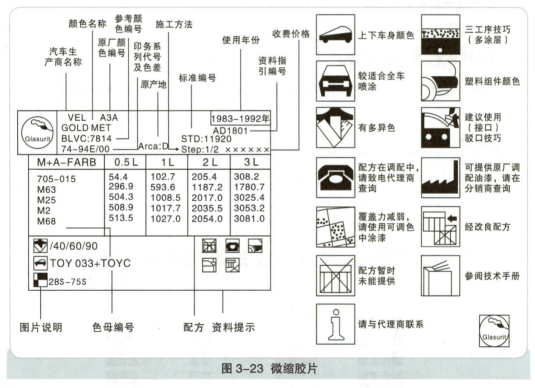

图 3-23 微缩胶片

（4）电子秤

电子秤又称配色天平，是一种称量涂料用的专用天平，帮助计算合适的混合比。电子秤由托盘秤、电子显示器、集成电路板组成，如图 3-24 所示。常用的电子秤量程可达 7 500 g，精确度为 0.1 g，明亮的发光二极管显示器安装在托盘上方，使用方便。电子秤的灵敏度较高，使用时，应避免大气流（风）的影响。

电子秤的操作方法如下。

● 电子秤必须水平放置,绝对避免高温、振动。

● 打开电子秤总电源开关,按下电子秤电源,暖机 5 min。

● 按下归零键,将被秤物轻置于秤板中心,依序操作。

● 使用完毕后,按下电子秤电源关闭键,关闭电子秤电源总开关。

图 3-24 电子秤

(5) 比色卡

1) 全能比色卡(颜色医生)

全能比色卡由 100% 品牌油漆材料喷涂,使用颜色类别编排,能简便、准确地核对颜色的属性。CPSM 代表金属色和珍珠漆。

2) 颜色索引卡

颜色索引卡依据车种排列,色卡可抽换以便尽快找到正确的色调,并且随时保持更新状态。

(6) 色母海报

色母海报如图 3-25 所示,可提供各种可能需要的色调,同时,也可以使调漆人员自行调配任何色调。

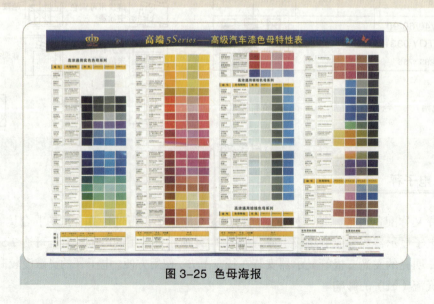

图 3-25 色母海报

（7）分色仪

分色仪是一种可以进行电脑分色的电子仪器，如图3-26所示。它具有修正软件，可以手提，并可以结合智能磅使用的优点。分色仪操作简单，用途广泛，对技术要求不是很高，尤其是在以下情形使用时更能突出其优势，如新车型、颜色资料不全、颜色色号不在车身上、建立一个客户档案、储存自己的配方资料、工业喷涂等。

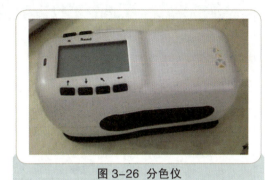

图3-26 分色仪

（8）其他调色工具

1）比例尺

比例尺是一种用金属或塑料制造的尺子，上面带有刻度，可计量适当量的固化剂、稀释剂，能方便快捷地帮助调配涂料。混合涂料时比例尺也可作搅杆用，且一般不会沾上涂料，用完后容易清洁。各大油漆公司的比例尺一般不可混用。

2）容器

涂装所用的容器多为聚丙烯型一次性容器。在调配油漆时，最好使用上下口径一样的直筒形容器。

3）烘箱

烘箱是一种强制烘干实验样板的烘干设备，在人工调色烘干样板时使用。

4）配色灯

配色灯是一种接近日光的所有波长的灯，可在夜间或下雨时代替日光，有时也做成灯箱。

7.汽车涂料的配套

（1）金属件涂料的配套

在汽车涂装中，各种底漆、原子灰、面漆，由于其性能不相同，因此并不是都能搭配。如果配套不当，会产生涂膜间附着力差，起层脱落，咬底泛色等现象，严重影响施工质量。涂料的合理配套如表3-4所示。

表 3-4 各种金属与常用底漆、面漆的合理配套

面漆类型	黑色金属	铝、镁及铝镁合金	锌及锌合金	铜及铜合金
酚醛漆	酚醛底漆 醇酸底漆	锌黄纯酚醛底漆 磷化底漆	锌黄环氧底漆 锌黄环氧醇酸底漆	酚醛底漆 磷化底漆
沥青漆	沥青底漆 酚醛底漆	沥青底漆	沥青底漆	沥青底漆
醇酸漆	醇酸底漆 环氧底漆	锌黄酚醛底漆 锌黄醇酸底漆	醇酸底漆 磷化底漆	酚醛底漆
氨基漆	醇酸底漆 氨基底漆 环氧底漆	锌黄环氧底漆	酚醛底漆 磷化底漆	环氧底漆
硝基漆	酚醛底漆 硝基底漆 环氧底漆 醇酸底漆	锌黄酚醛底漆 锌黄醇酸底漆 锌黄环氧底漆	酚醛底漆 醇酸底漆 环氧底漆	酚醛底漆 环氧底漆
过氯乙烯漆	酚醛底漆 醇酸底漆 过氯乙烯底漆 丙烯酸底漆 磷化底漆	锌黄酚醛底漆 锌黄醇酸底漆 锶黄、锌黄丙 烯酸底漆 磷化底漆	酚醛底漆 醇酸底漆 环氧底漆 磷化底漆	酚醛底漆 过氯乙烯底漆 丙烯酸底漆 磷化底漆
丙烯酸漆	酚醛底漆 醇酸底漆 环氧底漆 丙烯酸底漆 磷化底漆	锌黄酚醛底漆 锶黄、锌黄丙 烯酸底漆 磷化底漆	酚醛底漆 环氧底漆	酚醛底漆 环氧醇酸底漆
环氧漆	环氧底漆	锌黄环氧底漆	环氧底漆	环氧底漆
聚氨酯漆	聚氨酯底漆 硝基二道底漆	锌黄聚氨酯底漆	聚氨酯底漆	聚氨酯底漆

（2）非金属件涂料的配套

1）车用塑料件和阻尼件涂料

  汽车塑料件涂料与其他金属部件涂料相似，也分为底漆、底色漆、清漆或面漆（面漆用来代替底色漆/清漆体系）。底漆可直接涂在经表面处理过的塑料底材上，一般要求膜厚 30μm 左右，以完全覆盖部件表面的流痕和缺陷。环氧-聚酰胺双组分塑料底漆主要用于汽车前后保险杠上，因为保险杠一般是由聚丙烯制成的。该底漆中还加入了少量氯化聚丙烯作为基料，以提高底漆的附着力。另外，溶剂型单/双组分聚氨酯底漆也用于汽车保险杠和其他塑料部件上。底色漆一般多采用与金属部件用底色漆组分相同的体系，膜厚一般为 10~15μm。清漆主要是溶剂型双组分聚氨酯体系，即将聚丙烯酸酯及聚酯类与多异氰酸酯结合，其漆膜能达到所需的柔韧度，还具有高耐化学品性和良好的力学性能。清漆膜厚一般约 35μm，以提供色饱和度，并能达到与车身一致的光泽。塑料单色面漆也是采用双组分聚氨酯体系来达到与车身一致的外观和性能要求。各种汽车塑料涂料的烘烤温度均在 80℃左右。

  随着我国汽车特别是轿车工业向高档化的发展，对保温、防振、消声涂料的性能提出了更

高的要求。其目的是提高密闭性、降低振动、减少噪声、提高汽车的舒适性和车身缝隙间的耐腐蚀性。车底涂料是在车身底板下表面,尤其是易受石击的轮罩、挡泥板表面,增涂1~2μm厚的耐磨涂层,可以提高车底部件的耐撞击性和耐冲刷性,提高其耐腐蚀能力,延长汽车的使用寿命。防声涂料是为减轻因振动产生的噪声而涂装的涂料。近年来,汽车阻尼涂料一般采用以聚氯乙烯树脂(即PVC)为主要基料制成的一种无溶剂的PVC系列涂料,其固体部分一般可达到100%。这种PVC涂料有较好的硬度、伸长率、剪切强度和拉伸强度,能很好地满足阻尼涂料的性能要求。

2) 塑料件涂装的常用涂料与配套

由于塑料表面具有优良的防腐性能,不需要进行防腐处理,所以塑料涂装的目的主要集中在装饰功能上。过去依靠在塑料的母料中添加颜料着色的方法增强装饰性,随着人们越来越高的装潢要求,这种方式已经不能满足使用要求,因而需进行更多的二次表面加工,以达到以下目的:使塑料制品表面具有多种颜色搭配;遮盖生产过程中的划伤等缺陷;改善塑料表面的质感,如制造金属感和木质感等;改善塑料制品的力学性能,如硬度、抗划伤性等;改善塑料制品的耐化学品性能,如耐候性、阻燃性、耐溶剂性等;改善塑料表面的物理性能,如导电性能、防静电性能等;还需要在塑料件上印刷文字、图案、商标等。

汽车行业的塑料件主要采用聚丙烯(PP)、聚乙烯(PE)、ABS、聚氯乙烯(PVC)、聚醚砜(PES)、聚醚醚酮树脂(PEEK)、聚氨酯(PU)、尼龙(PA)、不饱和聚酯(UP)和玻璃纤维增强复合材料等,其用量已达整车质量的20%~25%。塑料的种类繁多、用途广泛,对塑料件基材与涂料的适应性方面的要求也各不相同,主要根据被涂塑料件的性质与其对涂膜性能的要求而定。首先,所选择的涂料对塑料件应具有良好的附着力。其次,所选择的涂料不得过分溶蚀塑料表面。对于极性强的、表面张力比较高的塑料,如聚氯乙烯、ABS塑料,要选择具有一定极性的基团,如羧基、羟基、环氧基等的涂料品种,以提高涂膜的附着力;而对于聚乙烯、聚丙烯等非极性塑料应选择具有相似结构的涂料品种,如高氯乙烯、石油树脂等,这样可在塑料与涂料的界面上产生混溶层,有利于提高附着力;对于耐溶剂性很差的塑料,如聚苯乙烯、AS、聚碳酸酯塑料,应特别注意涂料中溶剂的溶解性能不能过强,应在保证附着力的前提下,将溶剂处于塑料溶解区的近边缘附近,可以选择醇酸涂料、聚氨酯改性油或乙醇类溶剂为主的涂料,这样,既不致过分溶蚀塑料基材,又可保证涂膜的附着力。在进行涂料选择时,还应考虑涂料与施工方式、施工条件的适应性、制品与涂料的价格因素等情况。

3) 橡胶件涂装的常用涂料及配套

随着橡胶工业的发展,橡胶制品由天然橡胶为主扩展到氯丁橡胶、丁腈橡胶、丁基橡胶、乙丙橡胶、硅橡胶、聚氨酯橡胶等各种合成橡胶。人们对橡胶制品的使用性能、保护性能、装饰性能及各种特殊功能要求也越来越高。涂料可赋予橡胶制品多种表面性能,并保护橡胶表面不被老化,起到良好的装饰美化效果。涂料既可按照人们的要求赋予橡胶制品各种颜色和光泽,又比橡胶直接着色经济得多;涂料也可保护橡胶制品免受紫外线的照射,减少老化,延长使用寿命,取得良好经济和环保效益;涂料还可根据要求赋予橡胶阻燃性能、耐溶剂性能、导静电性能等优点。

橡胶涂料施工可采用多种方法，如刷涂、辊涂、喷涂、高压无气喷涂、静电喷涂、浸涂、淋涂等。由于它们对涂料的施工性能要求不同，因此橡胶涂料必须满足一系列适合橡胶底材的性能指标和涂装工艺要求。主要性能指标有：

- 涂料的流动性（黏度、触变性等）。
- 流平性、防流挂性。
- 干燥条件、固化温度、湿度要求、固化时间等。
- 双组分涂料混合后的适用期。
- 单次涂装湿膜和干膜的厚度。
- 涂装道数及单位面积涂漆量。

橡胶自身的特点决定其涂装时还要充分考虑以下状况：
- 溶剂对橡胶的溶解性和溶胀性。
- 橡胶的电阻和导电性能。
- 橡胶的弹性模量。
- 橡胶表面润湿情况。

橡胶用涂料不仅要对橡胶具有良好的附着力，关键还要适应其变化较大的弹性模量。弹性模量会随橡胶的品种、硫化程度、填料及补强材料加量不同而变化，因此用于配套的涂料相对伸长率必须与之相配套。否则，撞击、压缩、拉伸和堆放等导致橡胶变形时，产生的内应力会引起涂层开裂，甚至脱落。

目前用于橡胶表面的涂料主要有氯化橡胶类、弹性聚氨酯类（双组分丙烯酸聚氨酯、脂肪族多异氰酸聚氨酯、聚酯-聚氨酯等）、丙烯酸类和氯磺化聚乙烯类等。由于目前橡胶制品大多数尚未采用涂料进行保护和装饰，因此橡胶用涂料品种相对较少。

任务二 调漆与配色

一、任务分析

汽车涂装中油漆调色有两个目的：一是，消除客观或主观导致的新旧漆层颜色差异；二是，随着汽车工业的不断发展，汽车漆的颜色种类及色彩特性也层出不穷，人们不可能把每一种颜色都制成涂料并储存起来，以备随时使用，唯一有效的解决办法就是提高调色师的调色技能。调色师利用涂料制造商提供的几十种基本色母，按照一定的用量比例（如颜色配方），对现有色母进行调配，以达到我们所期望的理想色彩。

二、相关知识

1. 人工及计算机配色

所谓配色是指根据颜色的三个基本属性，将两种或两种以上不同的基本颜色按一定的比例混合在一起，以产生所需要的理想颜色的过程。它主要适用于面漆的配色。

（1）人工配色

1）配色之前的准备工作

配色前要对原色漆进行观察、分析及判断。首先观察色相是红色相、蓝色相还是绿色相；再分析由哪些颜色组成，判断组成的颜色中主色、次色、再次色的大体比例。掌握旧涂层的性能，了解旧涂层面漆的性质。

配色的基本目的有如下三个：
- 调节修补色漆与汽车原漆之间的细微差别，使两者相配。
- 使修补色漆与褪色的汽车面漆相匹配。
- 在无配方或无漆码的情况下，调配汽车修补色漆。

2）配色的基本原则

调配颜色时，两种原色混合成一种复色或两种复色混合成一种原色，如果需要和另一种原色或另一种复色混合，那么另一种原色或另一种复色称为该色的补色。

补色加入复色中会使颜色变暗甚至变成灰色或黑色，因此加入补色时需要特别注意。原色或复色用白色冲淡，可以得出深浅不同的颜色。

黑色和白色是色彩带以外的两种颜色，又叫无彩色。黑色和白色以不同的比例混合可得出不同程度的灰色。无彩色和不同的有彩色混合，可改变色彩的明度。无彩色是色彩调配中必不可少的颜色。

当需要调配某种颜色时，首先应分析判断这种颜色是由几种色漆组成的，哪种是主色，哪种是副色，拟出配方，再经过认真细致的小样调试对比，找出正确的配比方法，进行调配。

3）配色的主要程序

在面漆的配色过程中，应借助不同的喷涂方法对亮度、色度、色相进行调整，以达到最佳的颜色。

亮度是指颜色的明暗程度；色相是人的眼睛看到的颜色；色度是指颜色的强度浓度，包括强度、浓度、饱和度和灰度等。

① 颜色分析

首先观察，看颜色是否太深或太浅；然后检查色相，看色漆是否比原色面漆更红、更蓝、更绿或更黄；最后检查色漆的色度是否比原面漆高或低。

② 亮度调整

调整亮度应考虑车间环境、喷涂方法、溶剂的使用及油漆用量和混合料中的颜料用量等。在亮度调整过程时必须综合考虑各种因素，如表3-5所示。

表3-5 喷涂条件与亮度

喷涂条件	颜色变亮	颜色变暗	作用程度	喷涂条件	颜色变亮	颜色变暗	作用程度
稀释剂选择	挥发快的	挥发慢的	中	喷枪与物面距离	远离	接近	中
涂料黏度	小	大	大	喷涂气压	高	低	大
喷料喷涂量	小	大	大	漆层厚	薄	厚	大
喷漆样式宽度	宽	窄	中	层间间隔	长	短	中
喷枪移动速度	快	慢	中				

③ 色相的调整

色相的调整必须在亮度调整之后进行。每种颜色的色相只能沿着各自对应的两个方向变化，具体情况如下。

● 蓝色、紫色、黄色、米黄色和棕色，这些颜色会朝着色相发绿或发红的两个方向变化。
● 绿色、黑色、褐红色、灰色、银色和白色，这些颜色会朝着色相发黄或发蓝的两个方向变化。
● 青铜色、红色和橘红色，这些颜色会朝着色相发黄或发红的两个方向变化。
● 海蓝色和青绿色，这些颜色会朝着色相发蓝或发绿的两个方向变化。

④ 色度的调整

色度的调整必须在亮度和色相调整之后进行。想要把颜色调得亮些，就要重新调整亮度和色相；要使颜色灰些，就要喷一层湿涂层，再以较远的距离和较低的气压喷一层少量白色与微量黑色混合的涂层。

⑤颜色的检查与校正

涂装完毕后可以从如下三个角度检查颜色。
- 垂直于汽车表面。
- 从刚好超过光源反射线角度。
- 从小于45°的角度。

用上述方法检查喷涂后的颜色是否与其他部位一致，如不一致则进行校正，直至满意。

（2）计算机配色

随着科学技术的高速发展，尤其是计算机技术的突飞猛进，计算机在汽车涂装调色中也得到了广泛的认可和使用。计算机配色是近几年来发展起来的自动化调色工艺，是一种先进的配色方法。

在计算机调漆工作中，计算机就像一个大型的色漆配方资料库。资料库中储存所有色卡配方。用户只需要将所需要的漆号和数量输入计算机，就可以直接查阅计算好的配方数据。复色漆和单色漆都由数码标记，各类色漆品种数量达千种之多，完全能满足汽车制造业和维修业的使用需求。

目前，各大涂料生产厂家都具有完善的计算机调色系统，并且在各地设有计算机调色中心，使用计算机调漆能把复杂烦琐的调色工作改变为一种快速、方便又准确的调色方式。因为工作起来非常容易，并且数据容易更新，所以大大方便了汽车修补涂装调色的工作。

1）计算机配色的特点

计算机配色有如下几个特点。
- 配色标准、速度快、效率高，为汽车修补涂装配色节约了时间，有利于提高修补漆颜色的均匀度。
- 采用计算机配色时，必须储备一定量的色漆配方和色号，如果储备的数量和品种规格不足，则很难按要求准确地配出所需要的颜色。
- 采购的各种色漆必须严格保证质量，如果质量不佳，则用计算机配不出理想的颜色。
- 单色漆应按色号数码的规律放置，使其标准化、定制化，以防出错。

2）计算机配色设备的组成

计算机配色设备由可见光分光光度仪、配色软件及计算机等部分组成。
- 可见光分光光度仪。它由光源、单色器、积分球、数据处理系统等部分组成，可以依据所测涂层的光谱反射率曲线，通过库贝尔卡、芒克配色理论计算出涂层颜色的标准数据，测出颜色，再通过计算机配色软件进行调色。
- 配色软件。它由色质检测软件、调色软件等部分组成。其主要作用是建立储存基础颜色数据库。

● 利用计算机调色时，计算机就像一个大型的色漆配方资料数据库，能够储存数千种色漆标准配方和标准色漆颜色的色号。当调配某一种汽车面漆颜色时，可先将色号输入计算机，这样计算机就可以显示该色号的面漆配方和颜料的用量比。

3）计算机配色的程序

● 查阅汽车车身上的颜色代码。
● 启动计算机中的调色软件。
● 根据显示屏提示输入颜色代码。
● 根据屏幕提示的配方进行调色。

如果无法获得颜色代码，则可利用配套的仪器，将探头插入待修复车身漆膜，这样计算机就会自动生成配方。

2. 配色实践

在汽车的油漆护理中，有时涂料和汽车的表面颜色会不同，这就要求对涂料进行调配，使之与汽车原色漆颜色一致。在调配中，要根据色彩的基本知识和原理，再结合涂料的使用要求进行配色。下面介绍几种涂料的配色。

（1）黄色漆的调配

黄色主要有中黄和柠檬黄。利用颜料中的黄、红、蓝、白、黑5种基本的配色原料，按不同比例，可调配出多种黄色漆，如浅黄、奶黄、牙黄、棕黄、橘黄和中黄等。

在调配时，中黄色漆习惯上是在原装深黄色漆的基础上加体积分数为30%~50%的白色漆调配而成。浅黄色漆是在体积分数为10%~20%的原装深黄色漆的基础上，加上体积分数为80%~90%的白色漆调配而成。

奶黄色漆 = 白色漆（94.57%）+ 黄色漆（5.43%）。
牙黄色漆 = 白色漆（89.35%）+ 黄色漆（10.65%）。
棕黄色漆 = 黄色漆（16.7%）+ 黑色漆（5.77%）+ 铁红（77.53%）。
橘黄色漆 = 黄色漆（84.92%）+ 红色漆（15.08%）。

（2）红色漆的调配

在红色漆中，常有大红、铁红、朱红等单色漆。按一定的比例加入其他色漆就可以调配成金红（橙色）、玫瑰红、肉红、粉红、紫红等多种复色漆。以下是部分红颜色的调配公式：

金红（橙色）= 红色 + 铬黄。
玫瑰红 = 大红 + 群青 + 少许白色。
肉红 = 牙黄 + 粉红。
粉红 = 白色为主 + 少许大红。

紫红 = 铁红 + 少许黑色。
浅肉红漆 = 黄色漆（3.28%）+ 白色漆（96.17%）+ 红色漆（0.55%）。
橙色漆 = 黄色漆（52.7%）+ 红色漆（47.3%）。
浅猩红色漆 = 白色漆（43.3%）+ 黄色漆（26.7%）+ 红色漆（30%）。

（3）蓝色漆的调配

在蓝色漆中，常有普鲁士蓝（铁蓝、华蓝）、群青等。可以用两种或两种以上单色漆调配多种不同的复色漆。具体调配公式如下：

中蓝 = 深蓝 + 白色。

注：深蓝是指原装的普鲁士蓝色漆，而实际上用的深蓝色是在原装的普鲁士蓝色漆的基础上，加适量的白色漆调配而成的。加白色，可使颜色鲜艳，呈黑蓝色。天蓝是在以白色为主的基础上，加适当的蓝色调配而成的，这种方法可以调成多种浅蓝色漆。

湖蓝 = 群青 + 白色。
深灰 = 中蓝 + 灰色。

注：群青色和钴蓝色很接近。

天蓝色漆 = 白色漆（93.55%）+ 蓝色漆（6.45%）。
海蓝色漆 = 白色漆（46.78%）+ 蓝色漆（41.63%）+ 黄色漆（11.59%）。
蓝灰色漆 = 白色漆（77.31%）+ 蓝色漆（6.22%）+ 黑色（16.47%）。
浅孔雀蓝色漆 = 白色（82.25%）+ 蓝色漆（15.64%）+ 黄色漆（2.11%）。

（4）绿色漆的调配

在绿色漆中，常有中铬绿和草绿、翠绿等。加入其他单色漆可以调配成浅绿、粉绿、嫩豆绿、果绿、墨绿、深黄绿、深灰绿和鸭蛋青等色漆。以下是绿色漆的调配公式举例：

中绿（翠绿）= 柠檬黄 + 中蓝。
深绿 = 中铬黄 + 中蓝。
水绿（粉绿）= 白色为主 + 浅绿。
嫩豆绿 = 柠檬黄 + 浅蓝。
深蓝绿色（军绿色）= 中铬黄 + 中蓝 + 少许红色。
果绿 = 以柠檬黄或中铬黄为主 + 浅蓝。
草绿 = 浅黄 + 浅蓝。
深草绿 = 草绿 + 墨绿。
深灰绿 = 铁灰 + 绿。
玉绿（鸭蛋青）= 白色为主 + 少许蓝 + 适量黄。
果绿色漆 = 白色漆（84.23%）+ 蓝色漆（1.18%）+ 浅黄色漆（14.59%）。
浅豆绿色漆 = 白色漆（67.82%）+ 黄色漆（10.29%）+ 黑色漆（1.58%）+ 浅黄色漆（3.96%）+ 绿色漆（16.35%）。

（5）灰色漆的调配

灰色漆加入其他单色漆可调配成多种灰色系列漆，如银灰、淡灰、浅灰、瓦灰、灰色黄、灰色蓝、铁灰色等。以下是灰色系列调色公式举例：

淡灰色 = 白色为主 + 蓝色 + 黑色 + 黄色。

瓦灰 = 白色为主 + 黑色 + 蓝色。

银灰色漆 = 白色漆（90.73%）+ 蓝色漆（1.3%）+ 黄色漆（3.25%）+ 黑色漆（4.72%）。

浅灰色漆 = 白色漆（88.88%）+ 蓝色漆（0.98%）+ 黑色漆（10.14%）。

淡灰色漆 = 白色漆（91.34%）+ 蓝色漆（2.29%）+ 黄色漆（2.78%）+ 黑色漆（3.59%）。

白色和黑色几乎可与其他任何颜色（金色、银色除外）调配，可以起到调配颜色深浅的独特作用。

3. 调漆

（1）调色的步骤

1）调色的程序

①查询颜色代码

大部分车型，特别是进口车型，车身铭牌上都标有涂层的代码。根据这一代码通过胶片或电脑资料即可找到涂层信息。所以，通常要在进行调漆之前，在车中找到所需颜色的编号。

各汽车公司生产的不同型号的汽车，其油漆代码标志的位置也不相同。

●如果能找到颜色代码，则按以下步骤操作进行：

步骤1：如已确知所需颜色的原厂编号，可直接查阅有关汽车制造商卡盒首页的编号目录。

步骤2：选出有关的汽车制造商卡盒。

步骤3：利用编号目录找出所需颜色。

步骤4：配合页数指示，找出所需颜色。

步骤5：对比颜色卡与车身颜色，如有差异，可再选配最合适的颜色。

步骤6：利用微型胶片阅读机找出颜色的配方。

步骤7：在正式调配大量油漆前，谨记先试喷少量于试板上，再对照车身颜色，确保准确无误。

●如果未找到颜色原厂编号，则可按以下步骤操作进行：

步骤1：如未能找到颜色的原厂编号，可先以汽车制造商卡盒作为测色谱，挑出与车身最吻合的颜色。

步骤2：选出有关的汽车制造商卡盒。

步骤3：选出合适的颜色组别。

步骤4：颜色近似的色逐一与车身对照，选出最吻合的颜色。

步骤5：利用微型胶片阅读机找出颜色的配方。

步骤6：在正式调配大量油漆前，谨记先试喷少量于试板上，再对照车身颜色，以确保准确无误。

②调配色漆

● 表面准备。在日常工作中，我们通常使用的配色标准板（如油箱盖、车身部件）的表面往往有许多污染物，可能会影响颜色的比对效果。因此，在配色前，应该用细蜡进行清洁处理，以免造成完工后车身上的颜色差异。

● 对比色卡。工作中，经常会遇到某些车型的颜色资料不全的情况，比如，全车改过色，或国产车颜色号不在车身上，从而无法在车身上找到原厂色号，此时，可以利用油漆公司提供的各种色卡，从色相、明度、彩度3个方面进行对比，挑出相对接近的颜色，然后根据色卡查出对应的胶片标号，得出相对接近的配方。

色卡对比时，可选用方法：101颜色目录；CPSM/CPSU系列全能对色卡；原厂的颜色资料箱。

● 查询配方。从车身上查到原厂漆号或通过色卡对比找到色号，再查找正确的微缩胶片号，用阅读机进行阅读，找到正确的配方。也可以用电脑查到配方，如果电脑中存有所有色卡配方，则用户只需将查找到的色号和所需分量输入电脑就可直接查阅计算好的配方数据。这种方法快捷、方便、计算准确。还可用便携式电脑测色仪的探头直接在汽车上的待修补部位测到最为可靠的数据。该数据经配色系统处理后，可以获得精确的配方。这种方法高效、快捷。特殊情况下，还可以通过品牌油漆的全球联网系统查询最新的配方。

● 计量添加色母。找到颜色配方并确定需要涂料的数量后，可利用电子秤计量需添加的相关色母的重量。在添加色母时，首先倾斜漆罐，然后逐渐拉操纵杆，让色母慢慢倒出（如果先拉操纵杆，那么当漆罐倾斜时，可能有大量色母立即倒出）。为了在倾斜末尾进行精细调整，也必须小心操作操纵杆，以控制色母流量。虽然各种色母的重量因颜色而异，但是通常情况下，一滴大约重0.03 g，3滴的重量在0.10 g左右，根据这一情况，在添加用量较少的色母时，一定要仔细称重，从表3-6中可以发现，少用量色母的误差会对颜色造成较大的影响。

表3-6 色母添加误差对颜色的影响

色母	在配方中实际添加量/g	误差/g	在单个色母中所占比例/%	对颜色的影响
M0	198.0	0.1	0.050	基本不明显
M60	132.1	0.31	0.009	基本不明显
A105	45.5	0.1	0.220	不明显
M26	26.6	0.1	0.380	明显
M77	4.5	0.1	2.222	非常明显

注：色母列中M60、A105、M26、M77配方加入量占总量的20%以上，虽然在实际添加过程中误差不大，但是对最终调配后的颜色影响较大。添加误差占单个色母的比例越大，对颜色的影响就越严重。在添加完所有色母后，要用搅杆或比例尺混合涂料，以产生均匀的颜色。如果涂料沾到容器的内壁，要用搅杆刮下涂料，以防产生色差。

● 比对色板。为了保证调配良好，添加并搅拌均匀后的涂料应从色调、明度、彩度上与标准色板进行对比，该过程主要包括以下两个步骤。

步骤1：准备。

由于面积的大小会影响我们对颜色的判断，所以调色试板必须大小一致，通常为4 cm×5 cm。需要注意的是调色试板是不能吸漆的，吸漆后将发生化学反应，颜色会发生改变，喷涂试板晾干15 min后，放入烤箱烘烤20 min，温度为70℃。试板固化后，将试板与车身颜色比对前，应将待修复车身的表面清洁抛光，然后在阳光下比较试板与车身颜色的差异，以获得准确的配色。

步骤2：对比颜色。

颜色对比的方法有比较法、点漆法、涂抹法和喷涂法。比较法是用调漆棒与车色直接比对；点漆法是将漆点在车身上，待干燥后进行比对；涂抹法是将漆均匀涂抹在车身上，待干燥后进行比对；喷涂法是将漆喷涂在试板上，待干燥后与车身进行比对。前三种方法速度较快，但准确度稍差；喷涂法虽然速度较慢，但准确度高。如果比对结果颜色有差异，则需要添加色母进行微调；如果比对结果已经能满足颜色要求，则可以进行实车喷涂。

在这个过程中，需要注意的事项如下。

第一，颜色调好后，必须马上进行测试。

第二，每一个色调样本必须紧靠另一个涂抹，不要留下任何空隙。

第三，等色板完全干燥后，方可将之与车身的颜色做比较。

● 添加色母进行微调。将选择好的色母加入计量配色涂料，并用搅杆进行颜色比较，可利用试杆施涂法，使新涂层重叠以前的涂装部分，这样容易显示出变化的程度及添加色母的效果。如果还没有获得理想的颜色，则需一点儿一点儿地添加所选择的色母，然后再进行试杆施涂和颜色比较，直至达到理想效果。

通过颜色对比后，如果发现所调颜色与汽车的颜色不一致，则必须鉴定出还应添加哪一种色母，继而添加该色母以获得理想效果，这个过程就是"精细配色"或"人工微调"。这是一个重新进行比较和添加涂料的循环，直至与汽车的颜色一致。

确定颜色调得非常接近是一项困难而重要的事情，最好用比色计确定颜色相差的程度，如果没有比色计，就只能靠目测，最好让尽可能多的人来帮助进行鉴定，得出结论。

③ 修补操作。

涂料经微调完毕达到颜色要求后，应按要求添加相应比例的固化剂、稀释剂并充分地进行混合，然后按正确的施工程序进行涂装。在涂装过程中，应注意采用合适的修补技巧，从而达到无痕修补。

2) 调漆的注意事项

配色时，所采用的色漆的基料必须相同，以保证混溶性。例如，醇酸涂料不能与硝基涂料混合，不然会导致树脂析出、浮色、沉淀甚至报废。

配色时，应在容器中先加入在配色中用量大、着色力小的色漆或近似所需色的色漆，然后再加入其他颜色的漆，边加边搅拌均匀。在颜料调配接近时，应酌量加入，以防止过量。

调配颜色应在晴天或可重现自然光的配色灯的情况下进行，否则将造成过大的比色误差。涂料颜色还应进行干样对照，因为各种涂料的颜色在湿时要比干时浅一些。

要注意颜料本身的上浮下沉现象、粒度与干燥速度等。一般色漆较稠时，浮色较慢，故在样板对比时，应按施工黏度和干燥条件进行。

调配色漆如需加入催干剂，应在配色前加入并搅拌均匀，以免影响色调。

使用同一类品种涂料时，也应注意各生产厂和生产日期及批次的区别。就算同一厂家生产日期及批次的不同也可能造成颜色差异，所以要根据实际情况具体分析、比较和调整。

3）计算机配色

①目标

区域性的颜色调整和色库建立应使色卡配方得到充分运用，从而缩短寻找配方的时间和弥补地区性的车色不足，这正是计算机配色的长处。

②操作程序

- 将标准板表面进行清洁、抛光。
- 测量标准板。联机或离线操作均可，离线时，一定要让分光仪适应新环境的温度约 5 min。
- 寻找配方。银粉和珍珠色粒子大小的选用很重要，找出色板比对颜色，确定与银粉或珍珠粒子最接近的配方。
- 颜色修正。只针对 45°或 75° 视角做调整。
- 银粉色的颜色比对一定要按照标准的作业程序进行。第二次修色时，以 Batch 键来测量配色结果，然后再以调整键 Adjustment 做修色。

③工作流程的分类

- 标准板测色—配色—配方（只适用素色）。
- 标准板测色—从色库中找接近色—配方。
- 标准板测色—从色库中找接近色—调色配方。
- 标准板测色—配方结果测色—调色—配方。

人工微调几乎是调色的必经之路，同时也是调色的最高境界。如果色母生产厂提供的参考配方很准确，则可以完全按照规定的操作和配方称取所需色母，搅拌均匀即可使用。但是在多数情况下不可能很准确，必须进行微调。也有很多情况没有参考配方，用户只提供标准色板，由调漆员研究样板颜色并确定调漆方案。优秀的调漆员应花大力气研究色母特性，不断总结经验，不断自我提高。

（2）素色漆的调色规则

1）明度

在素色漆中，如果颜色太暗要调白一点，则可加白色色母（红色例外，因为在红色中加白色会带蓝口，加橙色会变得较亮）；而颜色太亮要调暗一点，则可减少白色色母量（若为红色，应减少橙色量）或等量追加除了白色和黑色的色母。

2）色调

微调时，对色调的调整度较低，可以在配方中调整该色口色母或相反色口色母的量。

3）彩度

我们的眼睛感觉越是鲜艳的颜色表示越纯；反之，越不鲜艳就越浊。当颜色太清澈（纯度高时）要变浊一点时，可加黑或加白或同时加黑、白；而当颜色太浊（太脏）要变清澈一点时，可减少黑色或白色色母。

4）配方分析

R-M 油漆中的"红色"，如表 3-7 所示。

表 3-7 R-M 油漆中的"红色"

色母	颜色判读的影响
SC01	—
SC25	变浊
SC90	较亮—改变色相（偏蓝口）
SC10	—
SC70	较亮
SC84	改变色相—较暗

注：当橘色、红色色母调整时，加入量少于 20%，色口只会变化一点。

当 R-M 油漆需调亮一点时，如表 3-8 所示。

表 3-8 R-M 油漆调亮

色母	颜色判读的影响	原配方（累加）	非累加原配方	调整	修改后配方
SC01	—	93	93	—	93
色母	颜色判读的影响	原配方（累加）	非累加原配方	调整	修改后配方
SC90	较亮	482.1	389.1	×10%	428.0
SC56	改变色相	764.2	282.1		282.1
SC10	—	913.5	149.3		149.3
SC29	较浊	1 021.6	108.1		108.1
SC44	改变色相	1 123.6	102.0		102.0

注：若颜色调整量大，则 SC01 的量也要一起调整。

（3）银粉珍珠色的调整

因为铝粉是片状结构，所以对金属闪银色在颜色的判定上必须从正面和侧面两个角度做判定。应注意要在白天的光线下判断色调，且要避免直射的太阳光。

银粉漆上涂的清漆会改变涂层的颜色，颜色深的比颜色浅的变化大，涂上清漆会使颜色变深和变得更生动。因此，银粉漆的颜色比较必须在涂上清漆后进行。

1）明度

①调整的方法
- 正侧两个角度都太暗时，需加入银粉，或减少色母用量。
- 正侧两个角度都太亮时，需减少银粉，或等比例加入其他色母。
- 正面太亮、侧面太暗时，可以加入细的银粉取代粗的银粉，或加入银粉控制剂。加入

BC101时，正面较浊，斜面较亮，银粉会变得较粗；加入BC105时，正面较浊，斜面较亮，银粉会变得较细。

● 正面太暗、侧面太亮时，可以用较粗的银粉取代较细的银粉，或减少银粉控制剂。减少BCl01，会使正面较清，斜面较暗，银粉会变得细一点；减少BC105，会使正面较清，斜面较暗，银粉会变得粗一点。

② 喷涂操作的影响

● 稀释剂干得慢，颜色较暗；干得快，颜色则较亮。

● 风压不足时，颜色较暗；风压太强时，颜色则较亮。

● 喷涂距离太近时，颜色较暗；喷涂距离太远时，颜色则较亮。

● 喷涂太湿时，颜色较暗；喷涂太干时，颜色则较亮。

2）色调

色调和素色漆相同，微调时，对色调的调整度较低，可以在配方中调整该色口色母或相反色口色母的量。如果加对比色色母来减低此色母效果，则颜色会逐渐变浑浊，同时彩度降低。要遵循的原则是只能从主色旁边的颜色区域中选色母，较亮时，接近白色中心选择；较暗时，在色环边缘选择。

3）彩度

当颜色太清澈要变浊一点时，可加入黑色色母或用较黑的铝粉取代较亮的铝粉；当颜色太浊要变清澈一点时，可减少黑色色母或用较亮的银粉取代较黑的银粉。

另外，还应注意，透明性色母能使侧面变深、变暗，使正面变亮、变鲜艳；不透明性色母能使侧面变浅、变白，使正面的鲜艳度降低。

4）配方分析

蓝色银粉加入不同色母时，会引起不同的颜色变化，如表3-9所示。

表3-9 蓝色银粉加入色母后的颜色变化

色母	颜色判读的影响
BC20	—
BC410	改变色调/较暗
BC500	改变色调/较暗
BC105	修正斜面亮度
BC140	正斜面都较亮
BC170	正斜面都较亮

绿色银粉加入不同色母时，会引起不同的颜色变化，如表3-10所示。

表 3-10 绿色银粉加入色母后的颜色变化

色母	颜色判读的影响
BC20	—
BC4605	改变色调
BC510	改变色调
BC800	改变色调
BC171	亮度降低
BC200	变浊
BC500	改变色调

（4）金属漆的调配

一般情况下，素色面漆经过适当的调色和稀释、喷涂以后，都可以使修补漆面颜色与周围颜色一致。但是调配金属面漆颜色则要求有更加熟练的技术，因为金属漆相当于在素色漆里添加了金属反光粉末，闪光性能相对复杂，因此无论是其视角还是喷涂方法都会影响颜色的判定。随着现代金属漆轿车的不断增多，金属面漆的调色日益普遍，也显得越来越重要。

1）普通金属漆的调色

常见的金属漆主要有普通铝粉漆和珍珠漆两大类。要准确地调配金属漆的颜色，首先要熟悉其涂料特征。

①金属漆闪光色的方向性

金属漆的颜色难以调配是由这种油漆的特殊构成决定的。普通金属漆的成分主要有颜料、铝粉和黏合剂。射向漆面的光线能够透入油漆表层经内部的铝粉表面反射，所以，当我们从不同角度观察金属油漆漆面时，看到的颜色也是不同的，并且在不同光源下金属漆的颜色也不同，这种现象叫作颜色的方向性，金属漆也因此被称为多色漆，如图 3-27 所示。

图 3-27 不同角度金属漆的不同颜色

②金属漆方向性的根源

金属漆颜料颗粒的形状是引起方向性的根源，其颜料颗粒有有机颗粒和无机颗粒两种，因为颗粒大小不同，所以油漆的方向性强弱也不同。

●有机颜料颗粒方向性原理。金属漆中的有机颜料颗粒的直径大小为 0.01μm 左右（比无机颜料颗粒小），有球状、柱状和扁平状等，所以其反光性能也各不相同。下面我们以球状颗粒 a 和扁平状颗粒 b 为例分析各自的反光特征。如图 3-28 所示，照射到球状颗粒 a 的光，朝各个方向的反射角度基本相同，所以各个方向看到的光线的量基本也相同。但照射在扁平状颗粒 b 的光，因为在 a 和 c 处反射的光线与在 b 处反射的光线的量不同，故在 b 处看到的颜色与在 a、c 处看到的颜色也不同，这就是方向性强的颜料其强闪光方向性的根源。

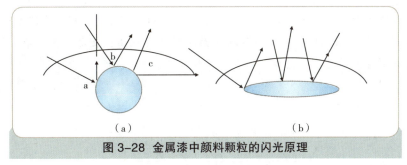

图 3-28 金属漆中颜料颗粒的闪光原理

（a）球状颗粒—方向性弱的涂料；（b）扁平状颗粒—方向性强的涂料

●无机颜料颗粒的方向性。上面讲了有机颜料的方向性，而无机颜料颗粒直径大小约为有机颜料颗粒的 10 倍，一般在 0.1μm 左右。图 3-29 所示为强方向性颜料中加入无机颜料后的效果。从中可以看到，由于无机颜料颗粒大，挡住了一些光线，因此到达有方向性颜料颗粒的光线减少。另外，方向性颜料的反射光也被其挡住，两种因素一起抑制了方向性颜料颗粒的反光性能。例如，像绿黄色和印度橙色类方向性很强的原色，若加入白色无机颜料或赤色无机颜料，其方向性就会消失。

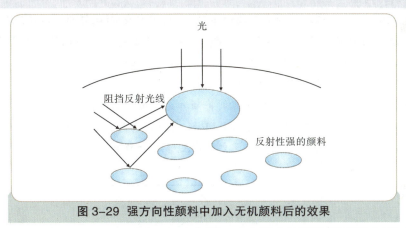

图 3-29 强方向性颜料中加入无机颜料后的效果

●金属漆的明度。当光线照射到油漆表面时，反射光线的量越多，其明度就越高。因此，普通金属漆的明度主要取决于两种因素，即铝粉颗粒形状和其排列状况。

如图 3-30 所示，（a）组铝粉颗粒表面凹凸不平，当光线照射到凹处后，几经折射最后可能完全消耗或者反射到外部的光非常微弱；而（b）组铝粉颗粒外表圆滑，光线照射到其表面后反射出来的光多，漆面看起来亮度比左侧漆面高。

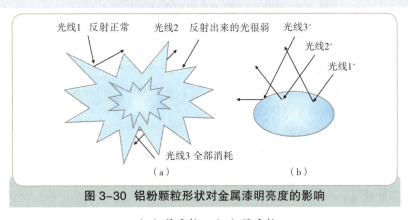

图 3-30 铝粉颗粒形状对金属漆明亮度的影响

（a）弱反射；（b）强反射

铝粉颗粒在漆层中的分布对油漆明度的影响如图3-31所示，当铝粒子在涂层中整齐排列时，正面反射的表面积大，正反射光强，所以从正面观察明度就高；反之，排列杂乱的铝粉颗粒就会使漆面明度减弱甚至很差。

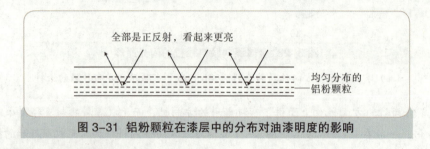

图3-31 铝粉颗粒在漆层中的分布对油漆明度的影响

2）金属漆闪光色的调配

①标准色调的调配

在一般金属漆中，由于铝粉微粒分别指向不同方向，且铝粉颗粒与颜料微粒混合和分布均匀，所以照射到金属表面的光线反射后各个方向都有，从而油漆就有了多色性，由此而产生的色调为标准色调，如图3-32所示。获得标准色调漆面的操作步骤如下。
- 严格按照颜料上的使用说明稀释颜料。
- 在20℃~30℃条件下，使用慢挥发溶剂将油漆充分搅拌均匀。
- 喷涂树脂清漆时，喷枪压力为210~280 kPa；喷涂磁漆时，喷枪压力为350~400 kPa。
- 漆面应喷成中等温度型，每两层之间要留有足够的干燥空间。

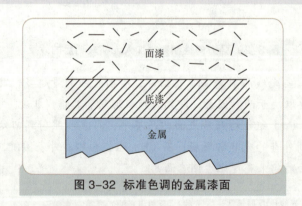

图3-32 标准色调的金属漆面

②浅色调的调配（比标准色调浅）

如果让油漆中铝粉主要集中到上表层而且几乎呈水平排列，那么这些铝粉就会像一系列水平排列的微小镜面，反射出来的光线就比标准色调的漆面强，可使漆面色调变浅，如图3-33所示。采取下述任何一种措施都可以使色调变浅。
- 使用溶剂的用量比规定的用量多。
- 用快速干燥的稀释剂冲淡树脂漆。
- 将喷枪的气压调到高于规定值。
- 各涂层厚度较薄。

- ●将喷枪远离表面。
- ●加快喷涂速度。

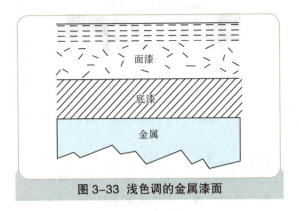

图3-33 浅色调的金属漆面

③深色调的调配（比标准色调深）

深色调金属漆面是由于面漆中大多数铝粉颗粒都沉在了底层漆面附近，且位置几乎都与底层漆面垂直，如图3-34所示，从而造成反光强度降低，漆面颜色变暗，如轿车侧身面板常会出现这种情形。一般使用干燥速度非常慢的溶剂，或将漆层喷得特别湿都可以产生深色调，以下的措施均可达到此目的。

- ●稀释油漆时，使用比规定量少10%~15%的溶剂。
- ●在20℃~30℃条件下，取干燥速度最慢的溶剂和1份延迟干燥的稀释剂来稀释油漆。
- ●使用低于标准值的气压进行喷涂。

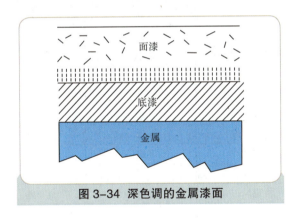

图3-34 深色调的金属漆面

④突变色调的纠正

金属漆面颜色有时会出现一种现象，正如看颜色一样，无论从侧面怎样观察，颜色都有截然的改变。图3-35中的翼子板，从正面看和车门的颜色一致（见图3-35（a）），但若从45°角的方向看，比车门的颜色浅（见图3-35（b）），再从相反的方向相同角度看，又比车门的颜色深（见图3-35（c））。这主要与油漆中铝粉颗粒的排列方式以及铝粉在油漆中的深度有关。现以喷涂翼子板为例，来说明产生颜色突变的原因以及纠正的方法。

图 3-35 突变色调的金属漆面

(a)正面看；(b)45°角看；(c)反面看

喷漆时，如果涂层喷得较湿，则从正面看漆面颜色较深，侧面看颜色较浅，这是因为铝粉的排列位置比较水平，且位于漆层较深处，相反，如果涂层喷得较干，则正面观察颜色就会较浅，侧面观察颜色较深。综合上述两种方法，要想使翼子板喷完后无颜色突变，可先湿喷一层，干燥后再稍微干喷一层即可。如果上述综合办法还不能纠正颜色突变，则可以在涂料中加入少量的白色油漆，以消除从不同角度观察漆面时所看到的明显的颜色深浅变化，但添加的量要合适，而且为慎重起见，应先进行对比试验，得到良好效果后，再进行喷涂。

此外，金属漆层颜色对于许多因素都非常敏感，如使用的溶剂、稀释剂类型以及喷涂气压、涂层湿度和喷涂方法等，具体情形如表 3-11 所示。

表 3-11 溶剂、稀释剂类型以及喷涂气压、涂层湿度和喷涂方法等对金属漆面的影响

涂装条件		较浅（色泽亮）	较深（色泽暗）	影响程度
溶剂种类		干燥速度快	干燥速度慢	大
溶剂所占的比例		高	小	中
喷枪	压缩空气	大	小	大
	喷嘴直径	小	大	中
	喷幅	大	小	中
	空气压力	高	低	少
涂装作业方式	喷枪距离	远	近	中
	运行速度	快	慢	少
涂装环境	温度	高	低	大
	湿度	低	高	中
	通风	好	差	小

⑤金属漆调色的最佳步骤

金属漆调色的关键是使新旧漆膜的闪光方向一致。只要二者闪光方向性吻合，剩下的工作就和调配素色漆一样，只要处理好原色加入的比例就可以了。因此，调配一般金属漆颜色的最佳步骤是首先使侧视色（又叫透视色）与原涂膜相吻合，然后再调正视色。

对于调制深色调金属闪光涂料，首先只需加入原色颜料调好侧视色、正视色，然后加入所需粒度的金属铝粉。按此步骤调制比较简洁。

调制浅色和中等浓度色调时，首先要配好铝粉的颗粒大小（若需中等粒度，最好用大颗粒和小颗粒相混合配制），配好金属铝粉以后，再加入原色进行颜色的调制。

⑥人工微调的技巧与要领
● 减少银粉色母的用量可使银粉漆更深更暗。
● 微调时，若要减弱油漆中某种颜色效果，首先应减少配方中该色色母的用量，添加互补色色母，虽然也能达到效果，但整体颜色会变浑浊，即彩度降低。
● 微调时，使用不透明性色母，能使侧面颜色变浅变白；反之，使用透明性色母，能使侧面颜色变深变暗。
● 微调时，使用透明性色母，能使侧面颜色变深变暗。
⑦金属漆调色的注意事项
● 银粉色的配方只有在喷涂方式调整以及清漆调整都无法收效的情况下才可以改变，并且只能小幅度调整，调整需依照配方表给出的色母来调整。
● 银粉漆配色需在充足的日光下进行，但要避免强光直射。
● 配色时，最好喷涂比色板，并且可利用喷涂技巧来控制颜色。
● 金属漆配色需从45°、90°、180°三个角度对比观察。
● 比色时，旧漆面要用粗蜡清洁去污，新喷比色板要完全干燥，比色结果才会精确。
● 棒涂或手涂的色板只可当作参考，不能作为比色的标准。
● 调配银粉色需要细心及耐心。
● 双工序的银粉底漆喷完15 min后，确认干燥了才能上清漆，才可比色。
● 双工序的比色板上，银粉底漆喷"整板"，而清漆喷"二分之一"，这样可节省调整时间，并可累积调色的经验。

（5）珍珠漆的调配

1）珍珠色母

我们常说的珍珠色母大多数是在云母粉表面镀上一层二氧化钛加工而成的，图3-26所示为珍珠色母的示意图。通过控制二氧化钛层的厚度，就得到我们所见到的一系列不同颜色的珍珠色母粉，例如白珍珠、黄珍珠、红珍珠、绿珍珠和蓝珍珠等。另外一些常见珍珠色母，如珍珠铜、珍珠红等的结构稍有不同，是在二氧化钛层外又镀了一层氧化铁，产生出红色或金红色。还有一种比较新的银色母则不是用氧化铁镀层，而是用铝粉镀层，这是为了提供立体效果强烈的金属银色的光泽。反射光珍珠色母的正面颜色由反射光组成，而侧视色调则由透射光组成。

根据光学原理，具有上述结构的珍珠色母对光的反射和透射的规律是白珍珠反射白光，也透射白光；红珍珠反射红光，也透射红光；黄珍珠反射黄光，但透射蓝光；绿珍珠反射绿光，但透射红光；蓝珍珠反射蓝光，但透射黄光。反映到色母的外观上，正面表现出相应的颜色，侧面就表现出透射光的颜色，但是这种侧视色调在纯珍珠色母中表现得不明显，与其他色母混合后就会影响侧视色调的走向。所谓的"珍珠漆有变色的效果"，主要就是这个原因。选择珍珠色母比较简单，调什么颜色就使用什么珍珠色母。

与银粉色母比较，珍珠色母有以下特点：

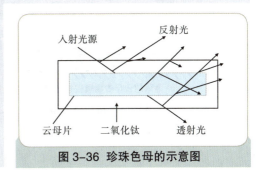

图3-36 珍珠色母的示意图

- 使用珍珠色母能使颜色的彩度更高，显得更纯更鲜艳。
- 珍珠色母的颗粒比银粉色母更细，且同色珍珠中，色母颗粒也有粗细之分。有时，在配方中，仅使用很少量的闪银，也能近似模仿出珍珠色母的正面效果。
- 当珍珠色母在配方中的数量多时，侧视色调就较浅，且无法调暗。
- 无论加入哪种珍珠色母，都能提高正面（效果不如银粉）明度和侧面明度（银粉则不能）。
- 在湿涂料状态下，珍珠色母在颜色方面表现得比较突出，而实际喷涂后，则没有这么明显，特别是使用黄、绿珍珠色母时。
- 可以在阳光直射下检查珍珠的颗粒闪亮和颜色反射程度。

2）珍珠漆的调色

珍珠漆是根据天然珍珠原理，在片状的云母上加上不同厚度的钛白粉或氧化铁等无机氧化物，然后制成细薄片加到油漆中，当光线照在这些人造珍珠片上时，就产生了类似珍珠的彩虹效果。1980年，德国涂料专家苏塔努西首次将云母钛珠光颜料制成的珍珠汽车漆用在福特汽车生产线上。珍珠汽车漆具有很高的镜面光泽，珠光细洁柔和、装饰性极佳，同时具有随视角而变化的闪光效应。目前，欧美和日本各大汽车公司几乎所有高档豪华轿车都采用珍珠漆涂装。

①珍珠漆成色机理

珍珠是贝壳体内以小砂粒、灰尘、杂质为中心，再由贝壳体内分泌出的天然树脂状物质反复覆盖形成的特殊物质。当我们观察天然珍珠时，会发现角度不同色彩也会不同，珍珠漆涂在汽车上的颜色就像珍珠一样，从不同的角度观察也有不同色彩，如图3-37所示。

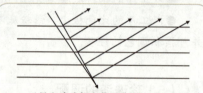

图3-37 云母、珍珠色彩变化机理

珍珠色颜料中的云母不是天然云母，而是化学合成的物质，但结构上与天然云母基本相同，如图3-38所示。由于合成云母和底层色彩漆的共同作用，这种油漆光的反射比一般油漆更为复杂，所以呈现出鲜艳的七彩色调。

云母是由很薄的薄层叠积而成的，光线照射其上会有层层的反射、吸收、穿透。微妙的光线变化使云母产生多重反射，因此呈现多种色彩；而一般的物体只是在表面的一个界面上反射光线，所以从任何角度看色彩都一样；光线在玻璃和其他透明层涂料中的作用效果基本都是直接透射，因此呈透明状。三种不同情况的成色机理如图3-39所示。

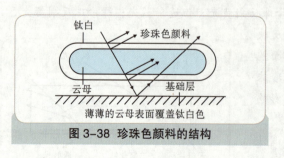

图3-38 珍珠色颜料的结构

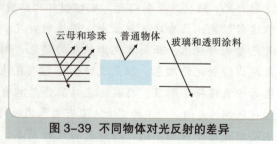

图3-39 不同物体对光反射的差异

②珍珠漆颜色的调配

珍珠漆颜色的调配关键是调色样板的制作和运用。

●调漆样板的制作。喷珍珠汽车漆包括喷底层面漆、中层珍珠漆和表层清漆三道工序。正确制作调漆样板是准确调色的关键。调漆样板是确定中间层色料用量所必须的，因为这直接关系到修补后新旧油漆颜色的匹配问题。虽然依靠微缩胶片可以得到汽车面漆的详细配方，但由于待修补汽车已有不同程度的色差，因此只有制作样板与修理部位进行详细对比、微调和试喷，才能使得新补漆层与原漆膜视觉一样。制作一块或几块珍珠漆比色样板虽然要花费些时间，但会使修补效果良好，尽量把返工的机会降到最小。珍珠漆颜色效果跟油漆调色、稀释状况、喷枪压力以及喷涂方法都有关系。制作比色样板的步骤如下。

步骤1：把样板进行清洁脱脂处理，再在样板上喷上底漆（一般用浅色底漆二道浆或封闭底漆较好，也可根据说明书要求喷涂头道底色漆，喷枪压力和雾型与后边喷涂面漆时一样）。

步骤2：待样板干燥后，将它四等分，遮蔽下面三部分，在样板的最上面1/4部位喷一层云母色漆（第一层珍珠漆）。

步骤3：待漆膜快速干燥后，把遮盖纸下移，露出样板的上半部分，再在上半部喷一层云母色漆（第二层珍珠漆）。

步骤4：待第二层漆膜也干燥后，再把遮盖纸下移，露出样板上部的3/4部分，在此3/4面板上再涂一层云母色漆（第三层珍珠漆）。

步骤5：闪干第三层珍珠漆后，把遮盖纸全部取下，再在整块样板上喷涂一层云母色漆（第四层珍珠漆）。

步骤6：待整块比色样板干燥后，沿纵向遮蔽一半，在露出的半块样板上根据说明书喷几层透明清漆罩面。

如果待修表面是柔性塑料，则用品和方法都要相应改变。有的可能要求在透明漆中加入添加剂，有的要求底漆、中间涂层和清漆都加软化剂，也有可能不需添加任何添加剂和软化剂，但都必须制成一个单独的使用了软化剂的调漆样板，因为添加剂可能会使颜色发生微小的变化。给柔性材料表面涂三工序面漆时，一定要按照生产厂家的说明书要求进行。

●样板的使用。将样板放在车上，与车身颜色一致的部分所喷的珍珠漆层数即为修补喷漆时所需喷涂的珍珠漆层数。

一、填空题

1. 带锈底漆按阻锈原理可分为＿＿＿＿＿、＿＿＿＿＿和＿＿＿＿＿三大类。
2. ＿＿＿＿＿＿＿（又称填泥）是在成膜物之中加入适量的＿＿＿＿＿、和＿＿＿＿＿调制而成的一种厚浆状物质，具有＿＿＿＿＿、＿＿＿＿＿、和＿＿＿＿＿等特点。
3. 物体对光线有选择性的＿＿＿＿＿、＿＿＿＿＿、＿＿＿＿＿而产生颜色。
4. 颜色的三个属性分别是＿＿＿＿＿、＿＿＿＿＿和＿＿＿＿＿。
5. 调色中心在进行调色时用到的主要设备有＿＿＿＿＿、＿＿＿＿＿、＿＿＿＿＿、＿＿＿＿＿和＿＿＿＿＿等。

二、问答题

1. 影响颜色的因素有哪些？

2. 配色的基本原则是什么？

3. 喷色的主要程序有哪些？

课题四 汽车修补操作

学习目标

（1）熟悉涂装前的准备工作。
（2）熟悉喷砂操作的工艺步骤。
（3）掌握底漆喷涂常用工具与设备的使用。

技能要求

（1）能够喷涂底漆层。
（2）能够刮原子灰及打磨原子灰。
（3）能够喷涂中涂层底漆。

素养目标

（1）通过进行涂装前准备、底漆的喷涂、中涂层涂料的涂装等学习任务，培养学生劳动意识，进行劳动教育，使学生理解马克思主义劳动观。
（2）通过完成安全防护用品的佩带任务，培养学生的安全生产意识，巩固学生对安全发展理念的认识。

任务一　涂装前准备

一、任务分析

从接修一台漆面受损的汽车,到修复后交车,一般要经过下述的系列工作:清洗 →鉴定损坏程度 →底材处理 →喷底漆→涂中间涂料→喷面漆 →面漆层干燥(烤漆)→ 抛光、清洗→交车。

不同的漆面、不同的板材、不同的损坏形式对涂膜修补程序和要求是不同的。

二、相关知识

1. 清洗与评估

一般而言,在对汽车修复处理前,都要对汽车进行清洁,视汽车受损程度和要求而定,可进行全车清洗,也可对受损部分进行局部清洗。

(1) 清洗

1) 全车清洗

虽然涂装操作可能是车身的某一块板件或板件的某一部分,但仍需要彻底清洗整车上的泥土、污垢和其他异物,如图 4-1 所示,尤其注意门边框、后备厢、发动机罩缝隙和轮罩处的污垢,如果不清除干净,新油漆的漆膜上就可能会沾上很多污点。一般先使用纯净水冲,再用车辆清洗剂(见图 4-2)清洗,然后用水彻底冲净。

全车清洗步骤如表 4-1 所示。

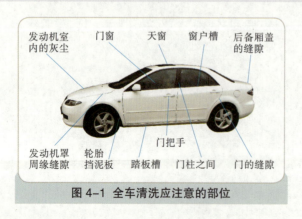

图 4-1　全车清洗应注意的部位

图 4-2　多功能清洁剂

表 4-1 全车清洗步骤

序号	清洗步骤	序号	清洗步骤
1	取出地毯清洗、晾干,清理烟灰盒、沙发座垫等物品	5	用软海绵蘸清洗液擦车。擦车的顺序是:车顶、风窗玻璃、发动机、保险杠、灯具
2	关好车门窗	6	清洗车的一个侧面(包括玻璃)、车身后部(包括玻璃、尾灯)、车身的另一侧(包括玻璃)以及车轮
3	在开始清洗汽车之前将汽车表面淋湿,这一步很重要,可以大大减少划伤汽车表面的可能性	7	按第5步规定的顺序冲洗整车,直到把清洗液冲洗干净
4	配制清洗液	8	按冲洗相同的顺序用压缩空气吹表面,用干净的鹿皮(绒布)擦干

2)车身待涂装表面的清洗

车身待涂装表面的清洗主要采用有机溶剂清洗。它的作用是溶解和去除油脂、润滑油、污垢、石蜡、硅酮抛光剂以及手印等。清洗方法与步骤如表 4-2 所示。

表 4-2 车身待涂装表面的清洗方法和步骤

序号	方法	清洗方法与步骤
1	一般清洗	①用干净的白布蘸清洗剂擦洗待涂装表面及其周围。 ②在汽车待涂装表面未干时,用清洁的白布擦干。注意随时更换干净的擦布
2	清洗硅酮类化合物	①用干净的白布蘸清洗剂擦洗待涂的表面,如有必要,再用溶剂擦洗,然后用清洁的白布擦干。 ②用 500# 或 600# 砂纸打磨表面。 ③再次用干净的白布蘸溶剂擦洗表面,然后用干净的白布擦干

温馨提示:

硅酮抛光剂及石蜡是在车身表面抛光处理时,在表面形成的一层残留覆盖层。在对钣件进行修补作业时,一定要将待涂表面上的这一覆盖层清除掉,否则会影响涂料的吸附能力。

注意:

绝不允许采用清洗剂擦洗塑料密封胶的表面;在对热塑性丙烯酸面漆(面漆的一种)表面进行清洗时,所用的溶剂说明书上一定要有"本清洗溶剂可以安全地在热塑性丙烯酸面漆上使用"的标志。

(2)原涂层及底材评估方法

正确地评估损坏程度,是确定维修成本,保证涂装质量的关键因素之一。只有对损坏进行了正确的评估后,才能确定修补范围,从而确定各道处理工序的范围、确定过渡区域、需遮盖保护的部位、需拆卸的零件等,为后续工序的正确实施及保证满意的修补质量奠定基础。

1）原涂层的评估方法

①目测评估

目测评估即通过仔细地观察，根据不同涂料的不同特征进行判断。这种方法往往需要很多的实际经验，有时还要配合适当的识别操作等才能比较准确地判断。

例如：如果车辆特征线附近的表层结构粗糙，经过摩擦后能够产生一种抛光的效果，则可初步判定原涂层是抛光型涂料（多为硝基树脂型）。

如果出现一种丙烯酸聚氨酯型涂料特有的光泽，则可以断定原涂层是丙烯酸聚氨酯型涂料。

②涂抹溶剂法

涂抹溶剂法是指用普通硝基稀释剂在原涂层上进行涂抹擦拭，通过观察有无溶解现象判别原涂层是否为溶剂挥发干燥型涂料。

检查时应使用白色的软布蘸上硝基稀释剂在破损涂层周围或在车身隐蔽部位轻轻擦拭。

● 如果原涂层溶解，并在布上留下痕迹，则说明原涂层属于溶剂挥发干燥型。

● 如果原涂层不溶解，则说明原涂层属于烘干型或双组分型漆。

丙烯酸聚氨酯型漆层不易溶解，但稀释剂会减少漆面光泽。若原涂层为自然挥发干燥型涂料，则在修补喷涂时要充分考虑新涂层中的溶剂成分会溶解原涂层，造成咬底等涂膜故障。

③加热检查法

加热检查法用来判别原涂层是热固性还是热塑性。

如果原涂层为热固性涂料，则在修补喷涂时选用同类型的涂料，或将旧涂层完全打磨掉后再使用热固性涂料。

用红外线烤灯对测试板进行加热即可很容易地进行判别，如果漆面有软化现象则可证明为热塑性涂料。

③硬度测定法

各种面漆干燥后漆膜的硬度不同，大体上看双组分漆和烘干漆硬度较高，而自干漆硬度较低。

④厚度测试法

各种面漆由于性质不同，其涂层厚度是不一样的，所以可通过用厚度计测定漆膜厚度来判定面漆的大致类型。

⑤电脑检测仪法

利用电脑调色系统可直接获得原车面漆的有关资料，这是目前涂装行业中普遍使用的检测方法。此方法方便快捷，只需将原车车身加油口塞拿来，利用仪器很快就能准确无误地判别面漆的类型。

表4-3列出了确定原有涂层类型的几种方法。表4-4列出了各种类型的原有涂层和能够涂敷在这些涂层上的面漆的配套性。

表 4-3　原有漆层的判别

原有的漆层	判别方法		
	视觉检查法	涂抹溶剂法	加热检查法
醇酸磁漆	表面被填实	不溶解	发生一定程度的软化
聚丙烯漆	（不宜用此法检查）	溶解	软化
聚丙烯磁漆	（不宜用此法检查）	（不宜用此法检查）	发生一定程度的软化
聚氨酯漆	抛光的表面	（不宜用此法检查）	（不宜用此法检查）
聚丙烯聚氨酯漆	抛光的表面	（不宜用此法检查）	发生一定程度的软化
聚丙烯聚氨酯磁漆	现光泽并伴有一些橘皮形缺陷	（不宜用此法检查）	（不宜用此法检查）

表 4-4　原有漆层与重喷涂料的适用性能

面漆	原有的漆层					
	醇酸磁漆	聚丙烯漆	聚丙烯磁漆	聚氨酯磁漆	聚丙烯聚氨酯漆	聚丙烯聚氨酯磁漆
醇酸磁漆	A	B	A	A	B	A
聚丙烯漆	A	B	B	A	A	A
聚丙烯磁漆	A	B	A	A	A	A
聚氨酯磁漆	B	B	B	A	A	A
聚丙烯聚氨酯漆	B	B	B	A	A	A
聚丙烯聚氨酯磁漆	A	A	A	A	A	A

注：A—能够重新喷漆；B—重新喷漆时必须使用特定的原子灰或封闭涂料。

● 触摸评估。用触摸法评估损坏程度如图 4-3 所示。

戴上手套（最好为棉质薄手套），从各个方向触摸受损的区域，但不要用任何压力。触摸的时候要将注意力集中在手掌上的感觉。为了能准确地找到受影响区域的不平整部分，手的移动范围要大，要包括没有被损坏的区域，而不是只触摸损坏的部分。此外，有些损坏到的区域，手在向某个方向移动时，可能比向另一个方向移动时更易感觉到。

● 直尺评估。用直尺法评估损坏程度如图 4-4 所示。

将一把直尺放在车身另一边没有被损坏的区域上，检查车身和直尺间的间隙；然后将直尺放在被损坏的车身钣金件上，评估被损坏的和未被损坏的车身板之间的间隙相差多少。

如果用直尺评估，则损坏件有凸出部分，将影响评估操作，此时可用冲子或鸭嘴锤，将凸起的区域敲平或稍稍低于正常表面，如图 4-5 所示。

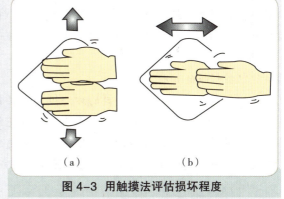

图 4-3　用触摸法评估损坏程度

（a）不容易感觉；（b）容易感觉

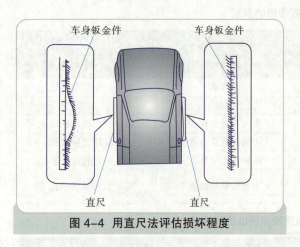

图 4-4 用直尺法评估损坏程度

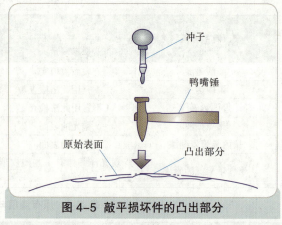

图 4-5 敲平损坏件的凸出部分

2）底材的判别方法

随着汽车制造业的发展，制造汽车车身表面所用的材料种类日趋多样化，对不同的底材在进行修复处理和喷涂修复时须采用不同的操作，在施涂原子灰或侵蚀性底漆时更应对底材有准确的判断，正确地选用涂料和施工工艺。因此，准确地判定底材是何种材料、何种类型，对车身的修复具有重要的意义。

目前车身制造所用的金属板主要有：钢板、镀锌板、铝板或铝合金板。根据金属的不同性质可以对相应的底材做出正确判断。

① 钢板的判断

钢板机械强度较高，表面比较粗糙，未经加工的表面一般呈现灰黑色，有些部位会有铁锈存在。钢板表面经过粗糙砂纸打磨后会显露出白亮的金属光泽，但从侧面观察，颜色有些变暗；钢板耐强碱侵蚀的能力较强，当使用强碱对经过打磨后的表面进行浸润或涂抹时一般不会有太大的反应。

② 镀锌板的判断

钢板表面经热浸涂或电镀的方法镀上一层锌，可以大大提高表面的防腐能力。未经加工的镀锌板表面常有银色的光芒，表面有鱼鳞状花纹。使用中的镀锌板表面没有锈渍，裸露处常显现灰白色，经过砂纸打磨的地方比钢材表面更加白亮且侧光时变暗的程度也要轻一些；镀锌板不像钢板一样耐强碱的侵蚀，当使用强碱浸润或涂抹时多会留下发黑的痕迹。

③ 铝及铝合金的判断

铝的机械强度较低，汽车上一般使用铝合金板材。铝合金板材的机械强度较好但较轻，板材表面比钢板和镀锌板都要光滑，不耐强碱，经处理后表面形成氧化膜，打磨后可显露白亮的内层金属。通过打磨后涂抹强碱的方法，可以比较准确地对其加以区分。

2. 底材处理

（1）除旧漆

汽车清洗好后，要仔细检查车身漆面，寻找漆膜破损迹象，如气泡、龟裂、脱落、锈蚀以及在烤补、气焊等修理过程中引起的部分损坏。对于上述破损，必须将旧漆膜清除掉，清除程度可根据旧漆膜的损坏程度和重新涂装后的质量要求，进行全部和部分清除：生锈部位必须除锈，以保证金属面获得很好的附着力。

底材表面没有大缺陷的旧涂层处理方法：一般情况下，钣件没有生锈和其面漆的下面涂层基本没有损坏或只有很少地方需要修补，所以只要将面层表面进行适当的打磨，磨掉已经氧化变差的一层，露出良好的底层即可。

表面有缺陷的旧涂层的处理：

● 对于小的缺陷，在缺陷部位进行打磨，直到没有受到损伤的涂层或裸露金属。裸露的金属部分必须进行打磨、磷化或钝化处理。如果裸露金属部分有锈蚀或穿孔的情况，还要进行除锈或补焊，将锈蚀清除干净，防止继续产生锈蚀或结合力变差的情况发生，并进行磷化或钝化处理。

● 对于面积较大的缺陷，可以用喷砂机进行喷砂除漆除锈，或用化学法及打磨的方法将旧涂层脱漆，然后进行必须的清洁处理。对裸露的金属表面进行除锈、磷化或钝化处理。

清除旧漆除锈的方法很多，有手工法、打磨法、机械法、喷砂法及化学法等。

由于手工法的劳动强度大，工作效率低，所以逐渐地被淘汰了。以下我们讲的是机械法、喷砂法和化学法。

1）机械法

所谓机械除漆法，是指采用专用电动或气动打磨机，除去旧漆的方法（见图4-6、图4-7、图4-8）。这种方法一般用于小面积的去除旧漆，使工人的劳动强度降低，除漆效率提高。

除漆、除锈机和磨灰机是以动力驱动的工具。磨灰机上附有砂纸，用于打磨油漆表层、原子灰或底漆；除漆、除锈机配黑金钢（见图4-7）可快速地除去狭缝及不平表面锈与旧漆，在一些小面积角位除漆、除锈时，可用龙神气动小型除漆除锈机（见图4-8）。

图4-6 磨灰机

图4-7 除漆、除锈机配黑金钢

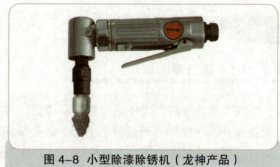
图4-8 小型除漆除锈机（龙神产品）

温馨提示：

用电动或气动磨灰机除漆、除锈时，如果使用的是硬的打磨头，则要保持与涂膜表面相平行，否则会在金属表面留下划痕；如果是柔性打磨头，则与涂膜表面的接触方式应采用如图4-9所示的方式。

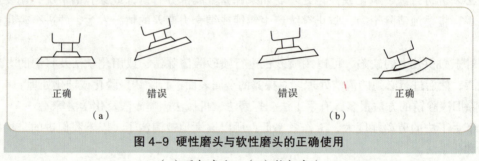
图4-9 硬性磨头与软性磨头的正确使用
（a）硬打磨头；（b）软打磨头

手工机械打磨操作方法及注意事项如下。

①打磨操作注意事项
- 打磨工应该佩戴防护眼镜和防尘面罩。
- 检查磨灰机托盘的品种及规格是否与当前操作所要求的性能相一致。破损的叶轮，哪怕只有很小一点缺陷，也绝不能继续使用。
- 检查气源或电源是否在该产品所规定的范围内。
- 将电源插头插入电源插座之前应仔细检查磨灰机的电源开关是否关闭。
- 更换托盘时，务必认真按照说明书的要求操作。

②打磨操作
- 穿戴好安全劳保用品。
- 戴好手套，然后轻轻地摸一遍待打磨表面，这有助于操作工人决定如何进行打磨。
- 握紧磨灰机，打开开关并将其以5°~10°角移向待加工表面。
- 当磨灰机向右移动时，磨灰机托盘左上方的1/4对准加工表面，如图4-10所示。
- 当磨灰机向左移动时，托盘右上方的1/4对准加工表面，如图4-11所示。
- 打磨较为平整的表面时的移动方式如图4-12所示。
- 对于较小的凹穴处，应采用如图4-13所示的工具。

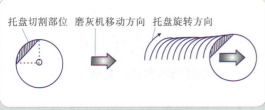
图4-10 磨灰机右向移动方式

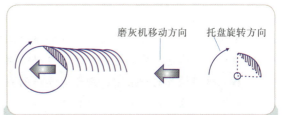
图4-11 磨灰机左向移动的操作

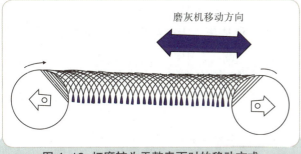
图4-12 打磨较为平整表面时的移动方式

图4-13 打磨小凹穴的工具

③检查

经常检查磨料是否清洁，这是保证打磨效果的最简单也最有效的办法。如果磨料被塑料密封胶粘贴，则应该及时用毛刷、钢丝刷或气枪进行清理。如果出现类似情况，则表明密封胶固化不完全。打磨操作应该在密封胶充分固化后进行。

2）喷砂法

喷砂打磨是利用空气流驱动砂子冲击物品表面达到冲刷、打磨的目的，同时不会过多损伤基材。它配置有砂子储罐、过滤砂子的筛子或过滤器、软管和空气管道以及带空气控制扳机的喷砂喷枪。其最大优点在于汽车车身上的某些孔隙、缝隙或手都很难伸进去的部位，采用喷砂办法涂锈、除漆既快又实用。在汽车修理行业中使用的喷砂打磨系统一般又可分压入式和回收式（见图4-14）。喷砂枪由于操作方便，因此深受业内人士的欢迎。

龙神产品的喷砂枪有回收式喷砂枪及喷砂机（见图4-15），配有吸式自动喷砂回收装置，也可以配有喷砂机。此喷砂系统配有安全回收刷，有避免喷砂和灰尘撒漏在周围环境，而且能够充分回收喷砂的作用。

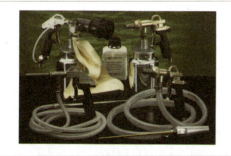
图4-14 回收式喷砂枪

图4-15 回收式喷砂枪及喷砂机（龙神产品）

①喷砂操作原理
●扣紧扳机，压缩空气通过软管将喷砂从喷枪中喷出。
●由于高速通过的空气的作用，在砂子供应软管里形成强大的虹吸力。
●在喷砂操作的过程中，由于大气压的重力作用，砂子连续不断地落到罐中。
●由于虹吸作用，砂子通过软管进入喷枪。
●在喷枪中，压缩空气与砂子混合形成强大的湍流，湍流强度与压缩空气的压力成正比。
●处于湍流状态的砂子和空气一道喷向基材表面，形成极大的切削力。

②喷砂操作注意事项
●对汽车敏感部位的保护，如玻璃、塑料零件、镀铬件、汽车表面完好的涂层等，特别是与处理表面相邻的区域。
●操作工人的劳动保护。必须为操作工人配备合适的劳保用品。要求操作工人工作前必须穿戴好工作服、眼镜、手套及帽子等。
●空气管道的直径为 8 mm 以上。
●在任何情况下都绝不允许把喷枪对着现场的其他操作人员。
●喷砂的操作工艺

步骤 1：检查空气压缩机和储压罐，空气应该是干燥的，但不能经过油雾器加油。
步骤 2：采用压缩空气清洗砂子储压罐。
步骤 3：用清洁干燥的空气吹空气软管。
步骤 4：把清洁、干燥、筛过的砂子装入砂子储压罐。
步骤 5：调节压缩空气压力，一般为 0.35~0.5 MPa。如果基材的厚度有限，则为了防止将基材打穿，也可将压力降低。
步骤 6：在开始喷砂操作之前仔细观察待喷砂打磨区。
步骤 7：检查设备是否安全可靠。
步骤 8：手持喷砂枪在一个直径为 1~3 cm 的范围内试喷一下，找到喷砂时的感觉。
步骤 9：根据当前配置的喷砂系统决定工作速度。
步骤 10：在喷砂打磨区来回多喷几次，喷砂距离为 0.5 m 左右，喷枪对基材的角度大致为 45°~80°，一直喷到表面显露出金属原有的光泽。
步骤 11：根据需要对车身内外喷砂打磨区域进行清洗。
步骤 12：清理设备，将砂子放入密封的塑料口袋里，以保持清洁、干燥。
步骤 13：喷砂工序结束后，需进行除油除蜡工序。

3) 化学法

大面积旧涂膜需要清除时，采用机械法既费时间，又会引起变形，改用化学除漆法既省时间又不会引起板件变形。
●使用油漆剥离剂（见图 4-16（a））时要注意的问题。
●进行脱漆操作的工作间必须通风良好。
●务必避免长时间呼吸油漆剥离剂的蒸气，尽量避免脱漆剂与皮肤、眼睛直接接触。因此，请穿戴合适的衣物和手套并保护好脸和眼睛。

● 若皮肤偶然接触到油漆剥离剂，则尽快用清水反复清洗。如果脱漆剂偶然溅到眼睛内，则尽快用清水冲洗，并根据具体情况决定是否送医院处理。

● 避免油漆剥离剂与热源接触，因为遇热油漆剥离剂就可能汽化产生有毒蒸气。

● 储存时注意密封。

图 4-16 脱漆、除锈化学品

（a）油漆脱离剂；（b）脱脂除锈钝化剂

温馨提示：

油漆剥离剂，不同于传统除漆方式——以酸腐蚀面漆并将其溶解，而是以脱漆的方式将油漆从金属表面剥离下来，可除去各种环氧的、聚氨酯的、聚酯的、丙烯酸的、合成树脂的漆层和木质表面的罩光清漆、有色漆，不腐蚀各类金属、木头以及大部分塑料。

② 脱漆的的步骤

● 遮蔽要除漆部位以外的地方，防止沾到油漆脱离剂，钣件之间的空隙也必须用胶带遮蔽好，以免油漆剥离剂进到板内。

● 涂油漆剥离剂，用大约 60# 砂纸，先打磨涂层，以加快油漆剥离剂的渗透，这会提高除渗的效率。

● 涂上油漆剥离剂，然后停留 5 min 左右，用刮刀刮掉表面的漆层。

● 如果还有没除掉的漆，则重复上一步的工作。

● 漆层脱离后，用干布擦掉残存的油漆剥离剂。

● 用干净布和水清洗表面，直到没有油漆剥离剂为止。

● 最后用大约 120# 砂纸，除掉残余的漆，除漆后，在生锈前进行表面准备。

化学除锈法中常用（见图 4-16（b））龙神产品 TS005 脱脂除锈钝化剂，它适用于各种金属表面处理，可用以去除工件上的锈迹，有脱脂除锈和钝化功效。

使用操作方法：按照 1∶1 的比例用水稀释。将待处理工件浸泡在槽中，几分钟后，待工件表面污垢消失后，取出工件沥干并放在空气中干燥。待干燥后，立即上漆。为提高效果，建议处理后漂去处理槽表面上漂浮着的油脂。

(2) 磨羽状边的操作

清除涂膜的边缘呈很厚的凹凸物。为了产生一个宽的、平滑的边缘，使施涂的各涂层平和过渡，可以将涂膜的边缘打磨，也称为磨羽状边。正确的磨羽状边操作如图4-17（a）所示，将整个磨灰机压在车身板上，提起一边，仅向板上标的"A"的区域施压，然后沿边界线移动磨灰机。边界线和磨灰机之间的关系必须保持恒定。不正确的磨羽状边操作如图4-17（b）所示，如果提起磨灰机，使之离开凹穴，并且移向涂装区，那么它只能刨涂料，这样做的结果是扩大裸金属区域，而不会产生够宽的羽状边。

图4-17 磨羽状边的方法正确与不正确对比

（a）正确；（b）不正确

打磨操作时注意事项

● 操作磨灰机时，一定要在接触到钣金件表面后，才开动磨灰机。此时不要用力，否则会出现较深的沟槽，且在开动磨灰机前对准需打磨的边缘线。

● 为了防止钣金件过热变形，不要将磨灰机停在一个位置过长时间。

● 不允许采用低于120#的干磨砂纸以90°角交叉打磨凸出很高的表面，这样做将造成很深的打磨伤痕，以后会很难将其除去。

● 千万不要让粗砂磨料接触打磨区域附近完好的油漆表面，最好用胶带把完好的涂层部位保护起来。

(3) 砂光操作工艺

砂光是对经粗打磨的表面所做的一项精细加工，目的是获得更加平整的表面。

● 将旋转着的砂轮前方对着表面，而后方稍稍离开表面一点。保持这个方位，上下移动磨灰机进行打磨。每一道磨痕之间覆盖面积为50%～60%，如图4-18所示，这将有利于砂光作用。

● 用戴着手套的手在打磨过的表面上来回摸一下，检查打磨效果。重复上述打磨过程，直到完成打磨工作的3/4左右。

● 更换细砂纸。

● 重复打磨操作，先用打磨的方法，然后用砂光的方法，直到表面达到所要求的平整度。

● 清洗车身。

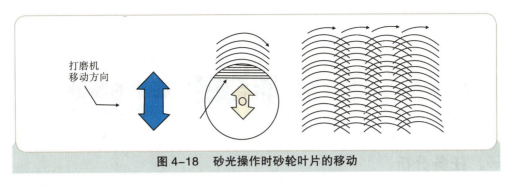

图 4-18 砂光操作时砂轮叶片的移动

温馨提示：

由于磨灰机转速较快，因此一定要时时观察打磨进度，千万不要打磨过度，尤其是玻璃钢及塑料件，因其与涂层颜色差较小，因此更容易打磨过度甚至将板件打漏。

（4）吹尘与除油

1）吹尘

使用吹尘枪接压缩空气吹去表面的灰尘垃圾。

2）除油

汽车的主要部件由钢铁等材料制成，在加工、储运过程中常使用以矿物或动、植物油脂为基础成分，加有各种有机添加剂或无机物质的油品保护，这是汽车钢铁部件表面的主要油污来源。另外，经除旧漆处理后的裸露的金属表面，也会因操作过程（如手触摸）而沾有油脂。油污的存在，会影响酸洗除锈和磷化质量，影响涂层的干燥性能和降低涂层的附着力。

油污清除的难易程度与油污组成的物理化学性质有关。动、植物油可以皂化，可用皂化、乳化和溶解作用除去。矿物油不能皂化，主要靠润湿、乳化、溶解、分散等作用除去。通常黏度越大、熔点越高的油污越难清洗。极性较强的油污，由于对金属表面的附着力强，因此也较难清洗。因为长期存放或高温烘烤形成的氧化性干膜很难清洗，所以带有固体微粒的润滑剂、抛光膏的清洗也很困难。

对于难以清洗的油污，需采用增强化学反应或加强物理机械作用、提高清洗温度等措施清除。

在现在的汽车修补中，待涂装的钣件表面的除油方式是以清洁布沾湿除油剂擦于涂装的钣件表面并马上用另一清洁布抹平。除油剂分为快干型和慢干型，夏天使用慢干型的，冬天使用快干型的。

除油剂有 SL035-无氯高效脱脂剂，适用于各类工件表面脱脂（除油），可以用布擦、刷、喷淋、浸泡等形式直接使用，具有强溶解性、烘干速度快的优点（见图 4-19）。

图 4-19 无氯高效脱脂剂（SL035）

任务二 底漆的喷涂

一、任务分析

底漆涂层的主要作用是让底漆牢固地附着在物体表面上，为涂层提供一个良好的基础，若直接涂在裸露的金属表面，则具有提高金属防腐能力的作用。汽车的底漆中都加有优质的防锈材料。

二、相关知识

1. 底漆喷涂的基本知识

（1）底漆的一般知识

底漆的施工

涂覆在经过表面处理的施工物体表面的基础用料的作用：一是防止金属表面的氧化腐蚀；二是增强金属表面与腻子（或面漆）、腻子与面漆之间的附着力。

合适的底漆是面漆耐久、美观的前提。如果底漆不好，那么面漆的外观就会受影响，甚至出现裂纹或剥落。

底漆根据其使用目的不同可分为磷化底漆、环氧底漆和塑料底漆。

（2）底漆喷涂常用工具与设备

当被涂表面经过清洗、除油、除旧漆膜、除锈等表面处理后，就可以对其进行涂装施工。要使涂膜颜色鲜艳、光亮丰满、经久耐用，达到预期的目的，除了正确地选择、调配涂料外，还要正确地选择涂装方法与设备。

汽车总厂的车身涂装涉及的几种常用方法有：空气喷涂、空气辅助无气喷涂、浸涂、静电喷涂、粉末涂装、电泳涂装以及高压无气喷涂等。

底漆涂装的常用方法有空气喷涂法和电泳涂装法。

空气喷涂法就是以压缩空气的气流为动力，以喷枪为用具，使涂料从喷枪的喷嘴中喷出漆雾而涂布到工件表面的一种施工方法，是一种最为常用的喷涂方法。

1）空气喷涂的优点与缺点

①优点

设备简单，容易操作，能够获得厚薄均匀、光滑平整的涂层膜，使有缝隙、小孔的物件，以及倾斜、弯曲的地方均能喷到。它的适应性强，适用于大部分涂料品种，尤其对快干漆。其工效比刷涂高 5~10 倍。

②缺点

涂料有效利用率低，有相当一部分的油漆随溶剂在空气中飞散，飞散的漆雾污染环境、对人体有害，且易造成火灾，甚至发生爆炸，故需要有良好的通风设备；漆膜较薄，涂料利用率低，但随着新型喷枪的出现，这些缺点逐渐被改进。

2）空气喷涂的基本原理

典型喷枪空气喷涂的原理：当扣动扳机时，压缩空气经接头进入喷枪从空气喷嘴急速喷出，在漆喷嘴的出口处形成低压区，漆壶盖上有小孔使漆壶内与大气相通，漆壶气压始终等于大气压。这样，在压力差的作用下使涂料从漆喷嘴喷出，并被压缩空气吹散而雾化，喷到工件上实现空气喷涂。空气喷涂是当前车身修补中应用最广的一种方法。

3）空气喷涂的基本设备

空气喷涂的基本设备如图 4-20 所示。

空气喷涂系统由喷枪、空气压缩机、油水隔离器和压力调节器、输气软管等组成，另外还需喷漆过滤器、喷漆房等与之配套使用。

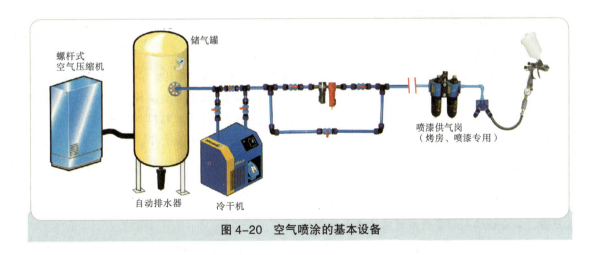

图 4-20 空气喷涂的基本设备

2. 喷涂前的准备工作

（1）遮盖

进行全涂装和局部修补涂装时，对不需喷涂的部位应遮盖起来。对于这种遮盖作业，所用的纸和粘贴带，都有定型产品，如图 4-21 所示，可以根据不同的场合灵活选用。

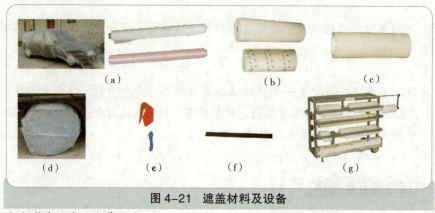

图 4-21 遮盖材料及设备

（a）整车防漆防尘薄膜（62011/62012）；（b）专业喷漆遮蔽纸；（c）自粘式喷漆遮蔽薄膜；（d）轮胎防漆罩；（e）薄膜专业安全刀；（f）压贴磁条；（g）遮蔽纸切纸架（62032）

1）遮盖的诀窍

在进行遮盖作业时，要提高效率，诀窍在于根据不同的场合使用不同宽度的带状牛皮纸。这种遮盖专用纸的宽度分别有 10 cm、20 cm、30 cm、45 cm 和 50 cm 等种类。粘贴带宽度也有 9.5 mm、12.7 mm、25.4 mm 等几种，可视情况灵活选用。

使用报纸遮盖有时很方便；比较厚的纸带也可以利用；能盖住轮胎和车身侧面的专用遮盖罩，用起来最为方便。

2）粘贴带的选择与贴法

① 粘贴带的选择

从使用角度来考虑，粘贴带的选择最重要的指标是粘贴力要强，而且不论任何季节和气候，都具有稳定的粘贴力，加热时粘贴力也不发生变化。加热就脱落或者要揭掉时粘附在被涂装面上脱不下来的粘贴带，应避免使用。除此之外，要便于揭脱，揭掉后粘贴剂不残留。另外，粘贴带的纸质要好，同时要便于用手指切断，即一方面粘贴带强度不要太小，以免产生破损或产生斜向切断；另一方面又不能强度太高，以致无法用手指切断，使用起来又不方便，两者要兼顾。

② 粘贴带的贴法

进行覆盖工作时必须掌握要领，尤其是聚氨酯涂料，固化后用稀释剂也清除不掉，必须覆盖严实，不要让喷射的雾滴溅到不该喷涂的部位。

粘贴带应选用质量好的，若质量差，使用后会出现粘贴剂残留或其他问题，反而会增加麻烦。聚氨酯涂料需加热干燥，加热干燥时应使用耐热胶带纸。

粘贴带的基本贴法如图 4-22 所示。

3）提高效率的遮盖法

遮盖窗玻璃时，主要使用 50 cm 宽的纸，不够的部分再用 10~20 cm 宽的纸补上，四周用 12~15 mm 宽的粘贴带粘住，如图 4-23 所示。

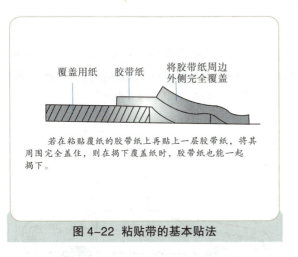

图 4-22 粘贴带的基本贴法

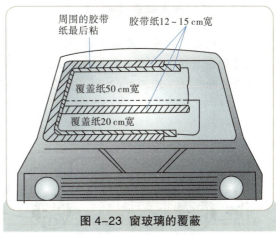

图 4-23 窗玻璃的覆蔽

如果要将车门入口全部遮盖，则先要按入口宽度准备好覆盖纸，一般是取 50 cm 宽的纸 2 张，搭接成 1 m 宽，对准入口，先贴住上部，在贴下边之前，要先将纸放松弛，办法是从中间折一下，因为这样车门才能关住。如果宽度还不够，则再加 1 张 30 cm 宽的纸。如果边切得不整齐，则可用粘贴带补齐。纸与纸相重合的部分，要用粘贴带粘住，不能留缝隙，如图 4-24 所示。

如果用报纸遮盖，则可以按图 4-25 所示操作，用 3 张报纸接成 110 cm 宽的正方形，对准车门入口，先从便于粘贴的部位开始粘贴，边粘边将报纸多余部分按车门入口的外形曲线，或向内折，或截取掉。

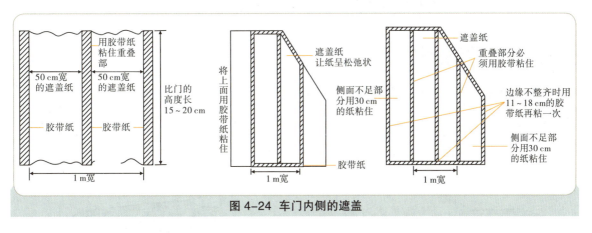

图 4-24 车门内侧的遮盖

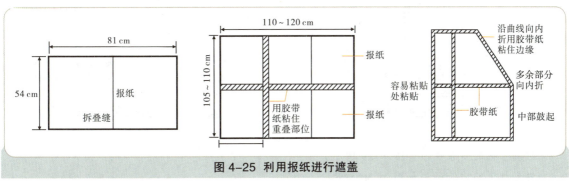

图 4-25 利用报纸进行遮盖

4）局部涂装的遮盖

涂装硝基涂料时，遮盖面积小一点也没有多大关系，但聚氨酯涂料一定要遮盖宽一些。为提高局部涂装速度，可采用各种方法。例如可以采用市面上出售的车身遮盖板，或用大的包装纸将大面积盖住，再用20~30 cm宽的纸遮盖修补处的四周，如图4-26（a）所示。

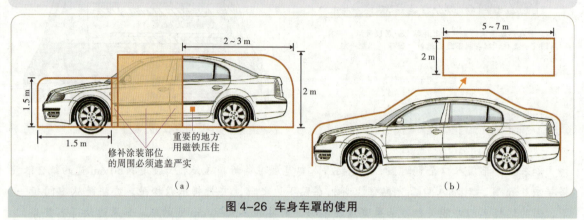

图 4-26 车身车罩的使用

（a）利用车身罩或包装纸遮盖；（b）制作大型遮盖罩使用方便

如果事先用厚纸作成长 5~7 m，宽 2 m 左右的遮盖罩，用起来就很方便，如图4-26（b）所示，当要对侧门和挡泥板等部位进行涂装时，从发动机罩、车顶到后备厢罩，一下子就能盖住，然后用磁铁压住几个主要部位，再局部用粘贴带粘住就可以了。当然，要修补部位的四周，必须用纸仔细盖住。这种罩子可以折叠起来放好，反复使用。

（2）不同板件的走枪顺序

无论是什么形状的板件，安装于什么位置，走枪时，基本按照从上到下、从左到右、从内到外的原则进行。

车门的喷涂顺序如图4-27所示。

前翼子板的喷涂顺序如图4-28所示。

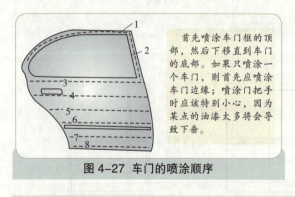

图 4-27 车门的喷涂顺序

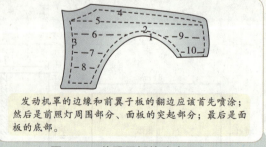

图 4-28 前翼子板的喷涂顺序

后翼子板的喷涂顺序如图4-29所示。

发动机罩的喷涂顺序如图4-30所示。

任务二　底漆的喷涂

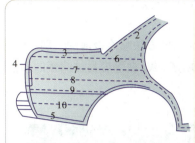

图 4-29　后翼子板的喷涂顺序

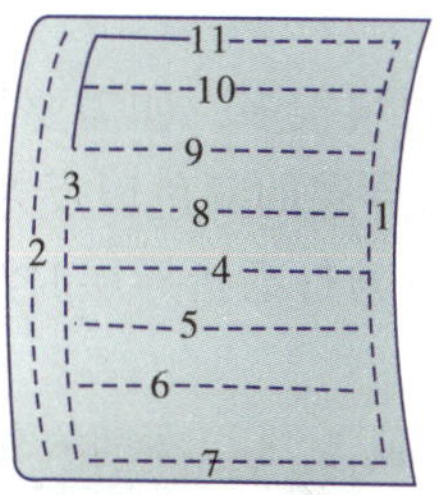

首先喷涂边缘，然后喷漆工站在面板的中间，以一个长的连续的行程喷涂面板。如果无法一次完成，就把这个区域分成两个部分。使用这种方法时，一定要特别注意中间的重叠。如果重叠的油漆太多，将发生流挂。

图 4-30　发动机罩的喷涂顺序

首先喷涂发动机罩的边缘，然后是发动机罩的前部，下一步是在前翼子板的侧面，从中心开始向边缘进行喷涂；另一侧也使用相同的方法喷涂。

车顶盖的喷涂顺序如图 4-31 所示。
整车喷涂的走枪顺序如图 4-32 所示。

在横向排风的房间里：

先喷涂离排风扇最远的地方，以保证附在喷漆表面的灰尘最少，使漆面更光滑。首先对车顶盖喷涂，然后是左侧或右侧车门，下一步是同侧的后翼子板，接着是后备厢盖和后围板。对汽车另一侧的喷涂是从后翼子板开始的，然后是车门和前翼子板、发动机罩、前裙板、门窗框，最后对另一侧的前翼子板喷涂。

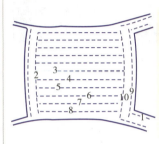

图 4-31　车顶盖的喷涂顺序

为了方便对车顶盖进行喷涂，喷漆工应站在长凳上，以便能够到车顶的中心。首先喷涂一侧的风挡边缘，然后从中心到外边；一侧完成后，再用相同的方法完成后部和侧面。

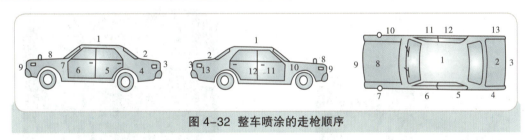

图 4-32　整车喷涂的走枪顺序

三、任务实施

1. 喷涂底漆层

底漆是直接涂覆于施工物体表面的涂料，是工件表面的基础用料。图 4-33 所示为处理好底材后及喷涂了一定的底漆层的比较。

工件表面喷涂底漆层完成后，待其表面干燥了，还要适当地经过打磨，为下一步的喷涂工作打好基础。为更好地判断打磨的程度，打磨时应使用"打磨指导层"。"打磨指导层"是指在需要打磨的涂层上进行薄层喷涂或擦涂一层其他颜色的颜色层，旨在打磨过程中，打磨到的区域与未打磨的区域在颜色上有一定的差异，以有利于观察打磨的程度。指导层

图 4-33　底材及底漆喷涂后的比较

被磨掉的地方即为高点,未被磨掉的部位即为低点,指导层全部被磨掉后,需要打磨的区域就比较平滑了。

可用于指导层的材料很多,如需要打磨的区域是漆膜,则用雾喷的方法喷涂极薄的一层单组分硝基漆当作指导层,指导层的颜色以反差大一些为好,但应尽量使用黑、灰、白等容易被遮盖的颜色。图 4-34、图 4-35 所示为打磨指导层时涂碳粉、打磨的过程。

图 4-34 涂碳粉

图 4-35 打磨指导层

喷涂底漆前,先将喷枪的气压调至合适的气压(如 2 bar),根据涂料厂家的建议选择正确的喷嘴口径,如图 4-36 所示。再用专业底漆喷枪喷涂填充底漆和中涂底漆,如图 4-37、图 4-38 所示,如果想得到完美的喷涂效果,就必须保持正确的 90°喷涂角度和一致的喷涂距离。打磨后就可以为面涂做准备了,如图 4-39 所示。

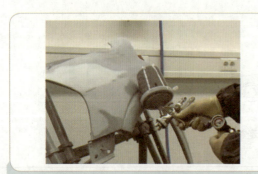

图 4-36 调节喷枪气压

图 4-37 喷涂填充底漆

图 4-38 喷涂中涂底漆

图 4-39 打磨底漆

(1) 对大面积裸金属喷涂底漆

在对大面积裸金属的底漆进行喷涂前,一般先对表面做磷化处理,再喷涂隔绝底漆。磷化处理通常用喷涂磷化底漆的方法来进行,喷涂时,要根据不同的底材选用不同的底漆。

对于钢板,薄喷一层磷化底漆即可;对于铝合金板材,则需喷涂含有铬酸锌的底漆进行钝化处理;而对于镀锌板等底材,通常不用喷涂自蚀性底漆,而是直接喷涂隔绝底漆即可。

自蚀性底漆一般不单独使用,在其漆面上,通常还要喷涂隔绝漆,两者一起组成底漆层,所以自蚀性底漆膜的厚度要薄一些,以 15μm 左右为宜。喷涂自蚀性底漆时,须选用塑料容器,按照使用说明书进行调配;喷涂所用的喷枪最好也使用塑料枪罐,并在喷涂完毕后马上进行清洗,避免枪身受到自蚀。自蚀性底漆的喷涂面积不宜过大,能遮盖住裸露金属区域即可。

自蚀性底漆干燥后,就可以直接喷涂隔绝底漆了,其间不需要进行打磨处理。常用的是环氧树脂型隔绝底漆,因为底漆的施工黏度比较大,所以在选择喷枪时需要比较大的口径。以环保型喷枪为例,喷涂时,应选用 1.7~1.9 mm 口径的底漆喷枪。隔绝底漆的喷涂一般薄喷 1~2 遍,其间间隔 5~10 min(常温),喷的膜厚为 30~35μm,只要能将裸露金属区域覆盖住即可。底漆喷涂完毕后,静置 5~10 min,待溶剂挥发一段时间后,再加温至 60℃~75℃,烘烤 30 min 即可。

漆膜完全干固后,选用 240#~360# 干磨砂纸配合打磨机进行打磨,或用 600# 水磨砂纸湿磨。打磨时,尽量避免将底漆磨穿,否则会额外增大徒劳无功的工作量,因为底漆磨穿了,就需要对磨穿部位重新喷涂底漆,然后重复前面的各道工序。

(2) 对旧涂层喷涂底漆

旧涂层经过打磨后,如果没有裸露出金属底材,则可以不喷涂底漆,直接喷涂中涂漆或施涂原子灰就行了;如果旧涂层打磨后,有部分区域露出了金属底材,则只要对裸露金属的部位喷涂底漆即可,而不必全面喷涂;对于小部分裸露金属的处理也可以适当简化,不必喷涂侵蚀性底漆。需要强调的是底漆喷涂的部位必须经过打磨后才能喷涂中涂底漆或面漆,打磨时,必须将所喷涂的底漆打磨平整、光滑,并打磨出羽状边。

2. 防锈底漆的喷涂

经过除锈和旧漆膜去除的板材需要小面积涂装时,可以直接在裸金属表面刮腻子,然后用单组分或双组分的中涂底漆封闭,再喷涂面漆。

大面积涂装要注意,不要直接在裸金属的底材上刮腻子,避免使用单组分中涂底漆,应该使用磷化底漆或环氧底漆,然后刮腻子,再用双组分中涂底漆封闭,最后喷面漆,这样才能使底材具有耐久的抗腐蚀性能,并获得完美的涂层效果。

(1) 劳动保护

在喷涂前,要穿戴好防护用具:主要有防护眼镜、防毒面具、耐溶剂手套、防静电工作服和安全鞋等保护设备。

（2）工件的准备

1）遮蔽

将工件或汽车摆放到喷烤漆房内，对车身不需要喷涂底漆的部位先适当地做遮蔽，以防止底漆漆雾飘落到车身的良好表面上，如图4-40所示。

图4-40 遮蔽

2）除油和去脂处理

下面，我们以 NEXA AUTOCOLOR 的产品为例来说明底材的清洁方法。

①除锈渍

使用除锈水 P800-127 清除底材表面的锈渍，并提高粘附性。

提示： 该除锈水适合于裸铁板，不能用在镀锌铁板上。

除锈渍的步骤：将 P800-127 与水按 1∶2 的比例混合，盛放在聚乙烯或橡胶容器内，用长柄的刷子涂匀金属表面，在坑洼的金属表面用铁丝球或打磨布（例如 MIRKA 磨卡菜瓜布）做少许打磨（在铝材表面只能用菜瓜布打磨），不能让除锈水 P800-127 干燥，用洁净水清洗金属表面，并立即擦净，同时，尽快在裸金属上喷涂环氧底漆。

②清洁

使用清洁液 P273-901 清除油渍、污渍和硅酮物等。

操作步骤：清洁普通表面时，将 P273-901 与水按 1∶4 比例混合；处理厚油污及硅酮物（矽化物）时，按 1∶1 比例调配。用刷子、海绵或 MIRKA 磨卡菜瓜布蘸清洁剂清洗，再用水清洁并干燥表面，如果有油，则再用除油剂除油。

③除油

可用 P850-14（快干，适用于低温）或 P850-1402（慢干，适用于高温）来除油。

操作方法：用一块干净的抹布将除油剂抹在有油的工件表面处，用另一块干净的抹布擦掉除油剂及去除油脂的残留物即可。

（3）环氧底漆喷涂前的准备

先准备好 NEXA AUTOCOLOR P565-895 超快干无铬环氧底漆，因其可以对裸金属有很强的附着力和良好的防腐性。此外，还要准备与 P565-895 配套的固化剂 P210-938/939/842/8430 和稀释剂 P850-2K、调漆容器、调漆比例尺、秒表、黏度杯和纸漏斗等。

使用说明：此无铬环氧底漆适用于裸钢材、玻璃钢、镀锌钢板、聚酯原子灰、铝材、预涂底漆和状态良好的旧漆膜等底材。应按使用说明书的要求正确调配环氧底漆。

混合：环氧底漆 P565-895 与配套固化剂 P210-938/939/842/8430 和稀释剂 P850-2K 按 4∶1∶1 的体积比进行调配（见图 4-41），同时调整黏度到 17~20 Pa·s DIN-4（见图 4-41），20 ℃时，混合后的可使用时间（活化时间）为 1~4 h（见图 4-41）。搅拌均匀、过滤后，加入喷枪，准备喷涂。

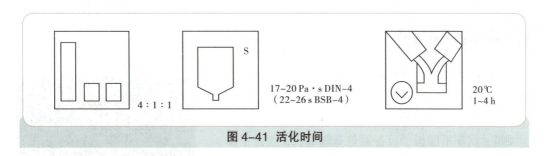

图 4-41 活化时间

（4）喷涂操作

选用 1.3~1.5 mm 口径的重力式喷枪或者 1.5~1.7 mm 的吸上式喷枪进行喷涂。喷涂 1~2 层，干膜厚度至少达到 25 μm。

操作方法：将裸金属全部遮盖，并且向四周扩展 10 mm 左右。喷涂底漆前，需要干燥 20~30 min；刮涂原子灰前，需要干燥 45~60 min。通常不要求打磨表面，如确实需要，则必须用 P320 干磨砂纸在 24 h 后打磨，图 4-42 所示为喷涂自蚀性底漆（首层），喷涂完自蚀性底漆后，接着喷涂环氧底漆，如图 4-43 所示。图 4-44 所示为喷完底漆的效果图。

图 4-42 喷涂自蚀性底漆

图 4-43 喷涂环氧底漆

图 4-44 喷完底漆的效果图

也可以将 P565-597 耐用侵蚀底漆和 P275-61 活化剂配套使用，为裸金属提供黏附性和防腐蚀性。

操作方法：

P565-597 与 P275-61 按 1:1 比例进行混合，如果要调节黏度，使用 P851-804 来调节。20℃时，混合后可使用的时间为 2 天。要求混合黏度为 19~20 Pa·s DIN-44，混合后反应 10 min 再使用，用 1.6~1.8 mm 口径喷枪喷涂 1 层（注意油漆的温度不能低于 13℃），闪干 15 min，及时喷涂中涂底漆。

3. 底盘装甲喷涂

底盘装甲的学名是底盘防撞防锈隔音涂层，又称"底盘封塑"，如图 4-45 所示，是使用柔性橡胶树脂，或以橡胶、沥青、石蜡、矿物油为基础的复合涂剂，喷涂在车辆底盘、轮毂、油箱、汽车下围板、后备厢等暴露部位，快速干燥后形成一层牢固的弹性保护层。喷塑层有很强的韧性、弹性、防腐性和防锈性，并有良好的隔热、隔声效果，大大降低了砂石撞击的力度，避免潮气、酸雨、盐分对汽车底盘金属的侵蚀，防腐、防锈、防撞，同时还可以隔除一部分来自底部的噪声。

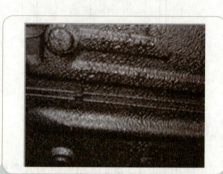

图 4-45 底盘装甲

底盘装甲施工流程如图 4-46、图 4-47 所示。

图 4-46 底盘装甲施工流程（一）

任务二　底漆的喷涂

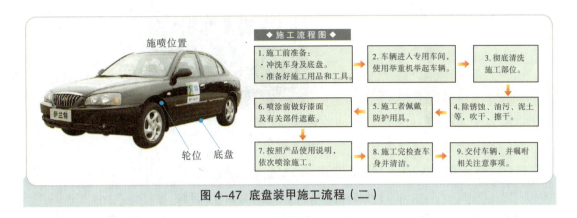

图4-47　底盘装甲施工流程（二）

底盘装甲作业一定要进入专用车间操作，不得在其他场所进行，注意雨天不宜施工。

应对车身、轮胎检查，如有划伤、轮胎有破损的应进行记录和反映情况。

冲洗汽车底盘与车身。如有必要可将内挡泥板、底盘有可拆卸的部件先拆卸；用高压水枪清洗底盘里面的泥污，举升车辆，再使用专用去污剂把沥青、油污等彻底去除干净；用吹尘枪吹干水分，锈蚀部分应用除锈剂去除。吹尘枪与除锈剂如图4-48所示。

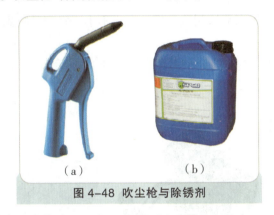

图4-48　吹尘枪与除锈剂

（a）吹尘枪（38018）；（b）脱脂除锈钝化剂（TS005）

准备好施工用具和施工材料（见图4-49）。

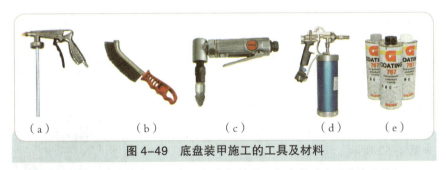

图4-49　底盘装甲施工的工具及材料

（a）防撞胶喷胶枪（38018）；（b）钢丝刷；（c）气动小型除漆除锈机；
　　（d）防撞胶喷胶枪；（e）防撞胶（黑／白／灰）

举升车辆、拆下轮胎。拆下的轮胎应做好记号。

应将漆面部分遮蔽，排气管、隔热护罩、油管、刹车系统、球笼和传动轴等需要散热的部位，及发动机裸露部位、轮毂等应用胶带或遮蔽纸封起来（见图4-50）。

图 4-50 遮蔽纸和遮蔽薄膜

(a) 喷漆遮蔽纸; (b) 整车防漆防尘薄膜

施工者需佩戴面具、眼罩和穿好工作服(见图 4-51)。

喷涂时严格按照产品使用说明,配合指定工具,按配方中顺序将各产品依次均匀喷涂于底盘部位,较小或难以施工部位用手工操作。

为提高隔声和防撞的效果,封塑需进行二次喷涂处理。两次喷涂要间隔 20 min 左右,待第一层喷塑干燥之后再实行第二次喷塑。

举升机举升脚处未喷涂位置待降下后用手工喷涂。

喷涂完时,检查哪个位置未喷涂到位,应补上。不小心将产品喷到其他部分时,要用专用清洁剂去除。

交付前,需由项目负责人验收,并嘱咐车主在 24 h 内不能洗车,同时避免车辆在有水的道路上行驶,车速不能过快,要做定期检查和维护。

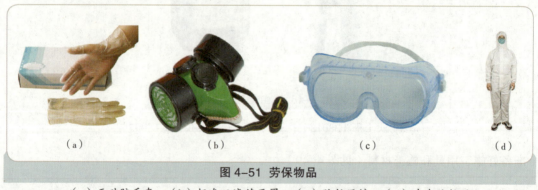

图 4-51 劳保物品

(a) 无硅胶手套; (b) 标准双滤芯面罩; (c) 防护眼镜; (d) 喷漆防护服

◎ 注意:

底盘装甲作业时间大约为 3 h,喷涂用量如表 4-6 所示。

汽车隔音设施:为进一步加强整车的隔声、隔热、防颤抖效果,有必要在汽车的相应位置使用隔声板(68110),如图 4-52 所示。

表 4-6 喷涂用量表(本表仅作参考)

经济喷涂	增强喷涂
小轿车 4 罐	小轿车 6 罐
中型车 6 罐	中型车 8 罐

防撞自粘板具有质软、不龟裂、粘贴性好、隔冷隔热消音的功能

图 4-52 隔声板

任务三　中涂层涂料的涂装

一、任务分析

原子灰层属于中间涂层。在国外的一些汽车维修业中，施涂原子灰的工作是由钣金工来完成的，中间涂层是介于底漆与面漆之间的涂层，所用的涂料简称为中涂。中涂的主要功用是提高被涂物表面的平整和光滑度，封闭底漆层的缺陷，以提高面漆层的鲜映性和丰满度，提高装饰性，增加涂膜厚度，提高耐水性。对于表面平整度好、装饰性要求不太高的载重汽车和轻型车，几乎不喷中涂，以降低涂装成本；对于装饰性要求高的中、高级轿车，则需采用中涂。

二、相关知识

1. 中涂层涂料的一般知识

现在，国内汽车修补漆根据涂料的功能分为原子灰、中涂底漆（二道漆）和封闭底漆。

原子灰的施工

（1）原子灰

原子灰又称为腻子。

原子灰是由大量的填充料以各种涂料为黏结剂所组成的一种黏稠的浆状涂料，用来填嵌工件表面的凹陷、气孔、裂纹、擦伤等缺陷，以取得均匀平整的表面，如图4-53所示。

（a）

（b）

原子灰的主要组分是填充料，占原子灰总重的70%～80%。要使原子灰在施工中易标识，需在原子灰中加入极少量的氧化铁红、碳黑、铬黄等颜料，使其呈浅灰色或棕红色。原子灰中要包含大量的固体成分，包括颜料等物质，涂抹在板件表面上后，能够快速固结，形成有一定厚度的涂层。

图4-53　原子灰

（a）原子灰；（b）塑料原子灰

1) 原子灰的种类

① 聚酯原子灰

聚酯原子灰也称钣金原子灰，是由主剂和硬化剂组成的二液型（双组份）原子灰。主剂包含了不饱和聚酯树脂、无机填充剂和苯乙烯单体。而硬化剂包含了有机的过氧化合物。若将主剂和硬化剂二者均匀地混合并且反应，则原子灰将转变成具有刚性的材质。

在使用上，聚酯原子灰有厚涂式和薄涂式两种型式。一般来说，厚涂式使用在充填深度超过 3 mm 凹陷的钢板上，而薄涂式使用于较平整的表面。

其形式特征如表 4-7 所示。

表 4-7 聚酯原子灰形式特征

	塑料尺寸	涂抹区域	用途
厚涂式	大	深凹陷（超过 3 mm）	表面成形
薄涂式	小	浅凹陷（低过 3 mm）	表面平整

② 填眼灰

填眼灰为单液型原子灰，主要由硝化纤维素和醇酸或亚克力树脂组成。而填眼灰主要使用于中涂漆，诸如喷涂之后还存在于表面的刮痕和针孔，但是不可使用于深凹陷的部位。

③ 塑料原子灰

塑料原子灰是塑料件的专用原子灰，延展性佳，附着力强（见图 4-53）。

（2）中涂底漆

中涂底漆又称二道浆或喷涂腻子、二道底漆。

它的功用介于通用底漆和腻子之间，对被涂工件表面的微小缺陷（不平之处）有一定的填平能力，颜料和填料含量比底漆多，比腻子少，颜色一般为灰色。采用手工喷涂和自动静电喷涂，具有良好的湿打磨性，打磨后可得到非常平滑的表面。

（3）封闭底漆

封闭底漆是涂面涂层前的最后一道中间层涂料。其漆基含量在底漆和面漆之间，涂膜光亮。漆基一般由底漆所用的树脂配成。

2. 中涂底漆的作用

（1）中涂底漆的功用

近年来，随着合成纤维素丙烯酸硝基漆涂料和丙烯酸聚氨酯、聚酯-聚氨酯等各种面漆涂料的采用，出现了更加强调涂膜质量的倾向。为此，要求使用打磨性、耐水性优良的原子灰，和与之相匹配的厚涂性好、不吸水的中涂底漆。

图4-54中的中涂底层被夹在耐水性能较好的原子灰层和水难以透过的面漆层之间，因此水分将聚集在耐水性差的中涂底层。

由此可见，随着对漆膜质量要求的提高，中涂底漆层的耐水性和附着性显得更为重要。以前那种对中间层涂料只考虑其作业性和价格的观点，必须根本改变。尤其是当面漆涂料使用丙烯酸聚氨酯这一类涂膜性能和表面质量都好的涂料时，就要求必须使用与此相匹配的、具有良好耐水性和附着力的高性能中涂底漆涂料。

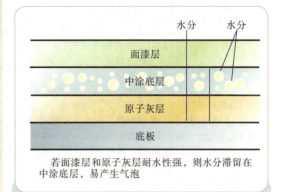

若面漆层和原子灰层耐水性强，则水分滞留在中涂底层，易产生气泡

图4-54 各涂层性能不均衡产生的起泡问题

除上述功能之外，中涂底漆还有覆盖作用。有皱纹的旧涂膜，如果直接喷涂面漆，会使旧涂膜溶解，打磨痕会渗到表面，或引起开裂、气孔等质量问题。先喷涂中涂底漆，形成涂膜层，可以抑制面漆溶剂向旧涂膜的渗透，防止质量事故的出现。另外，如果待中涂底漆涂膜硬化后再喷面漆，防止溶剂的渗透效果更好。

由于上述原因，在国外汽车修理业，双组分的聚氨酯类中涂底漆很受欢迎。

中涂底漆的主要作用：一是填补平整表面；二是防锈保护功能；三是防止面涂涂料溶剂浸透隔离功能；四是提高旧漆膜与原子灰或钢板面与面涂的附着力功能。

（2）中涂底漆的性能与选择

1）主要性能

中涂底漆的主要性能如表4-8所示。

表4-8 中涂底漆的主要性能

项目	判别方法	示意图
层间附着力：层间附着力，就是涂层与涂层之间的附着力。对二道浆层而言，就是与油灰层或旧涂膜的附着力，以及与面漆层的附着力	附着性能好坏的判定：可分别在金属表面、复合油灰的表面、旧涂膜的表面涂装上二道浆涂料，待其干燥后，用小刀刻画出棋盘状。与原子灰的附着力试验相同，划痕要刻透二道浆层，划痕线与线间隔视涂层厚度而定，只涂装一层时，间隔为1 mm左右。然后贴上胶带纸。用力撕下，根据其剥离状况判定附着性能的优劣	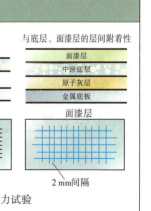 中涂底层的层间附着力试验

续表

项目	判别方法	示意图	
耐水性： 二道浆涂层是否易通过水分，是否易起泡是判定其耐水性的关键	具体的判定方法：可以调查各涂料厂提供的数据，也可以通过右栏简单方法进行判定	中涂底层耐水性对比试验	先做几个试件，不改变面漆和油灰涂料，只改变二道浆的种类，进行对比试验。待试件干燥后，覆盖上湿毛巾，放置一夜，观察其起泡的程度并进行对比。这一试验最好在夏季炎热的日子进行
耐热性： 二道浆涂层应能承受在120℃条件下加热30 min	涂料制造厂家在生产涂料时，要进行更加复杂、严密的试验。所以只要按厂家指定的搭配不要用错，就是安全的。以前各修理厂常常组合使用不同厂家的面漆和底漆，今后要求以面漆涂料性能为主，各层涂料的性能都要与之相匹配		

2）中涂底漆的选择

随着面漆涂料的不同，与之配套使用的中涂底漆涂料也应不同。中涂底漆涂料的合理选用，是避免涂装出现质量问题的关键。

当旧涂膜是烤漆涂料或丙烯酸聚氨酯涂料时，选用硝基类二道浆也问题不大，但要注意其质量，层间附着力和耐水性一定要满足要求。

当旧涂膜是改性丙烯酸或合成纤维素丙烯酸硝基漆时，以采用聚氨酯类中涂底漆为宜。这种二道浆，涂膜性能好，覆盖效果好，即使旧涂膜有点什么问题，也能防止不出质量问题。但应注意，这种中涂底漆不适宜局部修补，在补修原子灰与旧涂膜的边缘交接处，易起皱，故这种中涂底漆只适宜对旧涂膜或油灰进行整块覆盖。

①厚涂型合成树脂中涂底漆

涂膜性能比不上聚氨酯中涂底漆，但由于其所使用的溶剂溶解力较弱，不会侵蚀底漆，干燥速度也比较快，因而常常被采用。对这种中涂底漆应重点检查其层间附着性和耐起泡性。

②硝基类和丙烯酸类中涂底漆

一般而言，若耐起泡性和层间，附性好，则覆盖效果差；反之，若耐起泡性和层间附着性差，则覆盖效果好。因此，有必要检查其溶剂挥发性能、覆盖效果、耐水性能、丰满度和施工性能等。

三、任务实施

1. 刮原子灰与打磨

（1）刮原子灰的一般知识及工具

裸露的板材经底材处理和喷涂底漆后，即可进行刮涂原子灰的操作。对于损坏漆面的修补，一般经过底材处理后，即可直接刮原子灰，如图4-55所示。

图4-55 刮原子灰

对于非常平整的板件，喷完底漆后，即可进行面漆的涂装。但是，对于不够平整的表面，特别是经过钣金处理后的表面，由于凸凹较大，因此底漆很难将其填平，如图4-56所示。此时应该用刮原子灰的方法来处理。

原子灰是一种加有填加剂的底层涂料，填充在表面缺陷部位，提高表面质量。所谓填充就是把足够的填充材料堆积到一个表面上，填完后，可以对多余的填充物进行打磨，从而减小整个表面的不平度，便于施涂面涂层，如图4-57所示。

图4-56 底漆对于深度不平表面的填平能力

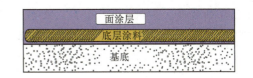

图4-57 涂原子灰获得与表层漆光滑的接合面

刮涂工具

刮原子灰，是一项手工作业。常用工具有钢片刮灰刀、软质塑料刮灰刀、硬质塑料刮灰刀、原子灰拌灰板，如图4-58所示（珠海龙神产品）。

图4-58 刮原子灰的常用工具

（a）钢片刮灰刀；（b）软质塑料刮灰刀；（c）硬质塑料刮灰刀；（d）原子灰拌灰板

刮原子灰时的注意事项：

●刮涂前被涂装表面必须干透，以防产生气泡或龟裂，若被涂装表面过于光滑，则可先用80#干磨砂纸打磨，以使原子灰与底面结合良好。

●应在一两个来回中刮平，手法要快、要稳，且不可来回拖拉。拖拉刮涂次数太多，腻子易于拖毛，表面不平不亮，还会将原子灰里的涂料挤到表面，造成表干内不干，影响性能。

●洞眼缝隙之处要用刮刀尖将原子灰挤压填满，但一次不宜刮涂太多太厚，防止干不透。

●刮涂时，四周的残余原子灰要及时收刮干净，否则表面会留下残余原子灰块粒，干燥后会增加打磨的工作量。

●当需刮涂的原子灰层较厚，要多层刮涂时，每刮一道都要充分干燥，每道原子灰不宜过厚，一般要控制在0.5 mm以下，否则容易收缩开裂或干不透。

●原子灰刮涂工具用完后，要清洗干净再保存。刮刀口及平面应平整无缺口，以保障刮涂原子灰的质量。

●原子灰不能长期存放于敞口的容器中,以免胶黏剂变质,溶剂挥发,造成黏挂不佳,出现脱落或不易涂刮等问题。

(2) 刮原子灰

1) 检查原子灰的覆盖面积

为了确定需要准备多少原子灰,需再次估计损坏的程度,如图4-59所示。但是,此时不能触及有关的区域,以防止在有关部位沾上油迹。

图4-59 检查腻子需覆盖的面积

2) 原子灰的调和

①取原子灰

原子灰装在罐中时,其各种成分如溶剂、树脂及颜料会分离。由于原子灰不可以以这种分离的形态使用,故在取出罐子以前,必须彻底搅拌。固化剂也是如此,充分挤压装固化剂的袋子,使固化剂在使用前充分搅拌。原子灰罐每次用后必须盖好,以防溶剂蒸发。如果溶剂蒸发了,则要向罐中倒入专用的溶剂。原子灰与固化剂如图4-60所示。

将适量的原子灰基料放在混合板上,然后按规定的混合比例添加一定量的固化剂,如图4-61所示。若固化剂过多,则干燥后会开裂;如果固化剂过少,则难以固化干燥。近来有一种方法可以将主剂和固化剂采用不同的颜色相区别,即通过其混合后的颜色来判断其混合比。原子灰主剂与固化剂拌和时,固化剂的容许量有一定范围,可以随气温的变化进行适当调整,具体数值应以产品说明书为准。

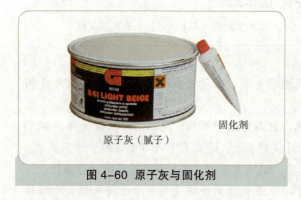

图4-60 原子灰与固化剂

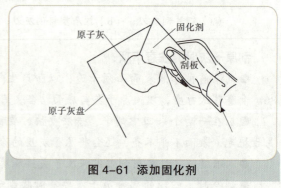

图4-61 添加固化剂

温馨提示:

一次不要取出太多的原子灰调和,因为调和后的原子灰会很快固化,如果还没抹到规定部位即固化,则调和的原子灰不能再用,造成浪费。

②拌和原子灰

拌和原子灰（见图4-62）步骤（见图4-63）如下。

步骤1：用刮刀的尖端舀起固化剂，将其均匀散布在原子灰基料的整个表面上。

步骤2：抓住刮刀，轻轻提起其端头，再将它滑入原子灰下面，然后将它向混合板的左侧提起。

步骤3：在刮刀舀起大约1/3原子灰以后，以刮刀右边为支点，将刮刀翻转。

图4-62 拌和原子灰

步骤4：将刮刀基本上与混合板持平，并将它向下压。一定要将刮刀在混合板上刮削，不要让原子灰留在刮刀上。

步骤5：拿住刮刀，稍稍提起其端头，并且将上述的在混合板上混合的原子灰全部舀起。

步骤6：将原子灰翻身，翻的方向与步骤3中的相反。

步骤7：与步骤4相同，将刮刀基本上与混合板持平，并将它向下压，与步骤2重复。

步骤8：在进行步骤2到步骤7时，原子灰往往向上朝混合板的顶部移动。在原子灰延展至混合板的边缘时，舀起全部原子灰，并且将它向混合板的底部翻转。重复步骤2到步骤7，直至原子灰充分混合。

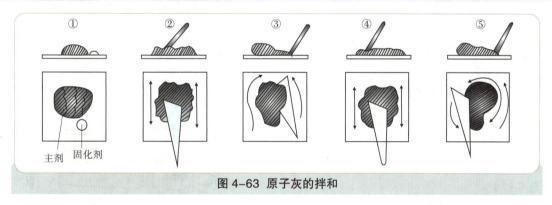

图4-63 原子灰的拌和

温馨提示：

原子灰有可用时间的限制。所谓可用时间，是指主剂和固化剂混合后，保持不硬化、能进行刮涂的时间。通常在20℃条件下，可以保持5 min左右。因此，应根据拌和所需时间和刮涂所需时间，决定一次拌和的量。如果总是拌和不好，反复长时间拌和，超过可用时间（或留给涂刮的时间过短），就会使其固化而不能使用，因此拌和的关键是速度要快，动作要熟练。

3）刮原子灰的基本动作

原子灰涂布时不可一次厚补，分为2~3次。依据部位或形状按照下面方法区分作业。（见图6-64）。

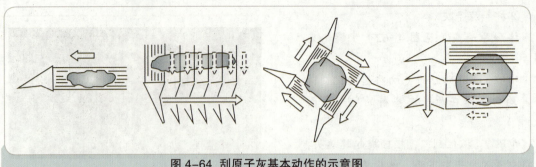

图 4-64 刮原子灰基本动作的示意图

第一次刮原子灰,将刮刀竖起沿着铁板薄薄压挤(见图 4-65)。

第二次刮原子灰,将刮刀倒斜 35°~45°,重涂比需要量稍微多点,最初补于需要范围内,重叠时渐广(见图 4-66)。

第三次刮原子灰,刮刀成倒平状,表面刮平,同时原子灰周围刮薄(见图 4-67)。

图 4-65 第一次刮原子灰的示意图

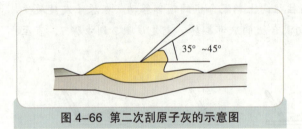

图 4-66 第二次刮原子灰的示意图　　图 4-67 第三次刮原子灰的示意图

4)平面部分的涂布

平面涂布示意图如图 4-68 所示。

以压挤方法将涂布面全部涂布。

最终将原子灰外围部分膜刮薄,与周围的涂膜段差缩小。

将原子灰与原子灰间之段差缩小,同时周围部分要刮薄。

重复上一步动作,按涂布面需要量刮涂。

刮平涂布面,使其无原子灰间之段差。

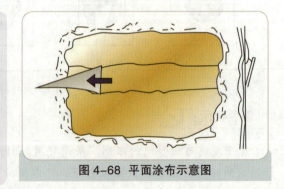

图 4-68 平面涂布示意图

5)弧形表面和角落的涂布

对于弧形部分及角落,使用有弹性的橡胶刮刀较容易施工(见图 4-69、图 4-70)。

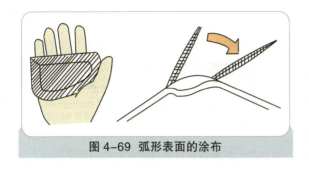
图 4-69 弧形表面的涂布

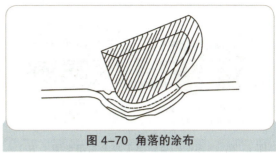
图 4-70 角落的涂布

6）棱角线的涂布

棱角线的涂布如图 4-71 所示。
棱角线无法拉直时请使用以下方法：
- 沿着棱角线贴胶带单边涂布原子灰。
- 上一步所涂布的原子灰半干燥时，撕去胶带。
- 在上一步所涂布的原子灰上沿着棱角线贴胶带。
- 反方向涂布原子灰。
- 半干燥后撕去胶带。

图 4-71 棱角线的涂布

7）防撞饰条棱角的涂布

位置与作业者的不同决定了作业方式也不同，下面举例说明（见图 4-72～图 4-77）。

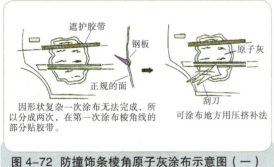
图 4-72 防撞饰条棱角原子灰涂布示意图（一）

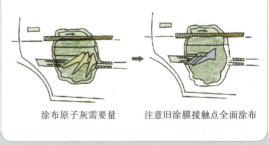
图 4-73 防撞饰条棱角原子灰涂布示意图（二）

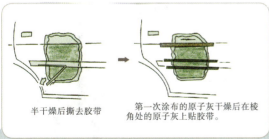
图 4-74 防撞饰条棱角原子灰涂布示意图（三）

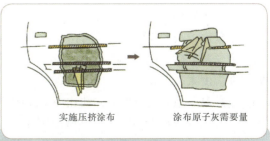
图 4-75 防撞饰条棱角原子灰涂布示意图（四）

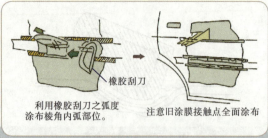

图 4-76 防撞饰条棱角原子灰涂布示意图（五）

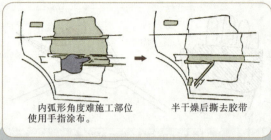

图 4-77 防撞饰条棱角原子灰涂布示意图（六）

> **温馨提示：**
>
> 一定要掌握好揭去胶带的时机，过早，会带下大量原子灰；过晚，原子灰干透，胶带难以揭下，即使强行揭下，也可能破坏刮好的原子灰。

在向平面施涂原子灰时，要注意以下事项：

● 如果刮刀在各道施涂中，仅向一个方向移动，那么原子灰高点的中心就有所移动。因为这种情况很难打磨，所以刮刀在最后一道中必须反向移动，以便将原子灰高点移回中央。

● 原子灰必须比原来的表面高，但是最好只略微高一点，因为如果太高了，在打磨过程中，就要花许多时间和力气来清除多余材料。

● 原子灰施涂在工件表面上的范围，必须以在磨缘过程中所留下的打磨划痕为限。如果没有打磨划痕，原子灰就粘不牢。

● 施涂原子灰要快，必须在混合以后大约 3 min 施涂完。如果花费时间太长，则原子灰可能在该道施涂完成前固化，影响施涂。

（3）原子灰的干燥

新施涂的原子灰会由于其双组分材料混合后发生反应而变热，从而加速固化反应。一般在施涂以后 20~30 min 即可打磨。如果气温低而湿度高，则原子灰的内部反应速度降低，从而要用较长时间来使原子灰固化。为了加快固化，可以另外加热，例如使用短波红外线烤灯加热，如图 4-78 所示，其优点是从里往外加热，使湿度逐步往外挥发。

在使用红外线烤灯来加热和干燥原子灰时，一定要使原子灰的表面温度控制在 50℃ 以下，以防止原子灰分离或龟裂。如果表面热得不能触摸，则说明温度太高了。

涂层薄的地方的温度，往往比涂层厚的地方低。这种较低的温度会减慢涂层薄的地方的固化反应。因此，一定要检查涂层薄的部分，以确保原子灰的固化状况。

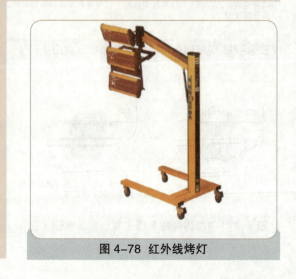

图 4-78 红外线烤灯

(4) 打磨原子灰

1) 粗打磨

采用龙神系列产品移动式或吊臂式的干磨系统，如图4-79所示，视打磨原子灰的情况而定。选用圆型或方型的龙神系列产品的磨灰机，并固定以80#的干磨砂纸打磨，如图4-80所示。

把磨灰机贴住原子灰表面后再开动，否则会碰损磨灰托盘或加深打磨深度。磨灰托盘必须全面贴合原子灰表面，不能施力过大，将原子灰表面打磨出大致形状。

按照刮原子灰最长方向来回打磨，然后再按垂直、斜向的方式进行打磨，不能超出原子灰范围。

打磨工具

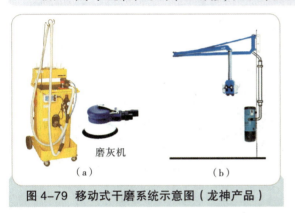

图4-79 移动式干磨系统示意图（龙神产品）

（a）移动式无尘干磨系统；（b）吊臂式无尘干磨系统

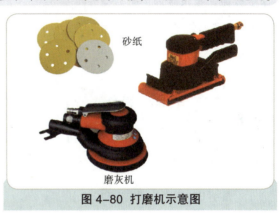

图4-80 打磨机示意图

2) 中打磨

用手掌触摸粗打磨的原子灰表面，感觉粗打磨后的状况。

更换干磨砂纸，以120#至180#干磨砂纸细磨原子灰，打磨羽状边（打磨位置超出原子灰刮涂范围与工件的表面有一个平滑的过渡），打磨出最终的表面。（注：在更换砂纸时要逐级渐进，每次跳级不能超出100号。）

打磨的要领：将打磨机轻压在原子灰层表面，左右轻轻移动磨灰机，切忌使劲重压。

打磨时应注意：打磨头的工作面应保持与原子灰表面平行，如图4-81所示。打磨时不能施力过大，应将打磨机轻轻压住，靠旋转力进行打磨。若施力过大，则不能形成平整表面。打磨机的移动方向如图4-82所示。

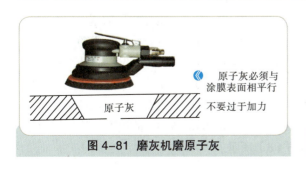

图4-81 磨灰机磨原子灰

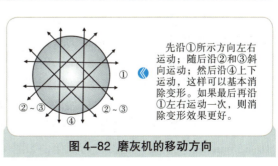

图4-82 磨灰机的移动方向

3）手工打磨修整

使用磨灰机大致形成平整表面之后，必须进行手工打磨修整。手工打磨修整使用手工打磨板较为方便，其大小应与打磨作业面积相适宜。手工打磨板的移动方法和使用打磨机相同。另外，若能巧妙地使用双面软磨块配合合适的砂纸打磨弯角等（见图4-83），可以很快修正变形。

打磨结束后，若发现有气孔和小的伤痕，则应采用填眼灰填补。

气孔和伤痕的修补如图4-84所示，待其干燥后，干磨采用粒度为320#的砂纸；湿打磨应采用粒度为600#的砂纸。

现在的汽车涂装打磨工艺已逐渐用干磨系统代替湿磨，因为湿磨对环境、工作者、喷涂等诸多方面产生很多不良的影响。

图4-83 双面软磨块（51032）

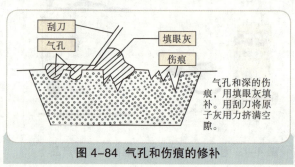

图4-84 气孔和伤痕的修补

2. 中涂底漆的喷涂

（1）1K类中涂底漆的喷涂

用于中涂底漆喷涂的喷枪口径一般为1.3~1.8 mm，采用上吸式和重力式都可以。

中涂底漆涂料装入喷枪罐之前，必须先充分搅拌，因为涂料中所含颜料沉淀于涂料容器底部。通过搅拌后，其均匀分布于涂料中才能使用。使用电动搅拌器搅拌涂料效率较高。

将搅拌好的中涂底漆涂料装入喷枪罐，再用厂家指定的稀释剂稀释到适合的黏度。中涂底漆一般都可采用上等的硝基类涂料用稀释剂，但丙烯酸类中涂底漆必须使用专用的稀释剂。加入稀释剂时，要用搅拌棍边搅边加。

中涂底漆的喷涂黏度随厂家而异。采用4号福特杯时，硝基类中涂底漆以5~20 Pa·s为宜，丙烯酸类中涂底漆以13~15 Pa·s为宜，丙烯酸类黏度不宜过高。

喷涂之前，应再次清洁被涂装表面，喷涂气压力以247 kPa为宜。喷枪的移动应保持与涂装面相垂直，喷枪距离以20~25 cm为最佳，过近易引起垂挂，过远喷涂后表面显得粗糙。喷束直径和喷射流量应根据涂装面积大小来调整。喷涂时，如图4-85（b）所示，先在修补涂膜边缘接交部位薄薄喷涂一层中涂底漆，使旧涂膜与原子灰的交界面溶合。待其稍干约5 min之后，接着给整个原子灰表面薄薄喷2遍，如图4-85（c）所示。喷涂后形成的表面应平整光滑，取适当的时间间隔分几次薄薄地喷涂。一般要喷2~4层，使表面有0.05~0.15 mm的填充。待漆膜流平10~15 min后，再用红外烤灯进行固化，如图4-85（d）所示。

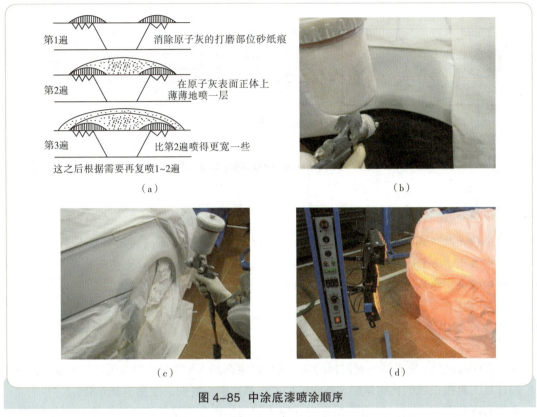

图 4-85 中涂底漆喷涂顺序

(a)示意图; (b)清喷一层中涂底漆; (c)喷涂 2 遍; (d)涂层的固化

中涂底漆涂料的喷涂面积如图 4-86 所示,应比修补的原子灰面积大,而且要达到一定程度。喷第 2 遍比第 1 遍宽,第 3 遍比第 2 遍宽,逐渐加大喷涂区域,如图 4-85(a)所示。

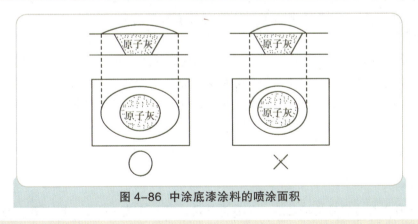

图 4-86 中涂底漆涂料的喷涂面积

对于相邻的几小块油灰修补块,可先分别预喷 2 遍,然后再整体喷涂 2~3 次,使喷涂的区域连成一大块,这样处理可以取得良好的效果,这种场合不宜一次喷得过厚,应取适当的时间间隔,分几次喷涂,如图 4-87 所示。

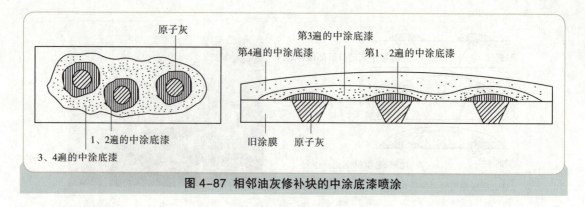

图 4-87 相邻油灰修补块的中涂底漆喷涂

> **提示：**
>
> 当旧涂膜是改性丙烯酸硝基漆等易溶性涂料时，对黏度和喷涂时间间隔应十分注意。若采用硝基类中涂底漆涂料，则黏度可取 18~20 Pa·s，反复薄薄地喷涂，以免喷涂后表面显得粗糙；如果用丙烯酸类中涂底漆，则黏度可取 14~15 Pa·s。

（2）2K 类中涂底漆的喷涂

> 在调制涂料之前，应先将主剂搅拌均匀，然后将主剂加入调漆罐，再按规定加入专用固化剂，并使用计量工具按正确的比例调配。不同的厂家配制比例有区别，注意不要弄混。
>
> 主剂和固化剂混合后，先用搅拌棒充分搅拌均匀，再加入聚氨酯中涂底漆专用稀释剂，调至适宜于喷涂的黏度，一般为 5~18 Pa·s。但随厂家不同有所差异，应注意说明书使用的要求。
>
> 将调制好的聚氨酯中涂底漆用滤网过滤，加入喷枪罐，所用喷枪若是重力式，则喷孔直径为 1.3 mm；若喷枪是虹吸式，则喷孔直径为 1.5~1.8 mm。
>
> 聚氨酯中涂底漆的喷涂方法与硝基类中涂底漆一样，但聚氨酯中涂底漆每道形成的涂膜较厚，一般喷 2 遍就够了，若需更厚，则要喷 3 遍。如涂膜剥离后的金属表面，如果直接喷涂中涂底漆，就需喷涂 3 次。
>
> 当旧涂膜是硝基类涂料时，应整体喷涂中涂底漆。先在补原子灰处薄薄地喷一层，然后整体喷涂 2 遍。如果只在修补了原子灰的部分喷涂聚氨酯中涂底漆，则在喷涂了面漆之后，在中涂底漆与硝基旧涂膜的交界处往往会起皱。为了防止这一点，应在整块板上全部喷涂聚氨酯中涂底漆，如图 4-88 所示。

> **提示：**
>
> 放主剂和固化剂的容器使用之后一定要盖严实，若打开盖子敞放，则容器中的涂料会与空气中的水发生反应，最终不能使用。

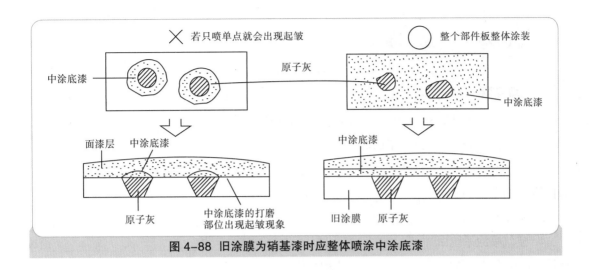

图 4-88 旧涂膜为硝基漆时应整体喷涂中涂底漆

思考与练习

一、填空题

1. 车身待涂装表面清洗的主要作用是溶解和去除_____、_____、_____、_____、_____以及手印等。
2. _____打磨是利用_____驱动砂子冲击物品表面达到_____、_____的目的，同时不会过多_____。
3. 底漆根据其使用目的不同可分为：_____、_____和_____。
4. 空气喷涂系统由_____、_____、_____和_____组成，另外还需喷漆过滤器、_____等与之配套使用。
5. 无论是什么形状的板件、安装于什么位置，走枪时，基本均按照_____、_____、_____的原则。
6. 在喷涂前，要穿戴好防护用具：主要有_____、_____、_____、_____和_____等保护设备。

二、问答题

1. 原涂层的评估方法有哪些？

2. 手工打磨的操作方法和注意事项有哪些？

3. 喷砂操作的注意事项有哪些？

4. 脱漆的步骤是怎么样的？

5. 在刮原子灰时应注意哪些事项？

课题五 面漆的喷涂

学习目标

（1）能够辨别旧漆的类型。
（2）熟悉面漆的稀释与过滤。
（3）掌握面漆喷涂前车辆的准备工作。
（4）掌握面漆的喷涂操作。
（5）掌握喷涂后的补救、抛光与清洁。

技能要求

（1）能够对面漆进行喷涂。
（2）能够对面漆喷涂后进行补救、抛光与清洁。

素养目标

（1）通过进行面漆喷涂前准备、喷涂、面漆的干燥抛光等学习任务，注重工具、材料的清洁和工位的整理等操作，培养学生良好的团队协作意识，以及"5S"的职业规范和职业精神。
（2）通过完成涂装"三废"的处理任务，培养学生环境保护意识，提高学生对国家"碳达峰、碳中和"战略的认识。

课题五 面漆的喷涂

面漆的施工

任务一　面漆喷涂前的准备

一、任务分析

在面漆喷涂前应先进行车辆遮盖，以免喷涂面漆时将未损部位喷上面漆。同时，做好面漆选择调配，检查准备好喷枪，并做好烤漆房的清洁工作。

二、相关知识

在喷涂面漆之前，首先要清洗修补区域的车身，以便准确地辨别出旧面漆的类型，并保证后面的调色工作能顺利进行；其次是识别旧漆膜的类型，以便保证新旧面漆的匹配；最后是新面漆的调色和稀释过滤。

面漆喷涂的准备流程如下。

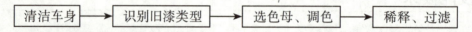
清洁车身 → 识别旧漆类型 → 选色母、调色 → 稀释、过滤

1. 清洁车身与遮盖

打磨工作结束以后，使用气枪连接压缩空气彻底清除打磨粉尘。清除工作应按顺序进行，不能有遗漏。以全涂装为例，粉尘清除工作可以先从车顶开始，然后是发动机罩、后备厢盖，接下来是车门和翼子板的间隙、后备厢盖和发动机罩的边缘等，内侧的灰尘也要清除，图5-1所示的部位要特别注意清扫。

黏附在车身表面的沥青等要用脱脂剂或清洗用汽油彻底清洗。这种清扫工作，尤其是在全涂装时，会直接决定施工质量的优劣，很关键。无论底层表面打磨的质量有多高，只要有粉尘就前功尽弃了，所以必须想方设法保证表面清洁。

检查打磨作业和清洗作业有无遗漏之处，如图5-2所示。

遮盖后要检查全车车身遮盖有无遗漏之处，如图5-3所示。

检查喷枪及干燥设备有无异常情况，如图5-4所示。

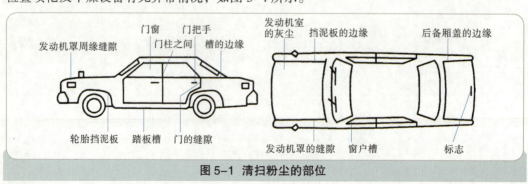

图5-1　清扫粉尘的部位

图 5-2 检查打磨、清洗有无遗漏

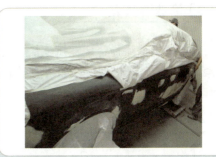

图 5-3 检查车身遮盖有无遗漏

2. 识别旧漆的类型

新喷面漆选用哪种类型主要取决于待喷表面原有漆层的性质和结构。待喷表面漆层可能是原厂出厂时的漆层,也可能是经过一次(或多次)重新喷漆的漆层。不同类型的表面重新喷漆时,应采用不同的操作工艺。判断一辆汽车过去是否经过重新喷漆,一般采用以下几种方法。

图 5-4 检查喷枪及干燥设备有无异常

(1) 测量法

利用电磁式漆膜厚度测量仪(见图 5-5)测量漆层的厚度。如测得的厚度大于新车漆层的标准厚度,则说明重新喷过漆。各种新车漆膜标准厚度参考值如下:美国车辆为 80~130 μm;欧洲车辆为 130~200 μm;日本车辆为 80~130 μm。

(2) 打磨法

选择修理部位的边缘用砂纸打磨漆层,直至露出金属,通过漆层的结构可以判断该车是否经过重新喷漆。如果在断面图中面漆部分有明显外界线或颜色有差异,则说明该车是经过重新喷漆的,如图 5-6 所示。

图 5-5 电磁式漆膜厚度测量仪

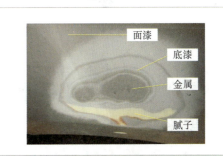

图 5-6 采用打磨法确定原有漆层的类型

（3）涂抹溶剂法

用白布蘸上油漆稀释剂擦拭漆层，若漆层溶解，并在擦布上留有痕迹，则原有漆层属于聚丙烯漆之类的空气干燥型漆；如果漆层不溶解，则原漆层属于烘干型，如醇酸磁漆。

（4）视觉检查法

视觉检查法即用我们的眼睛仔细地观察不同涂料的不同特征并进行判断。这种方法需要有丰富的实践经验，有时还要适当地配合识别操作才能比较准确地进行判断。比如，观察到车辆特征线附近的表层结构粗糙，经过摩擦后能够产生两种抛光的效果，则可初步判定原涂层是抛光型涂料（多为硝基树脂型）；如果出现丙烯酸聚氨酯型涂料特有的光泽，则可以判定原涂层是丙烯酸聚氨酯型涂料。

（5）加热检查法

加热检查法可用来判别原涂层是热固性还是热塑性涂料，用红外线烤灯对测试板进行加热，很容易就可以判别出来。若加热后的漆面有软化现象，则可证明其为热塑性涂料。如果原涂层为热塑性涂料，则在修补喷涂时，选用同类型的涂料，或将旧涂层完全打磨掉以后再使用热固性涂料。

（6）硬度测定法

通常，各种面漆干燥后漆膜的硬度不同，一般双组分漆和烘干型油漆硬度较高，而单组分型漆硬度较低。判断漆膜硬度最常用的方法是使用铅笔。铅笔的铅芯应削成图5-7所示的形状，保持铅笔与漆面成45°角，然后捅向漆膜，如果铅穿透了漆膜，则说明涂料硬度比铅芯的低一号。

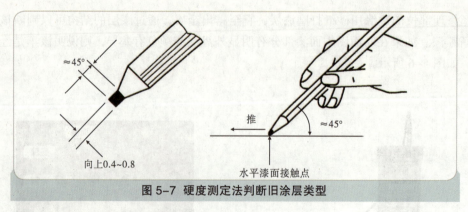

图5-7　硬度测定法判断旧涂层类型

（7）电脑检测法

目前，在涂装行业中，普遍使用的检测方法是利用电脑调色系统直接获得原车面漆的有关资料，这种方法方便、快捷。将原车的油箱盖拿出来，利用仪器很快就能准确无误地判别面漆的类型。表 5-1 列出了油漆类型的判断方法。

表 5-1 油漆类型的判断方法

原有漆层	醇酸磁漆	聚丙烯清漆	聚丙烯磁漆	聚氨酯磁漆	聚丙烯尿烷漆	聚丙烯尿烷磁漆
视觉检查法	表面被填实	—	—	抛光的表面	抛光的表面	出现光泽并伴有一定程度的橘皮形缺陷
涂抹溶剂法	不溶解	溶解	—	—	难溶解	—
加热检查法	发生一定程度的软化	软化	发生一定程度的软化	—	发生一定程度的软化	—

表 5-1 中所列的视觉检查法是凭眼睛观察所得的结果。如表面经摩擦（用布或纸）产生一种"抛光结构"，即属于抛光的表面，用的是聚氨酯磁漆或聚丙烯尿烷漆。

表 5-2 列出了各种新旧漆层的匹配对照关系。

表 5-2 各种新旧漆层的匹配对照关系

面漆	原有的漆层					
	醇酸磁漆	聚丙烯漆	聚丙烯磁漆	聚氨酯磁漆	聚丙烯聚氨酯漆	聚丙烯聚氨酯磁漆
醇酸磁漆	☆	★	☆	☆	★	☆
聚丙烯漆	☆	★	★	☆	☆	☆
聚丙烯磁漆	☆	★	☆	☆	☆	☆
聚氨酯磁漆	★	★	★	☆	☆	☆
聚丙烯聚氨酯漆	★	★	★	☆	☆	☆
聚丙烯聚氨酯磁漆	☆	☆	☆	☆	☆	☆

注：★表示匹配性差，喷新漆的时候，必须使用特定的原子灰或封闭涂料。
　　☆表示匹配性好，能够直接喷漆。

3. 面漆的调配

先根据旧漆膜的类型和匹配性准备好涂料，合理选取修补漆色母，再进行面漆调色，如图 5-8 所示。面漆调色的基本原则是使新喷涂的面漆颜色与原有面漆协调一致（金属漆还要求闪光色也一致），实际操作中，以新旧漆膜在室外自然光下无明显色差为准。

图 5-8 准备好所用的涂料

4. 面漆的稀释和过滤

（1）油漆的搅拌

面漆层产生漆病的一个主要原因是颜料沉淀，只有充分搅拌，才能避免这种现象的发生。

油漆中的沉淀物是颜料。各种颜料的密度是不相同的，一些颜料的密度比较小，很难下沉，而有的颜料密度是油漆中液体密度的7~8倍，静止状态下，颜料会沉积在容器底部附近，调好颜色的油漆经过一段时间放置后，必然会出现颜色不均匀的现象，所以在使用之前，必须把它充分搅拌均匀。常用的颜料能快速下沉的（密度大的）有铬黄色、白色、铬橙色、铬绿色、红色或黄色的铁氧化物。

一般来说，把油漆加入颜料之后进行充分搅拌，然后倒入另一个容器或喷枪瓶，就可以进行喷涂了。如果油漆中已经有了硬质的沉淀物，则应将液体部分倒出，加入稀释剂或溶剂使硬化物溶化，然后再把已倒出的液体倒回罐中用力搅拌，消除沉淀物后再用。使用搅拌器搅拌时，要求每加入一种成分至少搅拌15 min，之后才能再加另一种成分进行搅拌，以此类推，直至所有加入成分都被充分搅拌混合均匀，图5-9所示为手工搅拌混合。

（2）加溶剂稀释，调节油漆的黏度

厂商所提供的油漆具有较高的黏度，这种油漆中颜料的沉淀速度缓慢或者基本不产生沉淀，无法直接用来喷涂。在喷漆之前，必须用稀释剂来降低它们的黏度，以便能用喷枪喷涂，调节之后，油漆的黏度可用黏度计测定，待符合要求之后使用，如图5-10所示。在实际喷涂中，因具体情况不同漆面的黏度还会发生变化，应注意灵活处理。两种成分经化学反应而形成的漆层（如磁漆）可以用较少的溶剂，但由于聚丙烯酸尿烷漆干燥较快，因此在这种油漆中，应加入较多的稀释剂。

空气干燥型漆挥发快、不易流动、黏度高，常使漆面出现缺陷。此类油漆喷涂时，要适当缩小喷枪与表面的距离、增加喷涂量并增加涂层数量、加快喷涂速度，可以弥补由于挥发快而带来的缺陷。

使用金属漆可有效地防止面漆层不均匀，因为金属漆的黏度都比较低，有利于漆面流动。使用金属漆时，喷枪与漆面之间应保持较大的距离，使喷漆直径有较多的重叠。

图5-9 手工搅拌混合

图5-10 加入溶剂调整黏度

（3）油漆的过滤

为防止灰尘、杂质等混入调配好的油漆，在将调配好的油漆倒入喷枪罐时，应使用过滤网对油漆进行过滤，如图5-11所示。

图 5-11 油漆的过滤

5. 喷枪与烤漆房的准备

（1）喷枪的准备

面漆喷涂质量跟喷枪的选择也有关系，应根据面漆的黏度正确选择喷枪的口径。以黏度为 18 Pa·s 的面漆为例，重力式（上壶）喷枪 φ1.3~1.5 mm 口径比较适合；吸力式（下壶）喷枪口径略大一点，一般在 φ1.5~1.7 mm。黏度较大的面漆可以选用口径相应大一点的喷枪，黏度小的则用稍小口径的喷枪，如图5-12所示。

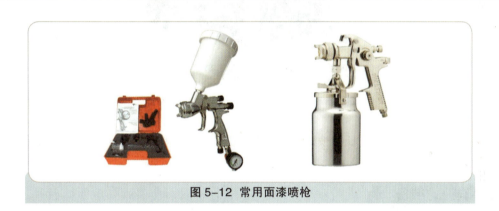

图 5-12 常用面漆喷枪

喷枪装入面漆之前，要先用面漆稀释剂清洗干净。在枪壶中，先加入少量的稀释剂，接上高压气管，扳动枪机，以较大的气压使稀释剂喷出，以清洁喷嘴部位，然后打开壶盖，把剩余的稀释剂从壶中倒出，这样清洗工作就完成了。

另外，在清洗喷枪的同时，要顺便测试各个旋钮是否完好，气帽和油漆通道是否畅通，雾化效果是否正常，不能等到将油漆装入漆壶才发现喷枪有故障，那样就得不偿失了。

喷前试枪及试喷：

在喷涂面漆之前，应进行试喷，以检查气压、出气量、扇形及雾化效果是否合适，如图5-13所示。

图 5-13 喷前试枪

（2）烤漆房的准备

车身修理会不断产生粉尘和污物，在这样的环境中进行喷漆显然是不合适的，因此需要设置独立的烤漆房，为喷漆提供一个清洁、安全、照明良好的密封环境，烤漆房如图 5-14 所示。使用烤漆房既可以隔开其他工序对喷漆的影响，又可以将喷漆所造成的污染得到有效控制和治理。在使用前，要先检查烤漆房的送风系统和空气过滤系统工作是否正常，观察房内是否有杂物，然后将待喷涂的汽车移入烤漆房进行清洁、脱脂，连接好喷漆软管，开启烤漆房电源，让房内空气对流且呈负压状态，控制烤漆房内空气洁净度在 98% 以上，气流速度在 0.3~0.5 m/s 左右，然后再进行油漆喷涂。

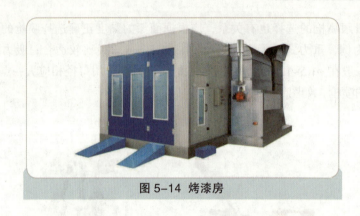

图 5-14 烤漆房

提示：

烤漆房一定要保证清洁，否则喷出的面漆会有很多漆病，增加抛光工作量，甚至返工。

6. 车辆的准备

待涂表面的准备是面漆喷涂前车辆准备的重点。在喷涂面漆前，一定要保证中涂层以下不能有任何的瑕疵，否则，这些瑕疵在喷涂完面漆后，在面漆的光泽度下，会变得更加明显。

除了待涂表面的准备以外，其他的准备工作还有以下几项。

（1）打磨底漆或中涂漆

为了保证面漆喷涂的质量，待涂装的板件表面的底漆或中涂漆一定要打磨光滑，不要留有砂纸痕迹、橘皮或漆雾疤痕等。底漆和中涂漆打磨得越光滑，面漆喷涂后的平整度和光亮度就越好。

（2）原子灰表面要喷中涂漆

如果底涂层上有划痕及小凹坑等需填补的区域，则应选用填眼灰或极细的细灰进行填补并干燥、打磨。若用原子灰填补的面积较大，为防止原子灰对面漆的吸收，就必须用中涂漆进行封闭隔绝。

(3) 清除黏附在车身表面的沥青等杂物

要用脱脂剂或清洗用汽油对车身表面的沥青等杂物进行彻底清洗。在全涂装时，这种清洁工作是决定施工质量优劣的关键。无论底层表面打磨质量有多高，只要涂层有粉尘就得重头再来。

若是局部修补涂装，则不需要喷涂的地方要遮盖起来。遮盖不当而导致漆雾落入会影响该部位表面漆的实际质量。

用于遮盖的材料有防护带和遮盖纸。汽车喷漆专用的遮盖纸具有耐热性，即使在烘干时也能安全地遮盖。切勿用普通纸做遮盖用，用于汽车喷漆时的防护带也是专用的，不能用普通胶带作为防护件使用，如图5-15所示。

对于汽车上特殊部位的防护，可以用专门的防护罩（如灯罩、轮胎罩和车架罩等）进行遮盖。

图5-15 喷漆车间常用的防护带

(4) 遮盖注意事项

使用遮盖材料之前，必须将车辆上的灰尘全部吹除干净，否则，防护带无法粘贴紧，油漆溶剂会渗入防护带。

只有对玻璃、镀铬的零件表面彻底清除水蒸气，烘干后才能粘贴防护带。

在黑橡胶挡风条上粘贴防护带之前，应在挡风条上先涂一层清漆，待干燥之后才能粘贴牢靠。

遇到曲面时，可将防护带的内侧边缘重叠，以适应曲面贴紧的需要。

(5) 喷涂前脱脂

对车身的损伤及变形进行修复之后，应清除其表面的油脂，即对车身进行脱脂处理（又称除油）。生产中常用的脱脂方法有碱液脱脂、有机溶剂脱脂及金属清洗剂脱脂等。

1) 碱液脱脂

碱液主要适用于黑色金属表面油污的清除，不能溶解油脂，是靠皂化和乳化作用进行脱脂的，其主要成分是氢氧化钠、碳酸钠、磷酸三钠、硅酸钠及肥皂等。碱液对有色金属有腐蚀作用，故利用碱液进行脱脂后，应迅速用清水将零件表面残留的碱液冲洗干净，以免影响表面的磁化质量，并减轻碱液对零件的腐蚀。

2) 有机溶剂脱脂

有机溶剂能够溶解油污，其溶解能力强，除油速度快，对金属无腐蚀作用，使用方便。有机溶剂脱脂是生产中最常用的清除车身表面油污的一种脱脂方法，但有机溶剂多属燃烧品，使用中应注意防火，工作现场应远离火源并严禁明火。

生产中使用的主要有机溶剂有汽油、甲苯、二甲苯、酒精、丙酮、四氯乙烯等,其中最常用的是汽油。利用有机溶剂脱脂时,如对较大的车身板件或整个车身进行脱脂,可采用喷洗法或擦洗法。先用喷枪将汽油喷于车身(或板件)表面上或用棉纱、布蘸汽油将车身反复擦拭干净,然后趁表面未干,用干布或棉纱擦净表面残液。

对较小的板件可用浸渍法脱脂,即将车身板件浸泡于有机溶剂,通过搅拌或人工冲洗,除去其表面油污,然后取出晾干,并用干净的布或棉纱擦净其表面残存的杂质。

提示:

每次应只清洗一小块区域,待用干布彻底擦净表面残液后,再进行其他区域的擦洗。如果一次擦洗面积过大,则残液会自行风干,致使脱脂效果变差。

3)金属清洗剂脱脂

金属清洗剂是专门用于清除零件表面油污的合成洗涤剂,主要是靠乳化作用进行脱脂的。将零件浸入金属清洗剂溶液或将清洗剂溶液喷到零件表面上时,清洗剂会浸透油脂层使油污脱离零件,并将其乳化成微粒状分散于水中,从而达到脱脂的目的。

金属清洗剂具有成本低、无毒、无腐蚀、不燃烧、无公害、脱脂能力强等特点。

(6)喷涂

喷涂面漆前,先试喷两道色浆,每道之间流平 5~10 min。对于银粉漆,可以在最后虚喷一道,以便银粉均匀分布于色浆层,喷涂后,晾干 15 min 后再喷涂清漆。为了保证修补部位的颜色与原车的颜色相近,在交接处一般采用过渡喷涂的方法,将色浆过渡到喷涂表面。喷涂清漆时,先湿喷一道,晾干 5~10 min 后,再湿喷第二道清漆,如图 5-16 所示。在喷涂完毕后,应对漆层进行检查,对于浮于漆面的灰尘,可以用胶纸将其粘出,然后再喷一道清漆就可以了。在喷完清漆后,需晾干 15 min 后才能进入烤漆房进行烘烤。

图 5-16 喷涂清漆

提示:

在晾干的 15 min 内,不能关闭烤房内的排风系统。

晾干后，撕掉遮盖纸，根据产品不同的规定时间和要求加热烘烤面漆膜。一般温度为60℃，时间为 30 min，或者用红外烤灯强制干燥 15 min，待漆面冷却后，对漆面进行进一步的处理。

待漆面彻底冷却后，首先用 1 500# 或 2 000# 砂纸打磨漆面上的漆点、流挂等缺陷；然后使用研磨机，先用粗羊毛轮配合粗蜡对修复部位进行研磨，抛光机的速度开始时不要太高，要慢慢加速，再用细蜡配合海绵轮进行抛光处理；最后换上干净的海绵轮，用上光蜡去除抛光蜡留下的旋涡痕迹，使漆面恢复光泽。

在灯光下，检查喷涂部位颜色的准确度，最后用压缩空气彻底清理车身各部位。至此，整个修复工作就完成了，可以进行交车工作了。

三、任务实施

1. 素色漆的整体喷涂

（1）素色漆整体喷涂前准备

方法：
- 对非喷涂区域进行遮盖，只露出待涂表面。
- 对涂料进行调色、配制、过滤，准备好面漆。
- 清洁烤漆房及周边的环境。
- 对待涂表面进行除水、除尘、除油、粘尘，确保待涂表面清洁。
- 选择口径为 1.5 mm 的吸力式喷枪。

提示：

要根据喷涂的面积和涂料的类型选择喷枪，以方便施工和形成质量良好的涂膜为原则。

（2）素色漆整体预喷涂

方法：
- 按照素色漆整体预喷涂的技术规范调整喷枪，测试喷涂图形，确保喷枪接近理想喷涂状态。
- 以 25~30 cm 的喷涂距离，速度较快地在待涂表面上喷涂，使喷涂表面涂上一层稍许光亮的涂膜。

提示：

预喷涂的主要目的是增强待涂表面的附着力，喷涂不宜过湿，表面有一层轻微反光的漆雾即可。

（3）素色漆整体着色的喷涂

方法：
- 素色漆预喷涂涂料闪干后，将喷涂流量的调整旋钮调整至全程开度的 2/3~3/4。
- 以 20~25 cm 的喷涂距离，标准的喷涂速度对喷涂表面进行整体喷涂，形成一层均一、较厚的面漆涂膜，涂膜整体要出现较高的光泽。
- 静置 5~8 min，使涂膜充分流平，表面闪干至不粘手。

提示：
素色漆着色喷涂要求尽可能喷得很厚，但要以不出现流挂为前提。

（4）素色漆整体修正喷涂

方法：
- 向喷枪涂料罐中加入适量的清漆或慢干稀释剂，使其黏度下降至 14~18 Pa·s。
- 转动涂料流量调节旋钮，使涂料流量全开，以标准喷涂速度和 20~25 cm 的喷涂距离整体喷涂一层。

提示：
修正喷涂的主要目的是调整涂膜的色调，形成统一的纹理，进一步提高涂膜的光泽。

（5）素色面漆涂层干燥

方法：
- 喷涂结束后，静置 10~15 min，使涂膜表干至不粘手。
- 将烤漆房逐渐升温至 40℃，保持 10 min，然后将烤漆房升温至 60℃，保温 35 min，使涂膜彻底干燥。
- 打开烤漆房，使涂膜自然冷却。

提示：
面漆涂膜的干燥不能急剧升温至 60℃，否则会使涂膜产生缺陷。

（6）收尾工作

方法：
- 趁面漆涂膜未冷，揭去遮盖胶带和遮盖纸。
- 将喷涂好的汽车或板件移出烤漆房，清洁、整理烤漆房。

● 关闭烤漆房，清洗喷涂工具，整理喷涂设备和喷涂材料。

提示：

为了提高工作效率，对于需要抛光的涂膜，只需要揭开遮盖胶带，不要去除遮盖纸，这样能为抛光工序省去大部分遮盖工作。

2. 素色漆的局部喷涂

（1）喷涂前的打磨和遮盖

方法：
● 先用 P400 干磨砂纸打磨中涂底漆涂层区域，然后用 P500 干磨砂纸打磨修补的过渡区域。
● 用除尘枪除尘、除水，用除油剂清洁整个待涂表面和周边部位，将非喷涂区域遮盖好。

提示：

打磨一定要使中涂底漆涂层与旧涂层之间的连接平滑，过渡自然。

（2）喷涂前的其他准备工作

方法：
● 再次对待涂表面进行除尘、除油和粘尘，确保待涂表面的清洁。
● 配制、过滤待涂面漆。
● 选用口径为 1.3 mm 的重力式环保喷枪，按照喷涂的具体要求，调整并检测喷枪，使之保持理想的工作状态。

提示：

环保型喷枪的喷涂参数与传统型喷枪差异很大，喷涂效果相对较好。

（3）预喷涂

方法：
● 将环保型重力式喷枪的工作气压调整到 147~196 kPa，喷涂流量为全程开度的 1/2，喷幅宽度为全宽开度的 3/4。
● 以 15 cm 的喷涂距离在中涂底漆涂层区域较快地喷涂。
● 静置 3~5 min 进行闪干。

提示：

预喷涂以雾罩喷涂的方式喷涂，只要求在喷涂表面形成一薄层涂膜。

（4）着色喷涂

方法：
- 将环保型重力式喷枪的工作气压调整到 98~147 kPa，喷涂流量为全程开度的 2/3，喷幅宽度为全宽开度的 2/3，以 13 cm 的喷涂距离在中涂底漆涂层区域和过渡区域速度适中地喷涂。
- 当喷枪走枪到中涂底漆涂层边缘的外围时，喷枪按"挑枪法"向晕色区域做弧形摆动，以形成颜色逐渐变淡的过渡层。
- 静置 3~5 min 进行闪干。

提示：
着色喷涂比预喷涂的范围要稍大一些，而且要形成基本的过渡层，实喷区域要在湿的状态下定出色彩。

（5）修饰喷涂

方法：
- 在喷枪涂料罐中加入适量的稀释剂，使涂料的黏度降低到 13~14 Pa·s。
- 修饰喷涂的喷枪参数与着色喷涂时相同，在比着色喷涂稍大的区域内以 17 cm 的喷涂距离速度适中地喷涂。
- 静置 3~5 min 进行闪干。

提示：
修饰喷涂的主要目的是细化新喷素色漆涂膜的纹理，实现素色漆颜色的自然过渡。

（6）晕色处理

方法：
- 以涂料 30%、稀释剂 70% 的含量，在喷枪涂料罐中加入稀释剂，充分搅匀后，在旧涂膜和涂料颜色的渐变区域薄薄地喷涂。
- 闪干 3~5 min 后，在喷枪中加入专用驳口水，在修补边缘更为广阔的区域内薄薄地喷涂。

提示：
晕色喷涂只能采用薄喷，每两次喷涂之间要留 3~5 min 的闪干时间，否则会产生流挂。

（7）面漆的干燥

方法：
- 静置 10~15 min，使修补涂膜中的稀释剂充分挥发，用手指触碰不粘手。
- 将烤漆房调整到烘烤模式，设置 35 min 的烘烤时间。

提示：

烤漆房升温不能过急，否则会使涂膜产生缺陷。

（8）收尾工作

方法：
- 烘烤结束后，趁板件或车身涂膜未冷时揭开遮盖胶带。
- 清洗喷枪和其他涂装工具，拿出喷好的板件，清洁烤漆房。

提示：

一般局部修补的边缘接口都需要经过抛光处理，因此遮盖纸的去除要在抛光后进行。

3. 金属闪光漆的整体喷涂

（1）金属闪光漆整体喷涂前准备

方法：
- 遮盖非喷涂区域。
- 准备好适合喷涂黏度的面漆。
- 喷涂环境的清洁。
- 待涂表面的清洁。
- 选择合适的空气喷枪。

提示：

金属闪光漆中，颜料成分的密度较大，喷涂前要充分搅拌，以防喷涂的颜色不一致。

（2）金属闪光漆整体预喷涂

方法：
- 按照金属闪光漆整体预喷涂的技术规范调整和测试喷枪，使喷枪达到理想的工作状态。
- 以 25~30 cm 的喷涂距离，快速地在待涂表面上以雾状喷涂，形成一层薄薄的涂膜。
- 检查有无涂料的排斥现象。如果出现排斥，则按照喷涂规范调高喷涂气压，盖住涂料排斥的部位。
- 喷涂后，静置 3~5 min，使面漆闪干。

提示：

金属闪光漆整体预喷涂比素色漆整体预喷涂的气压要高，喷涂的速度要快，喷涂表面较干。

(3) 金属闪光漆整体着色喷涂

方法：
- 金属闪光漆预喷涂涂料闪干后，将喷涂流量调整至 2/3~3/4 开度，喷涂气压保持不变。
- 以 20~25 cm 的喷涂距离，以较快的喷涂速度对喷涂表面进行整体喷涂。
- 静置 2~3 min，使涂膜表面闪干。

提示：
- 喷涂时，喷枪的移动速度稍快一些为好。
- 若达不到合适的涂膜厚度，则可以直接再喷涂一层。

(4) 金属闪光漆涂层表面消斑处理

方法：
- 在喷枪的涂料罐中直接加入与金属闪光漆等量的清漆，使其黏度为 11~13 Pa·s。
- 将喷涂流量调整为全程开度的 1/2~2/3，以 20~25 cm 的喷涂距离快速喷涂一层。
- 静置，闪干 10~15 min。

提示：

对金属闪光漆涂层表面进行消斑处理的主要目的是修整涂膜表面的喷涂斑纹，形成金属质感，防止清漆层出现金属斑纹。

(5) 透明清漆整体预喷涂

方法：
- 配好透明清漆，使其黏度在 12~14 Pa·s。
- 将喷枪工作气压调整至 294~343 kPa，以开度为 1/2~2/3 的喷涂流量、20~25 cm 的喷涂距离，稍快地喷涂一薄层透明清漆。
- 静置，闪干 3~5 min。

提示：

透明层清漆的预喷涂采用薄喷的方法，一次喷涂太厚会引起金属颗粒排列被打乱。

（6）透明清漆整体清细喷涂

方法：
- 将透明清漆的黏度调整至 11~13 Pa·s。
- 以开度为 2/3~1 的喷涂流量，以普通或稍慢的喷涂速度，厚喷一层透明清漆，形成均一的、光洁的厚涂膜。

提示：
喷涂时，边观察涂膜平整度边仔细喷涂；快速移动喷涂时，采用往返两次覆盖的方法。

（7）金属闪光面漆涂层的干燥

方法：
- 喷涂结束后闪干 10~15 min，使大部分溶剂挥发，涂膜表面基本流平。
- 将烤漆房逐渐升温至 40℃，保持 10 min，然后将烤漆房升温至 60℃，保温 35 min，使涂膜彻底干燥。
- 关闭烤漆房的烘烤模式，使涂膜自然冷却。

提示：
大部分烤漆房可以设定烘烤时间，设定时间一到，烘烤模式自动关闭。

（8）收尾工作

方法：
- 趁涂膜未冷时除去遮盖胶带和遮盖纸。
- 将喷涂好的汽车或板件移出烤漆房，清洁、整理烤漆房。
- 关闭烤漆房，清洗喷涂工具，整理喷涂材料和保养喷涂设备。

提示：
喷涂后的喷枪要及时清洗，否则会因涂料固化而堵塞喷枪。

4. 金属闪光漆的局部喷涂

（1）喷涂前的打磨与遮盖

方法：
- 先用 P500 干磨砂纸打磨中涂底漆涂层区域，然后用 P600 干磨砂纸打磨修补的过渡区域。
- 用除尘枪除尘、除水，用除油剂清洁整个待涂表面和周边部位，将非喷涂区域遮盖好。

提示：

金属闪光漆容易显现细小的磨痕和微小的缺陷，打磨时需用比素色漆更细的砂纸。

（2）喷涂前的其他准备工作

方法：
- 对待涂表面进行除尘、除油和粘尘，确保待涂表面的清洁。
- 配制、过滤金属闪光漆和透明清漆。
- 选用口径为 1.3 mm 的环保型重力式喷枪，按照喷涂的具体要求调整并检测喷枪，使之达到理想的工作状态。

提示：

喷涂周围的遮盖纸也需要粘尘，这样可以防止遮盖纸上的灰尘飘入新喷的涂膜。

（3）喷涂底清漆

方法：
- 将环保型喷枪的喷涂气压调整至 147 kPa，喷涂流量为全程开度的 2/3，喷幅宽度为全宽开度的 2/3。
- 在中涂底漆层边缘的过渡区域，以 15 cm 的喷涂距离速度适中地喷涂一层清漆。

提示：

喷涂底清漆是防止金属漆过渡区域铝粉层出现"黑圈"。

（4）金属闪光漆的预喷涂

方法：
- 将环保型喷枪的喷涂气压调整至 196 kPa，喷涂流量为全程开度的 1/2，喷幅宽度为全宽开度的 3/4。
- 在中涂底漆层的范围内，以 17 cm 的喷涂距离速度较快地预喷一层金属闪光漆。
- 闪干 3 min。

提示：

金属闪光漆预喷涂的主要目的是提高新旧涂层之间的亲和力，薄喷一层即可。

（5）金属闪光漆的着色喷涂

方法：
- 将环保型喷枪的喷涂气压调整至 147 kPa，喷涂流量为全程开度的 2/3，喷幅宽度为全宽开度的 2/3。
- 在中涂底漆层和过渡层区域，以 15 cm 的喷涂距离用"挑枪法"速度适中薄薄地喷涂，着色喷涂决定涂层的颜色，一般要喷涂 2~3 遍，如果着色不好，则要喷涂 3~4 遍。
- 闪干 2~3 min。

提示：

金属闪光漆的着色喷涂不需要太厚，每次薄薄地喷涂，只要完全遮盖底材即可。

（6）金属闪光漆的消斑处理

方法：
- 将 50% 的金属闪光漆与 50% 的清漆相混合，黏度调至 11~12 Pa·s。
- 喷枪参数与着色喷涂相同，喷涂范围比着色喷涂要更宽一些，使涂料呈雾状，薄薄地喷涂。
- 两次消斑处理之间设置 2~3 min 的闪干时间，消斑处理结束后，静置 10~15 min 闪干。

提示：

消斑处理的作用是消除斑纹，调整金属质感，同时兼有晕色处理作用。

（7）透明清漆的预喷涂

方法：
- 将环保型喷枪的喷涂气压调整至 147 kPa，喷涂流量为全程开度的 2/3，喷幅宽度为全宽开度的 2/3。
- 以 15 cm 的喷涂距离，速度适中地在整个修补区域喷涂薄薄的一层透明清漆。
- 静置闪干 5 min。

提示：

如果新喷金属闪光漆闪干不充分，则金属颜料会溶于清漆，导致漆面颜色产生差异。

（8）透明清漆的精细喷涂

方法：
- 将环保型喷枪的喷涂气压调整至 147 kPa，喷涂流量为全程开度的 3/4，喷幅宽度全开。
- 以 10~13 cm 的喷涂距离，速度较慢地在大于清漆预喷涂的范围厚喷一层透明清漆。
- 静置闪干 3~5 min。

提示：

喷涂时要边观察涂膜的色调边喷涂，确保形成良好的光泽。

（9）晕色处理

方法：
- 以涂料 20%、稀释剂 80% 的含量，在喷枪涂料罐中加入稀释剂，充分搅匀后，在旧涂膜和新喷清漆的交界处薄薄地喷涂。
- 静置闪干 3~5 min 后，在喷枪中加入专用驳口水，在修补边缘更为广阔的区域内薄薄地喷涂。

提示：
进行晕色处理时每次喷涂都要喷得很薄，以防止流挂的产生。

（10）金属闪光面漆涂层的干燥

方法：
- 静置 10~15 min，使修补涂膜中的稀释剂大部分挥发，用手指触碰不粘手。
- 将烤漆房调整到烘烤模式，在 60℃ 的条件下烘烤 35 min。

提示：
如果采用自然干燥，则喷涂后干燥 24 h 即可。

（11）收尾工作

方法：
- 烘烤结束后，趁车身涂膜未冷，揭开喷涂边缘的遮盖胶带。如果晕色区和修补区的涂膜质量良好，不需要修整和抛光，则去除掉所有的遮盖物。
- 清洗喷枪和其他喷涂辅助工具，整理漆料、废料，归置和保养喷涂设备，清洁场地。

提示：
涂装产生的废料不能随意丢弃，要分类处理。

任务二　面漆的干燥与打磨

一、任务分析

面漆喷涂结束后进入干燥工序，根据喷涂的面漆种类不同进行自然干燥或强制干燥（即烘烤干燥）。

二、相关知识

1. 面漆层的干燥

在面漆喷毕后，间隔 10~20 min，使涂膜中的溶剂挥发，以免产生涂膜的缺陷，再用烤漆房（见图 5-14）或用红外线（见图 5-17）进行面漆的干燥。

强制干燥结束后，要趁汽车车身还未冷却就揭去粘贴遮盖纸的胶带纸，这样比较省力，因为冷却后胶带纸会变硬，难以揭掉。

若采用的是自然干燥方式，应在喷漆结束后 10~15 min，再揭去胶带纸。如果是硝基类涂料，则待涂膜干燥到能用手指触摸的程度，就可以揭去胶带纸，若完全干燥后再揭，则容易弄坏涂膜。

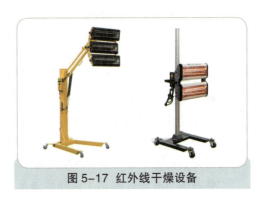

图 5-17　红外线干燥设备

2. 喷涂后的补救、抛光与清洁

（1）补救

补救是除去附着在涂膜表面的灰尘和小麻点，对表面有垂流粗糙处和起皱皮处等进行修整。其作业是涂装后一道工序，是对涂膜的精加工，必须仔细进行。

1）补救与抛光工具和用品

补救与抛光工具和用品如图 5-18 所示。

研磨抛光还原用品

研磨与抛光方法

研磨与抛光设备

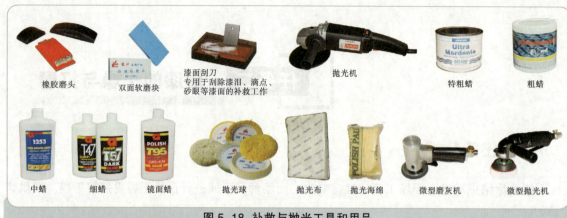

图 5-18 补救与抛光工具和用品

2）补救步骤

①处理缺陷

● 用微型磨灰机配 1 500~2 000# 砂纸磨平。

● 用微型抛光机配特粗蜡抛平。

● 用 1 500~2 000# 的砂纸配合橡胶磨头或双面软磨块湿磨除去漆膜表面的尘点、小垂泪，并湿磨修整表面粗糙、橘皮等，注意要用手不断拭摸和仔细察看湿磨表面，以免磨穿涂膜。

● 用漆面刮刀刮除漆泪、滴点后，再用 2 000# 砂纸打磨，可省时省力。

②处理缺陷后的工作

● 将灰尘等附着物彻底清洗干净。

● 将适量的粗蜡涂于打磨后的表面，用抛光机配合抛光球（白色羊毛球）贴住抛光表面后再由低转数到高转数抛光，去除砂纸痕和轻微橘皮，来回移动抛光机，否则会令漆膜发热变软导致磨穿，也可用抛光布和粗蜡进行手工抛光，但工作效率低。

● 再用中蜡进行抛光（操作方法跟上步骤一样），可用喷水瓶向抛光表面喷水，以免抛光蜡结在抛光球上，产生不良效果。

● 抛去上步骤留下来的更小砂痕，再用细蜡配合黄色羊毛球进行抛光，去除粗、中蜡痕（浅色漆面用细蜡，深色漆面用粗中蜡），操作方法跟上一步骤一样。

（2）抛光

最后用镜面蜡配合适于抛镜面蜡的海绵球（如龙神产品）进行抛光，可得到漆面的镜面效果（手工抛光可用抛光海绵），如图 5-19 所示。

（3）清洁

用抛光布进行清洁作业。

图 5-19 抛光处理

一、填空题

1. 新喷面漆选用哪种类型主要取决于_____原有漆层的_____和_____。
2. 面漆调色的基本原则是使新喷涂的_____与原有面漆_____。
3. _____产生漆病的一个主要原因是_____，只有_____，才能避免这种现象的发生。
4. 在喷涂面漆之前，应进行_____，以检查_____、_____、_____及雾化效果是否合适。
5. 若采用的是_____方式，则应在喷漆结束后 10~15 min，再揭去_____。
6. _____是除去附着在涂膜表面的_____和小麻点，对表面有垂流粗糙处和_____等进行_____。

二、问答题

1. 判断一辆汽车过去是否经过重新喷漆，一般采用哪几种方法？

2. 面漆喷涂前车辆的准备工作有哪些？

3. 素色漆的整体喷涂方法和注意事项是怎样的？

课题六 汽车涂装施工中的常见问题及应对

 学习目标

（1）熟悉涂装施工中的常见问题。
（2）掌握各类涂装施工缺陷的补救方法。

 技能要求

能够对各类涂装缺陷进行修补。

 素养目标

通过学习汽车涂装施工中常见问题及对策，分析缺陷原因，培养学生严谨细致、认真负责的职业精神，树立精益求精的工匠精神，激发学生技能报国的家国情怀和使命担当。

一、任务分析

实际涂装操作中,难免会出现缺陷,学习并掌握分析缺陷原因的能力和对各类缺陷进行补救的能力至关重要。

二、相关知识

1. 汽车涂装施工中常见问题及其对策

本部分内容非常重要,因为实际涂装操作中,难免会出现缺陷,因此一定要掌握分析缺陷原因的能力,并具备对各类缺陷进行补救的技能。

(1)酸溶剂侵蚀

1)现象

漆膜表面出现一片片不规则的粗糙、褪色、失色的斑点,清漆失去透明或光泽,局部剥落或区域破裂,酸溶剂侵蚀有时又被称为斑点、金属点状腐蚀及酸迹等,如图6-1所示。

图6-1 酸溶剂侵蚀角

2)主要原因

- 刹车油、过氧化物(原子灰的固化剂)、蓄电池溶液等腐蚀性物质洒落在漆膜上。
- 酸雨破坏。
- 对新涂漆膜使用了洗涤剂。
- 漆膜固化不良。

3)预防措施

- 注意保持漆膜表面的清洁卫生,保护好漆膜。
- 对新涂漆膜避免使用洗涤剂。
- 保证漆膜充分固化。

4)修补方法

对于损伤轻微的漆膜,可采用砂纸研磨、抛光的方法加以修复;对于受到严重侵蚀的漆膜,应将被侵蚀的漆膜彻底除掉,然后重新喷上底漆和面漆。

(2) 褪色

1) 现象

基材上部分原子灰的表面漆膜的颜色变黄，如图 6-2 所示。

图 6-2 褪色现象

2) 主要原因

原子灰中使用了过量的过氧化物。

3) 预防措施

充分搅拌原子灰，认真计算并精确称量原子灰中过氧化物的用量。

4) 修补方法

打磨掉褪色的漆膜直至露出原子灰表面，然后用环氧底漆封闭原子灰表面，重新喷上油漆。

(3) 渗色

1) 现象

漆膜表面变色，变色一般呈晕圈形式，严重时漆膜颜色完全改变，通常在红色、褐色漆表面喷涂时发现此现象，如图 6-3 所示。

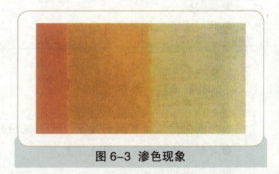

图 6-3 渗色现象

2) 主要原因

底层油漆中的颜料被新漆层中的溶剂溶解并吸收。

3) 预防措施

打磨到原漆膜，喷涂封闭底漆将原漆膜封闭，然后重新喷涂油漆。

4）修补方法

"使用防渗色封闭底漆（喷涂之前清除原漆膜上附着的漆雾，试喷试验原漆膜是否有渗色现象）。"

（4）起痱子

1）现象

漆膜表面呈现成片的大小不等、密度不同的气泡。大气泡直径大于 1.5 mm，一般成片出现，有时也会单独出现。小气泡直径一般为 0.5 mm，其分布蜿蜒曲折或状似指纹。起痱子又被称为起泡、泡状物、溶剂泡及凸起等，如图 6-4 所示。

图 6-4 起痱子现象

2）主要原因

起痱子的主要原因是漆膜下陷入了水蒸气或污物。
- 表面不清洁，残留了水、油、油脂等污染物。
- 材料不配套，或未按规定使用稀释剂。如使用了劣质稀料或使用快干型稀料特别是漆喷得太干或压力太大，则空气或湿气就可能被封在漆层中。
- 漆膜过厚。每道漆之间的闪干时间不够长，或底漆喷涂太厚，都会将溶剂或稀料包容进去，后来挥发出来便使面漆起泡。
- 压缩空气管线脏。油、水和脏物存在于管线中，并随喷漆的进行而进入漆膜。
- 喷涂后过早烘烤。
- 红外烤灯距离涂面太近或烘烤温度太高。
- 水分渗入新喷涂的和旧的漆膜。

3）预防措施

- 注意保护好漆膜表面，涂漆前的表面处理工作要彻底，并保证已彻底干燥。
- 按规定使用配套涂料。
- 按正确的喷涂工艺进行操作，特别是每道漆之间必须留有足够的闪干时间。
- 在漆膜完全固化之前，避免使其暴露在湿度太大和温度变化剧烈的环境中。
- 每天排水并清洁空气压缩机，去除已收集的水分和脏物。空气压缩机储气罐也要每日排水。

4）修补方法

用一根针挑破气泡，以确定气泡的深度，并用一个低倍放大镜查出气泡产生的原因。当气泡发生在油漆层之间时，可将缺陷区域打磨掉，露出完好的漆层后，再重新喷漆。若缺陷严重，或气泡发生在底漆与基材之间，则应将基材之上的漆层全部除掉，然后重新喷漆。

（5）鼓泡

1）现象

漆膜表面出现较大的圆形鼓泡或气泡，通常出现在接缝区域或死角处，或在原子灰较厚的表面，如图6-5所示。

图6-5 鼓泡现象

2）主要原因

陷在漆膜下的空气发生膨胀，造成漆膜与基材分离。
- 底漆、原子灰等的施工不当。
- 漆膜连接处的羽状边（薄边）处理不当。
- 用劣质稀释剂或稀释剂不足、压缩空气的压力太高等。
- 漆膜盖在缝隙或死角上，使漆膜下面形成空隙。
- 没能正确地处理及封闭基材。

3）预防措施

- 正确地使用底漆、原子灰。
- 正确地制作羽状边。
- 避免漆料一次性喷涂过厚，以保证漆料渗入缝隙和死角。
- 使用推荐的稀释剂，并按正确的喷涂工艺操作，涂底漆时要喷得薄而湿。
- 检查基材有无气孔，仔细清理并封闭基材。
- 烘干漆膜时防止温度太高。

4）修补方法

根据气泡的深度将相应的漆膜全部磨掉，修补好下层缺陷后，重新补喷油漆。

（6）粉化

1）现象

漆膜表面出现白垩状的尘土或粉末，通常发生在老化、旧的漆膜表面，如图6-6所示。

图6-6 粉化现象

2）主要原因

油漆中某些成分析出。

- 长时间强日光照射。
- 油漆中添加剂使用不当。不符合要求的添加剂会降低漆膜的抵抗力,使其对日光等有害影响更为敏感。
- 油漆中的树脂或颜料老化。
- 稀释比率不当或稀释剂不良。

3）预防措施

- 使用推荐材料。
- 避免紫外线（强光）照射漆膜,不用强力洗涤剂清洗漆膜。

4）修补方法

将漆膜磨平并抛光即可恢复光泽。严重时,可重新喷涂面漆。

（7）缩水/鱼眼

1）现象

漆膜表面出现火山口状空洞或凹痕。大尺寸的凹痕单独出现,而小凹痕则以较小密度成片出现。在凹痕的中心一般可发现有小的杂质颗粒存在。鱼眼又被称为腊眼、硅树脂污染、成碟状的坑、火山口、笑眼、开笑及走珠,如图6-7所示。

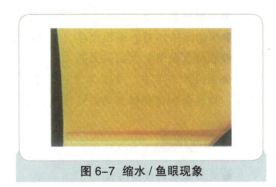

图6-7 缩水/鱼眼现象

2）主要原因

漆膜出现缩水鱼眼的主要原因是油漆表面张力发生变化。
- 喷漆环境中或基材表面上存在含硅的有机化合物。
- 其他污染源,如油脂、洗涤剂、尘土、蜡等。
- 底漆中含有不匹配的成分。
- 压缩空气管线中的水、油等。
- 喷漆室内蒸气饱和。

3）预防措施

- 用除蜡脱脂剂彻底清除基材表面,禁止在喷漆室内使用含硅类的抛光剂。
- 底漆一定要匹配。
- 注意喷漆室的蒸气饱和程度。
- 添加鱼眼防止剂。
- 每日对压缩空气管线进行清洁。

4）修补方法

将缺陷区域的漆膜彻底清除，按要求处理基材表面，重新喷漆。必要时，还需要在油漆中使用抗鱼眼添加剂。

（8）起云

1）现象

起云常发生于金属色漆膜上。在喷涂后，颜色变得较白并成云团状。起云又被称为起斑及起雾等，如图6-8所示。

图6-8 起云现象

2）主要原因

- 采用不匹配的催干剂或稀释剂，特别是采用快干型稀释剂。
- 喷枪调整不当。气压过高，会对潮湿的油漆表面产生冷却效应，使水分凝结的可能性增大。
- 喷涂方法不对，漆膜太厚，漆膜挥发时间不足。
- 基材表面温度太高或太低。
- 干燥方法不当。喷漆工常利用喷枪中的高压气流，对潮湿的漆膜进行空气喷扫，以加快干燥，这样会加速稀释剂的蒸发速度，导致水分凝结于漆膜表面。

3）预防措施

- 采用正确的喷涂方法。
- 开始喷涂前，将喷枪的扇形调整好。
- 使用推荐的稀释剂和催干剂，并充分混合好。
- 保证基材表面的温度处于推荐的范围之内。
- 若涂装时湿度超过80%，则应密封喷漆室，升温干燥后再进行喷漆操作。

4）修补方法

如果还没有喷涂清漆层，则可再喷一层银粉漆盖住起云的部位，可适量添加缓干剂或改用慢干型稀释剂。最好能将涂膜重新强制干燥（60℃，45 min），再视情况进行抛光或重新喷涂。

（9）龟裂

1）现象

肉眼看上去漆膜表面失去光泽，用低倍放大镜观察时可发现大量细微裂纹，像干池塘中的泥土裂开一样，如图6-9所示。龟裂又被称为裂纹、分裂、开裂等。

图6-9 龟裂现象

2）主要原因

漆膜内应力太大。
- 油漆混合不均匀，稀释剂不足或所使用的稀释剂型号不对。
- 漆膜太厚，或在未完全固化或过厚的底层漆上喷涂色漆。
- 被涂物面太热或太冷。
- 漆层互不匹配。
- 需要添加固化剂的涂料使用时没有加固化剂。

3）预防措施

- 将油漆混合均匀，按规定的比例和型号使用稀释剂。
- 使用正确的喷涂方法，每层漆膜要薄而湿，要保证各层之间的流平时间。
- 按照油漆使用说明，添加规定的添加剂。

4）修补方法

打磨产生裂纹区域的漆膜直至露出完整、平滑的表面甚至到金属层，然后重新喷涂。

（10）脏点

1）现象

漆膜表面呈现污点、斑点、溅斑或变色，有油腻或黏的感觉，或摸上去有砂粒的感觉。脏点又被称为污物、颗粒、污迹、砂粒及金属（银粉）尖等，如图6-10所示。

图6-10 脏点现象

2）主要原因

- 异物黏在或被嵌入漆膜表面。
- 汽车表面静电，使表面吸引灰尘。
- 干砂纸和布上带有灰尘和脏物。
- 没有用粘尘布在喷漆前除尘。
- 喷漆时干漆尘落在湿漆上面。
- 漆存放在脏的漆容器或罐内。
- 漆没有过滤。
- 油漆存放超出了规定时间，产生沉淀。
- 压缩空气过滤不够充分。
- 所用固化剂或稀料不正确。

- 汽车没有彻底吹干净。
- 色母漆罐或颜料没有充分搅拌。

3）预防措施

- 不要让任何污物留在油漆中。
- 确保漆膜完全固化。
- 特别注意不要让新漆膜暴露在任何可能导致脏污的环境中。
- 使用防静电流体或将汽车接地。
- 穿着专业的喷漆服。
- 吹净一切模件和接缝。
- 每层漆喷涂前要用粘尘布除尘。
- 漆罐应彻底搅拌后使用。
- 使用高质量的滤网。
- 不使用过期涂料。
- 使用喷漆房，确保喷漆室内空气的清洁度。

4）修补方法

对于轻微的污点，先用柔和的洗涤剂溶液冲洗漆膜表面，再用10%的草酸溶液冲洗，以防掉铁类杂质微粒，最后用清水漂洗、打磨、抛光，使漆膜表面恢复光泽。若用上述方法去除不掉，则应将漆膜除去，然后重新喷涂。

（11）腐蚀

1）现象

腐蚀表现为漆膜（尤其是车身连接件周围、板的边缘或缝隙处）脱落、起泡或变色。腐蚀又被称为锈蚀及生锈等，如图6-11所示。

图6-11 腐蚀现象

2）主要原因

金属基材受腐蚀，造成漆膜的附着力下降。
- 喷前的金属表面被手印、水分污染。
- 漆层剥落或划伤等。
- 金属表面预处理不充分。

3）预防措施

- 保证所有裸露的金属表面都用金属处理液及防锈底漆处理后再进行喷涂。
- 漆膜损坏后要尽快将其修补好，特别是边角处新裸露出来的金属，要立即进行处理。

4）修补方法

首先将缺陷区域的漆膜磨掉，露出金属基材，除掉基材表面的锈迹；然后用正确的金属处理液及防锈底漆处理基材表面，最后重新喷涂。

（12）开裂

1）现象

漆膜发生无规则的断裂或裂缝，通常发生在基材上被填补的缝隙或板的边缘附近。漆膜裂缝常形成三角形。漆膜裂缝的深度不等，较严重的裂缝可直达基材。局部修补时，在羽状边刚刚喷上油漆后，可能会出现轻微裂纹，如图 6-12 所示。

图 6-12 开裂现象

2）主要原因

漆膜中的气泡由于气候等因素的影响而膨胀或漆膜中的内应力增大，从而使得漆膜失效。
- 漆料混合不均匀，稀释剂不足或型号不对。
- 基材表面处理不好，砂纸太粗、清洗不净或缝隙填补不当。
- 压缩空气管中有油或水。
- 漆膜太厚，各道漆膜之间的流平时间不够。
- 喷漆时，基材的温度太高或太低。
- 在未充分固化或热塑性丙烯酸漆膜上喷涂了热固性油漆。

3）预防措施

- 漆料一定要混合均匀，按规定的比例和型号使用稀释剂。
- 严格将基材表面处理好，特别要注意羽状边周围的处理。
- 正确维护压缩空气设备。
- 使用正确的喷涂方法，每道喷涂的漆膜要薄而湿，保证各道漆膜之间的流平时间。喷漆时，基材表面的温度要合适。
- 喷一层环氧树脂漆，将热塑性丙烯酸漆层封闭。

4）修补方法

若裂缝较轻微，只影响面漆层，则可用砂纸打磨裂纹直到露出完整表面，然后重新喷涂。若裂缝穿透到底漆，则将缺陷区域的漆膜全部除去，并将基材缺陷彻底修复，然后重新喷涂。

（13）干喷

1）现象

漆膜表面呈颗粒状或纤维状粗糙结构、无光泽，如图6-13所示。

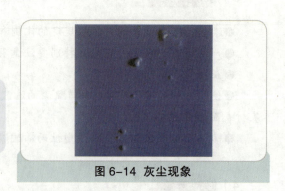

图6-13 干喷现象

2）主要原因

出现干喷现象的主要原因是油漆以粉末状的形式落在表面上。
- 漆料黏度太高，稀释剂不足或型号不对。
- 喷涂方法不当，压缩空气压力过高、喷枪脏污、喷漆时喷枪离构件表面太远或喷涂太快。
- 喷涂时有穿堂风或空气流动速度太快。

3）预防措施

- 按比例使用推荐的稀释剂。
- 使用正确的喷涂方法，保持喷枪清洁，在保证漆料充分雾化的前提下，尽量将压缩空气的压力调低，喷枪与构件表面的距离要适当。
- 在喷漆室内喷涂，室内空气流动速度适当。
- 按要求调整喷枪。

4）修补方法

将缺陷区域打磨平，然后抛光。若漆膜表面太粗糙，用上述方法不能修复，则应磨平面漆表面，然后重新喷漆。

（14）灰尘

1）现象

用手摸上去感觉漆膜表面粗糙不平，像有许多杂质微粒陷在漆膜表面或被漆膜覆盖。灰尘又被称为颗粒、麻点等，如图6-14所示。

图6-14 灰尘现象

2）主要原因

出现灰尘的主要原因是膜中混入了杂质微粒。
- 基材表面处理不好。
- 喷漆时或喷漆后不久，空气中漂浮的微粒落在并陷入漆膜。
- 盛油漆或稀释剂的容器敞口或生锈导致灰尘混入油漆。

3）预防措施

- 喷漆之前，彻底将被喷表面处理干净。
- 要保证喷漆室干净无尘。
- 保证所有材料清洁，容器密封，油漆使用前要过滤。

4）修补方法

先让漆膜完全固化。对于轻微的脏粒，可用砂纸打磨平，然后抛光。如果杂质颗粒陷得较深，则需要将漆膜磨平，然后重新喷涂。

(15) 表面无光

1）现象

漆膜表面平整光滑，但缺少光泽，在显微镜下观察发现漆膜表面粗糙。表面无光又被称为异常失光，如图 6-15 所示。

图 6-15 表面无光现象

2）主要原因

- 底漆附着力差，或底漆未彻底固化就在其上喷涂了面漆。
- 使用的稀释剂质量太差或型号不对，或使用了不配套的添加剂。
- 油漆调配或喷涂方法不当。
- 基材表面质量太差。
- 由于湿度太大或温度太低，漆层干燥速度太慢。
- 溶剂蒸气或汽车尾气侵入了漆膜表面。
- 漆膜表面受到蜡、油脂、水等的污染。
- 在新喷涂的漆膜上使用了太强的洗涤剂或清洁剂，或喷完面漆后过早地进行抛光，或使用的抛光膏太粗。

3）预防措施

- 使用合格的底漆，要等底漆层充分干燥后再在上面喷面漆。
- 只使用推荐的稀释剂和添加剂。
- 要充分搅拌油漆，保证喷漆环境符合要求，按正确的方法进行喷涂。
- 彻底地清理基材表面。
- 保证漆膜在温暖干燥的条件下进行干燥。
- 禁止在新喷涂的漆膜表面使用强力洗涤剂，在漆膜未充分固化之前，不得对其进行抛光，抛光时一定要使用正确规格的抛光膏。

4）修补方法

通常先用粗蜡研磨其表面然后进行抛光，即可使其恢复正常的光泽。如果失光严重，用以上方法仍得不到满意的效果，则应将面漆层磨平，然后重新喷涂。

（16）剥落

1）现象

剥落指漆膜表面出现鳞片状脱落现象。这些脱落的漆片易碎，其边缘呈上卷状，脱离基材表面。剥落又被称为剥皮、起皮、失去附着力、剥壳、黏结差、附着性能差、脱漆等，如图6-16所示。

图6-16 剥落现象

2）主要原因

引起剥落的主要原因是面漆层与其下层表面失去结合力。
- 下层表面处理不好，受到蜡、油脂、水、铁锈等的污染。
- 在钢或铝材表面未使用金属表面处理剂，或使用的处理剂型号不对。
- 喷漆时，基材表面温度太高或太低。
- 喷涂底漆的方法不当，底漆未充分干燥。
- 油漆的黏度不当，使用的稀释剂型号不对或质量差。
- 压缩空气的压力太高。
- 涂料没有混合均匀。
- 底漆选用不对。
- 漆膜过厚。
- 干喷。
- 揭去保护纸的胶带时漆膜太干燥或粘纸技术不良。
- 打磨不良。

3）预防措施

- 彻底处理好准备喷涂的基材表面。
- 在钢或铝材表面一定要用正确的金属表面处理剂，处理好后，30 min内应开始喷涂，以防基材表面生锈。
- 喷涂和干燥时，要保证在推荐的温度范围内。
- 使用正确的工艺喷涂底漆，保证底漆充分固化后再喷涂面漆。
- 使用推荐的稀释剂将油漆稀释到要求的黏度范围。
- 每次喷涂的涂层要薄而湿。

- 使用同一油漆生产商生产的配套产品。
- 正确调整喷涂压力。
- 喷涂封底漆。
- 打磨充分。

4) 修补方法

将剥落的漆膜清除，按要求的涂装方法，重新喷漆。

(17) 遮盖力差

1) 现象

透过漆膜可以看见下层表面的颜色，常常发生在难以喷漆的区域、车身下护板或尖锐的边角处。遮盖力差又被称为遮蔽性差、透明膜等，如图6-17所示。

图6-17 遮盖力差现象

2) 主要原因

色漆层的厚度不够，遮盖力差。
- 喷涂方法不当。
- 油漆混合不均匀。
- 由于研磨、抛光过度，减少了色漆层的厚度。
- 稀料过多。
- 基底的颜色不对。
- 用漆量不足。

3) 预防措施

- 使用正确的喷涂方法，保证漆膜的厚度。
- 将油漆彻底混合均匀。
- 严禁对漆膜抛光过度，要特别注意边角区域。

4) 修补方法

将缺陷区域打磨平，然后重新喷涂。

（18）起皱

1）现象

漆膜上出现程度不同的隆起、起皱。起皱又被称为咬起、烤漆起皱等，如图6-18所示。

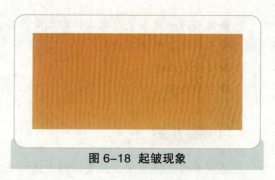

图6-18 起皱现象

2）主要原因

引起起皱现象的主要原因是漆膜内部固化不均匀。
- 漆膜太厚。
- 各道漆层间流平时间不足，强制性干燥，空气温度不均匀。
- 油漆中使用的稀释剂型号不对或质量太差。
- 干燥速度过快。

3）预防措施

- 每次喷涂的漆层要薄而均匀。
- 各层之间的流平时间要足，干燥温度要适当、均匀。
- 使用推荐的稀释剂。
- 控制好干燥速度。

4）修补方法

先让漆膜充分固化。对于轻微缺陷，将其打磨平，抛光即可。若缺陷严重，则需将漆膜打磨到基材，然后重新喷漆。

（19）橘皮

1）现象

橘皮现象是指漆膜表面会呈疙瘩状、不平整，类似橘子皮的外观。橘皮又被称为流平不良、粗糙表面、平整不良等，如图6-19所示。

图6-19 橘皮现象

2）主要原因

引导起橘皮现象的主要原因是油漆在漆膜表面凝结不当。
- 喷涂方法不当，喷枪离基材表面太远，压缩空气的压力不当，喷嘴调节不当。
- 漆膜太厚或太薄。

- 油漆混合不均匀，黏度不适当，稀释剂型号不对或质量太差。
- 各漆层间的流平时间不足。
- 环境温度或基材表面温度过高。
- 干燥不当，如在流平之前利用喷枪强制干燥等。

3）预防措施

- 采用正确的喷涂方法，保证设备调节适当。
- 每次喷涂的漆膜要薄而均匀，使用推荐型号的稀释剂。
- 各漆层间要有足够的流平时间。
- 在推荐温度范围内喷涂，并保证通风适当。
- 彻底搅拌有颜料的底漆及面漆。

4）修补方法

将橘皮缺陷打磨平，然后抛光。情况严重时，将缺陷部位打磨平后，重新喷涂。

（20）灰印

1）现象

引起灰印现象的主要原因是漆膜上出现一片外观、光泽不同、有清晰的边界或轮廓线的地图状区域，如图6-20所示。

图6-20 灰印现象

2）主要原因

原子灰或填眼灰调配均匀、打磨不平滑；没有喷底漆或封闭底漆。

3）预防措施

正确地调配原子灰或填眼灰，正确地施工并将其表面打磨平滑。

4）修补方法

将缺陷区域的漆膜打磨至完整平滑的表面，必要时重新做原子灰或填眼灰，对喷底漆进行封闭。

（21）钣金缺陷

1）现象

漆膜表面不平整，出现许多波纹，直的、弯的或十字交叉的沟槽，或参差不齐或球状凸起，如图 6-21 所示。

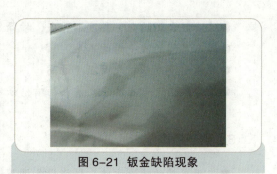

图 6-21 钣金缺陷现象

2）主要原因

如果可以确定漆膜表面的缺陷来源于基材，则原因如下：
- 基材表面粗糙不平。
- 原子灰用量不足或质量太差，施工方法不正确或表面打磨不平。
- 底漆厚度不够。
- 底漆过厚并没有完全固化时，就在上面喷涂了色漆。

3）预防措施

- 喷漆之前要认真检查基材表面，修整所有缺陷。选用适当的砂轮、砂纸、锉刀，清除表面的焊渣。
- 用正确方法进行原子灰的施工和打磨工作。
- 底漆厚度要适当，并要充分固化。

4）修补方法

将漆缺陷部位的漆膜清除至基材，修补基材表面的所有缺陷，正确清理基材表面后重新喷漆。

（22）漆雾

1）现象

漆膜出现一片片黏在或部分陷入漆膜的团粒状油漆微粒。漆雾又被称为漆尘，如图 6-22 所示。

图 6-22 漆雾现象

2）主要原因

引起漆雾的主要原因是喷涂时多余的油漆微粒落在漆膜表面。
- 遮盖不严。
- 压缩空气的压力太高。
- 排风和通风不畅。

3）预防措施

- 认真做好遮盖工作。
- 将喷枪调整到最佳喷雾压力。
- 使用喷漆室，保证喷漆室排风和通风良好。

4）修补方法

抛光处理。

（23）抛光痕迹

1）现象

漆膜表面有可以看到的微细的条纹或划痕，有时缺陷部位会露出底材，如图6-23所示。

图6-23 抛光痕迹现象

2）主要原因

出现抛光痕迹的主要原因是漆膜受到研磨损伤。
- 漆膜未充分固化时就进行抛光处理。
- 抛光机的压力太大或转速太快。
- 使用的研磨膏太粗或有碱性，抛光布轮太脏、太粗糙。

3）预防措施

- 等漆膜充分硬化后再抛光。
- 抛光机的压力、转速要适当。
- 使用正确型号的、细度的研磨抛光膏，保证抛光布轮柔软、清洁。

4）修补方法

等漆膜完全固化后磨平，重新抛光。缺陷严重时，将漆膜磨平后重新喷漆。

（24）咬底

1）现象

咬底指漆膜表面会隆起或起皱，严重程度不同，常见于羽状边缘周围，下面的漆层可能破裂至最外层，如图6-24所示。

2）主要原因

由于在热塑性丙烯酸漆或自干型合成树脂漆上喷涂了硝基磁漆或热固性油漆,所以面漆与底漆发生了化学反应。

3）预防措施

保证所使用的材料具有相容性,或将底漆封闭。

图 6-24 咬底现象

4）修补方法

将缺陷区域的漆膜打磨掉,打磨时注意不要露出可以引起同样问题的漆膜,将打磨后的表面封闭后,重新喷漆。缺陷特别严重时,需将漆膜打磨至基材,然后重新喷漆。

(25) 针孔

1）现象

漆膜上出现众多细小孔洞,通常其直径小于 1 mm,常见于填眼灰、原子灰或玻璃钢表面,如图 6-25 所示。

图 6-25 针孔现象

2）主要原因

出现针孔现象的主要原因是油漆被吸到基材上的孔洞内。
- 玻璃钢表面有气孔。
- 基材表面处理或封闭不当。
- 原子灰或填眼灰质量太差。
- 原子灰混合不均匀,原子灰或填眼灰的施工方法不正确。
- 不当的喷枪调整或喷漆技术使涂层过湿或喷枪距离涂物面过近,使夹杂的空气或过量溶剂挥发产生针孔。
- 用喷枪快速干燥漆膜。

3）预防措施

- 喷漆前将基材的温度升高至高于喷涂温度,以排除基材气孔中的空气。为了防止漆面发生变形,基材表面的温度不得超出 80℃。
- 仔细检查玻璃钢表面,用原子灰或填眼灰填补基材表面上的针孔,局部喷上底漆并打磨平滑,然后再将基材表面全部喷上底漆。
- 原子灰要调配均匀,分多次施工,每层要薄而均匀。
- 留有足够的闪干时间,不要强制干燥。
- 喷涂的漆膜不能过湿或过厚。

4）修补方法

对于轻微针孔,通过打磨和抛光处理可以消除;对于较严重的针孔,将漆膜磨至底漆层,填补针孔,局部喷涂底漆,打磨平滑后,重新喷漆。

（26）流淌

1）现象

漆膜局部变厚,形状如同波浪线、浅滩或圆形的山脊,通常出现在倾斜角度大或竖直的表面上。流淌又被称为流挂、垂流、滴下和流泪等,如图6-26所示。

图6-26 流淌现象

2）主要原因

引起漆膜发生流淌的主要原因如下。
- 喷涂的漆膜太厚,压缩空气的压力太低,喷枪的扇面太窄,喷枪移动速度太慢,喷枪离基材表面太近。
- 使用的稀释剂型号不对或质量太差。
- 油漆的黏度不合适,稀料太多。
- 空气或基材表面温度太低。
- 底漆表面有油污。
- 喷漆间光线太暗。

3）预防措施

- 采用正确的喷涂方法,将喷枪调整适当。
- 使用推荐型号的稀释剂。
- 保证油漆充分混合,黏度适当。
- 在推荐温度范围内喷涂。
- 保证喷涂表面清洁。
- 每道漆喷涂不能过厚。
- 保证喷漆间光线充足。

4）修补方法

等漆膜完全硬化后，除掉多余的油漆，将表面磨平，然后抛光，情况严重时，可以将表面磨平后重新喷涂。

（27）砂纸痕

1）现象

砂纸痕指透过面漆会出现打磨的痕迹。砂纸痕又被称为砂纸痕扩大、直线砂痕、打磨痕等，如图6-27所示。

图6-27 砂纸痕现象

2）主要原因

在干燥过程中，由于漆膜收缩，表面呈现出底漆表面的打磨或其他处理的痕迹。
- 底漆表面处理不当。
- 底漆没有充分硬化就喷涂了色漆层。
- 漆膜厚度不够，或干燥速度太慢。
- 油漆混合不均匀，使用的稀释剂型号不对或质量太差，特别是缓干剂、白化水等。

3）预防措施

- 对所用面漆依序使用适当的砂纸号。
- 视情况用封底漆消除擦痕，选择适合于喷漆房条件的稀料。
- 不要将底漆喷涂过厚，要确认完全干燥后再喷面漆。
- 使用匹配的漆料系统。

4）修补方法

打磨到平滑表面，喷涂适合的底漆，进行面漆重喷。

（28）水渍

1）现象

漆膜上出现一片片直径在6 mm以下的圆形印记，通常印记内的颜色比周围漆膜的颜色稍淡。水渍又被称为水斑、水点等，如图6-28所示。

图6-28 水渍现象

2）主要原因

引起水渍现象的主要要原因是水滴落在漆膜表面然后蒸发。
- 漆膜未完全硬化前，有雨淋或溅上了水滴。
- 雨水或水滴溅落在过厚的抛光蜡膜上。
- 在强烈阳光下用水冲洗汽车。

3）预防措施

- 在漆膜完全硬化前，防止水滴落在其表面上。
- 漆膜表面的保护蜡膜不得过厚。
- 洗车后应尽快擦干，避免在强阳光下冲洗汽车。

4）修补方法

将缺陷区域的蜡膜去掉，轻轻磨平，然后抛光。必要时重复以上步骤。情况严重时，可重新喷漆。

（29）划痕

1）现象

漆膜损伤或破裂，损伤深度和面积不一。划痕又被称为擦伤痕，如图6-29所示。

图6-29 划痕现象

2）主要原因

划痕一般是由路面蹦起的石子砸在漆膜上所致或者是被尖锐物体划伤，或在洗车时擦伤。

3）预防措施

在车库、喷漆室、运输及洗车过程中注意保护漆膜免受损伤。

4）修补方法

磨掉修补区域的漆膜，在接口处制作羽状边，用填眼灰填平，然后重新喷漆。

（30）银粉不均匀

1）现象

银粉不均匀现象是指只发生在金属漆（银粉及珍珠漆）上，银粉片漂浮在金属漆上形成斑点或条带样的斑纹等，如图6-30所示。

2）主要原因

- 用错稀释剂。
- 各成分混合不均匀。
- 喷涂过湿。
- 喷枪距工作板面太近。
- 喷涂时行枪不均匀。
- 喷漆室内温度过低。
- 清漆喷在没有充分闪干的色漆层上面。
- 涂层受湿空气或潮湿天气影响。
- 涂层太厚。

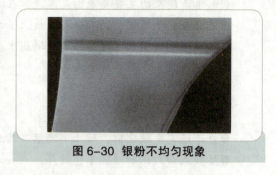

图 6-30 银粉不均匀现象

3）预防措施

- 选择适合于所在喷漆房条件的稀释剂或稀料，并正确混合（在寒冷、潮湿的天气选择快干稀料）。
- 彻底搅拌所有色漆，特别是银粉漆和珍珠漆。
- 使用正确的喷枪调整技术、喷涂技术及空气压力。
- 保持喷枪清洁（特别是控流针阀和空气罩），并处于良好工作状态。
- 不要把色漆层喷得太湿。

4）修补方法

让色漆层干燥，根据不同的色漆连续修饰两道，如果缺陷是在喷清漆后才看得见，则待清漆彻底干燥后依作业程序，重喷色漆和清漆。

（31）腻子印、羽状边（坡口）开裂

1）现象

外观为沿羽边或腻子的伸展纹（或开裂），产生于面漆干燥后的漆面，如图 6-31 所示。

图 6-31 腻子印、羽状边（坡口）开裂现象

2）主要原因

- 在底漆上喷涂过厚或过湿的漆层（溶剂被包容在底漆内，而底漆还没有足够时间干燥牢固）。
- 材料混合不均匀（平整底漆颜料成分较高，被稀释后可能会沉降。放置一段时间后如不再搅拌，整个漆使用起来就会使颜料松散并含有孔隙和裂缝，使涂层像泡沫材料）。
- 使用错误的稀释剂。
- 不当的表面清洁和准备（若清洁不当，则润湿性能差，黏结不牢，使平整底漆层在边缘收缩或移位）。

- 干燥不当（用喷枪吹未干的底漆和面漆使表面干燥，而底层的稀料或空气还没有释放完全）。
- 过量使用腻子或膜过厚。
- 腻子质量不良。

3）预防措施

- 正确使用平整底漆，在涂之间留有足够的时间使稀料和空气挥发掉。
- 充分搅拌含颜料的漆料，按喷漆房的条件选择稀释剂。
- 只选用适用本烤漆房推荐用的稀释剂。
- 打磨前彻底清洁工件表面。
- 腻子厚度为中等偏薄，每层之间留有足够时间释放出稀料和空气。
- 腻子的使用应限于有缺陷的区域，太厚和太多将最终导致羽状边开裂。
- 视情况，如有必要改用高质量钣金腻子。

4）修补方法

除去原漆进行修补。

（32）撞击点状脱落

1）现象

撞击点状脱落现象指小片的面漆失去附着力而脱离基底，如图6-32所示。

图6-32 撞击点状脱落

2）主要原因

撞击点状脱落通常由石块或硬物体冲撞所致。

3）预防措施

除小心驾驶车辆外无其他方法预防此情况的发生。

4）修补方法

按照比受损区域大一些的面积除去原漆，然后再修补。

（33）颜色不对

1）现象

修补区域的颜色与原车色泽有差距，如图6-33所示。

2）主要原因

- 没有使用推荐的配方。
- 喷枪调整不当或压力不当。
- 原车因暴晒而褪色。
- 喷涂技术错误（特别是金属漆）。
- 颜料没有充分搅拌。

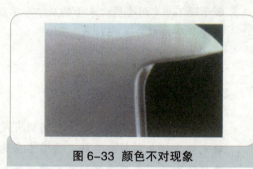

图 6-33 颜色不对现象

3）预防措施

- 彻底搅拌涂料。
- 使用扇形色卡核对原厂漆颜色。
- 运用喷涂技术调整，使颜色匹配。
- 在试验板上试喷，然后再喷车。

4）修补方法

选择正确的颜色或匹配的颜色。

（34）银粉泛色

1）现象

金属色漆（银粉色漆及珍珠色漆）表面的金属颗粒出现于清漆层中，严重的话，会引起变色，如图 6-34 所示。

图 6-34 银粉泛色现象

2）主要原因

- 喷清漆前没有使用粘尘布除尘。
- 色漆和清漆不匹配。
- 色漆没有足够闪干就喷涂清漆或清漆喷涂过湿。
- 喷涂气压太高。
- 稀释剂用错。
- 色漆过于干喷。

3）预防措施

- 尽可能使用粘尘布除尘。
- 只使用推荐的产品和推荐的空气压力。
- 喷清漆前要使色漆充分挥发。
- 按照厂家要求的施工程序和技术施工。
- 用推荐的稀释剂。

4）修补方法

如果缺陷严重，则有必要进行打磨和重喷。

（35）细裂纹

1）现象

裂纹为色漆层小的细密型裂纹（1.6~6.4 mm），如图 6-35 所示。

图 6-35 细裂纹现象

2）主要原因

● 暴露于有害物中。涂膜表面长期暴露于日光下，会产生细裂纹。
● 漆料搅拌不均匀。某些重要的油漆辅助成分被遗漏掉或搅拌不均匀，导致不能全部发挥辅助作用，使漆膜张力减弱，因而发生细裂纹。
● 硬化剂使用不当。色漆使用非指定的硬化剂，从而降低了漆膜的作用，使其对于日光的有害影响更为敏感。
● 旧漆或以前修补的影响：已经老化处、旧漆或修补处对新涂的色漆层有全面抗力减弱作用，因而影响漆膜的性能。
● 漆膜过厚。色漆层喷涂过厚，以致于超过正常漆膜的张力而造成细裂纹现象。

3）预防措施

● 喷漆前，旧的喷漆层必须予以良好的磨平。
● 在重喷前，使车体温度提高到现喷漆室温度。
● 避免厚层喷涂。
● 在烤漆干固期间，不可再喷下一层烤漆。

4）修补方法

如经轻微的打磨粗蜡或抛光仍不能使其恢复适当的色泽及平滑，就必须将受影响的表面砂磨打平，然后再重行喷漆。在情况极为严重之处，受影响的表面应打磨到底漆层。

（36）慢干

1）现象

漆层很久不干，如图 6-36 所示。

图 6-36 慢干现象

2）主要原因

- 使用硬化剂不当（太少或太多）。
- 喷涂过厚。
- 稀释剂太慢干，太低劣廉价。
- 干燥条件不好，空气太潮湿。
- 涂层之间干燥时间不够。

3）预防措施

- 使用推荐的稀释剂。
- 按推荐的膜厚喷涂。
- 留有足够的挥发时间。
- 改进喷涂和干燥条件。

4）修补方法

将汽车置于通风、温暖的环境，加热以加速干燥过程。

（37）鸟粪侵蚀

1）现象

鸟粪侵蚀现象指面漆中的刻蚀痕迹，漆层的颜料褪色（斑点、失色）及痕迹，如图 6-37 所示。

图 6-37 鸟粪侵蚀现象

2）主要原因

鸟类侵蚀来自农业和园艺喷洒物的污染，一般是季节性的、区域性的由鸟类和昆虫污染造成。缓慢侵蚀会因高温而加速，如阳光。时间和温度会增加酸的集中，这种损坏更易见于黑色或深黑色漆层，因为黑色吸热强。

3）预防措施

- 经常冲洗是防护不可见污染的最好办法。
- 使用不含硅的抛光剂或蜡来维护和保护汽车面漆。

4）修补方法

十分仔细地用菜瓜布蘸洗涤剂和用大量水冲洗汽车。用研磨膏和抛光剂研磨损伤了的区域。在损坏严重的情况下，打磨必要的区域并确认腐蚀斑点完全磨掉，然后再喷底漆和面层漆。

(38) 塑料件脱漆

1) 现象

漆层和聚合物（塑料）部件间失去附着性。该缺陷常发生在喷漆一段时间之后，如图 6-38 所示。

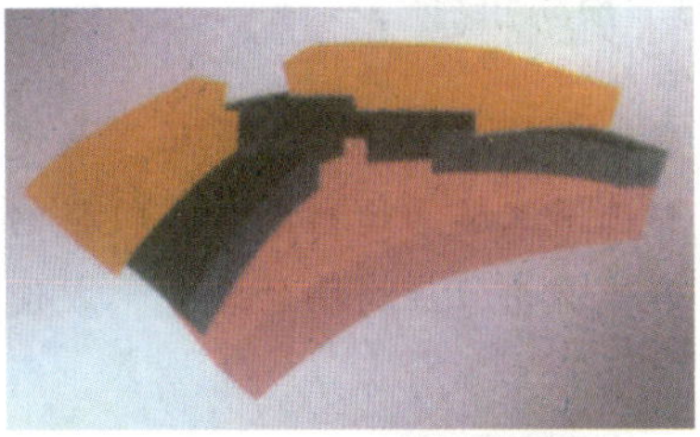

图 6-38 塑料件脱落

2) 主要原因

- 清洁和准备不恰当。
- 底材处理不适当。
- 底材识别错误。
- 没有使用正确的封底漆/底漆。
- 没有使用正确的或推荐的面漆系统。

3) 预防措施

- 确认聚合物（塑料）底材的类别，并使用相应的底漆/面漆系列。
- 使用推荐的封底漆/底漆，使用推荐的固化剂、柔软填料和稀料，按恰当比例混合。
- 喷涂推荐黏度及膜厚的底漆。
- 使用相应底材推荐使用的面漆和清漆。

4) 修补方法

从底材上去除所有的原漆，使用推荐的准备程序和针对相应底材的涂料再喷。

(39) 拉丝、蛛网

1) 现象

在喷涂时涂料雾化不良，呈丝状喷出，使涂膜表面呈丝网状的现象，称为拉丝、蛛网，如图 6-39 所示。

图 6-39 拉丝、蛛网现象

2) 主要原因

- 涂料的黏度过高，漆温又低。
- 选用的稀释剂的溶解力不足。
- 易拉丝的树脂含量超过无丝喷涂含量。

3）预防措施

- 选择最适宜的喷涂气压、最适宜的施工黏度、固体份和漆温喷涂。
- 选用溶解力适当的（或较强的）稀释剂。
- 减少易拉丝树脂的含量，或使用相对分子量均匀或较低的树脂。

4）修补方法

减低喷涂气压或黏度，直至拉丝、蛛网消失。

（40）沥青、化学药品等污染

1）现象

涂膜表面出现变色和化学药品侵蚀的痕迹，如图 6-40 所示。

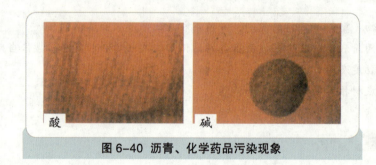

图 6-40 沥青、化学药品污染现象

2）主要原因

- 沥青、煤焦油等长时间黏附在漆膜表面，除去后也会留下痕迹，形成污点。
- 工厂的煤烟具有酸性，会侵蚀涂膜，化学药品也会侵蚀涂膜。

3）预防措施

- 应注意，当有沥青、煤焦油等黏附在涂膜上时，应立即用汽油等将其擦拭干净。
- 汽车不应停放在排放煤烟和化学药品气体的工厂旁边。

4）修补方法

污染轻微时，可打磨后打蜡抛光；严重时，可打磨后重新涂装。

（41）黄变

1）现象

透明层涂膜和浅色涂膜变黄，如图6-41所示。

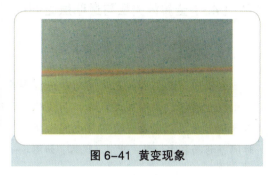

图6-41 黄变现象

2）主要原因

- 丙烯酸聚氨酯固化剂中混入了聚氨酯二道浆固化剂。
- 涂料中混入了会发黄的物质。

3）预防措施

- 面漆用固化剂和其他用固化剂应分开放置。
- 调制涂料时应仔细，不让其他异物混入。

4）修补方法

打磨后重新涂装。

（42）汽油痕迹

1）现象

涂膜表面残留有汽油流痕或变色，如图6-42所示。

图6-42 汽油痕迹现象

2）主要原因

- 涂膜未充分干燥之前黏附了汽油。
- 用汽油擦拭车身之后清洁不充分。

3）预防措施

- 待涂膜完全固化后再交给用户，尤其是汽油的加油口部位，要用红外线灯烤使其充分固化。
- 涂膜上有汽油应立即擦去。

4）修补方法

斑痕轻微时，可打磨后打蜡抛光；严重时，应打磨后重新涂装。

（43）金属闪光层与透明层之间的起泡、剥离、开裂

1）现象

金属闪光层与透明层之间的起泡、剥离、开裂多出现于烤漆、丙烯酸聚氨酯、丙烯酸聚氨酯砂基漆涂膜，金属闪光层与透明层之间出现间隙，且随时间推移而扩大，形成开裂、脱落，如图6-43所示。

图6-43 金属闪光层与透明层之间的起泡、剥离、开裂现象

2）主要原因

- 固化剂不足。
- 由于固化剂吸收了水分，因此有其他成分进入了透明层。
- 干燥时出现了针孔。
- 透明涂料与固化剂混合后，放置时间太长，涂料附着力下降。
- 透明层固化不充分。

3）预防措施

- 固化剂的保管要注意防潮。梅雨季节开罐后，应按一星期的用量，分装成小罐。
- 干燥过程中应注意不要接触水分，尤其是全涂装时，应在涂装后随即进行强制干燥。
- 当针孔严重时，应打磨后重新涂装。
- 应加热烤漆涂膜，促使其完全固化。

4）修补方法

起泡轻微时，将劣化部分打磨除去后，涂聚氨酯二道浆，最后涂装面漆。起泡严重时，应将旧涂膜剥离后从底层重新涂装。

> **注意：**
> 某些特别材料，如油槽内衬涂料，其雾化较为困难，需要有特殊装备方能喷涂成功。

2.缺陷原因分析

喷漆过程形成缺陷的原因大致有以下几方面：
- 待喷漆表面处理不当、不清洁，有蜡或油脂、灰尘等，影响了油漆黏结性。
- 油漆调制时或溶剂不合适，或稀释剂不合适、用量不对，或未充分搅拌。
- 喷漆时的温度、湿度与干燥剂配合不当，各层之间干燥时间不足。
- 喷枪、气压、喷射方法（距离、半径等）不正确。

某些特殊的缺陷还有特殊原因，如涂层厚度、涂料匹配等。

总之，预防的措施和原则无非是以上几项，但影响却是多方面的。一般来说，要想将缺陷完全消灭在喷漆之前是不现实的，只能在事后予以修理。但是，丰富的操作经验可以预防许多缺陷。

思考与练习

一、填空题

1. _____又被称为_____、_____、_____及凸起等。
2. _____是指漆膜表面出现较大的_____或_____，通常出现在接缝区域或_____，或在原子灰_____的表面。
3. 漆膜表面出现白垩状的_____或_____，通常发生在_____、旧的漆膜_____，这种现象叫作_____。
4. _____是指漆膜表面呈现_____、_____、_____或变色，有油腻或黏的感觉，或摸上去有砂粒的感觉。_____又被称为_____、_____、_____、_____及金属（银粉）尖等。
5. _____是指漆膜表面呈_____或_____状粗糙结构、_____。
6. _____是指漆膜局部_____，形状如同_____、浅滩或圆形的山脊，通常出现在_____或_____上。

二、问答题

1. 漆膜表面被酸溶剂侵蚀的主要原因有哪些？

2. 漆膜表面"起痱子"的预防方法有哪些？

3. 漆膜表面出现缩水、鱼眼的原因有哪些？有何补救方法？

4. 砂纸痕形成的主要原因有哪些？如何补救？

参 考 文 献

[1] 吴复宇. 汽车涂装技术 [M]. 北京：人民交通出版社，2018.
[2] 王建. 汽车涂装技术 [M]. 北京：机械工业出版社，2018.
[3] 李扬. 汽车涂装技术 [M]. 北京：机械工业出版社，2015.
[4] 户田纪三夫，等. 汽车涂装技术 [M]. 北京：机械工业出版社，2016.
[5] 吴金生，边铁勇. 汽车涂装基础 [M]. 北京：高等教育出版社，2018.
[6] 易建红. 汽车涂装基础 [M]. 北京：人民交通出版社，2017.
[7] 陈昭仁，黄建铭，上海景皇科技有限公司. 汽车涂装基础 [M]. 上海：华东师范大学出版社，2017.